LA
BONNE
CORRESPONDANCE

HENRI FONTENAY

LA BONNE CORRESPONDANCE

Personnelle, commerciale et officielle

NATHAN

AVANT-PROPOS

« Notre époque n'écrit plus ; l'homme moderne préfère téléphoner. » Cette double affirmation, souvent entendue, nous paraît fort discutable. En réalité, l'homme de notre siècle écrit presque autant de lettres que ses pères ; seulement, il les fait plus courtes, plus précises et plus utiles.

La grande époque des bavardages épistolaires est révolue. Le temps n'est plus des Sévigné et des Voiture. La lettre moderne a cessé d'être un « genre » littéraire, un aimable passe-temps. Elle est devenue le meilleur et le plus sûr moyen de régler courtoisement, de façon précise et tangible, tous les rapports sociaux, qu'il s'agisse de nos obligations amicales, de nos relations d'affaires ou de notre correspondance officielle.

Pour ceux que nous aimons, le téléphone ne remplacera jamais les lignes qu'a tracées une main chère ; jamais, non plus, les hommes d'affaires ne se contenteront d'une conversation commerciale qui ne serait pas suivie d'une confirmation écrite ; jamais, enfin, on ne pourra présenter une requête importante à quelque haute personnalité autrement que par lettre.

Lettres d'amour, de convenance ou d'amitié, lettres de recommandation, de courtoisie ou d'affaires, lettres de réclamation ou lettres de crédit — dans tous les domaines, quoi qu'on fasse, la lettre est reine, la lettre demeure. Aussi nous a-t-il semblé qu'un livre comme le nôtre, plus complet, plus précis et plus détaillé que ses devanciers, répondait à un besoin véritable que d'innombrables personnes de tous les milieux nous sauraient gré d'avoir satisfait.

On ne trouvera pas dans cet ouvrage de lettres intimes. En matière de sentiments, a-t-on besoin de modèles ? D'ailleurs, d'une façon plus générale, nous ne vous proposons aucune lettre à copier. En dehors de la correspondance officielle, le ton doit toujours rester personnel. Même les lettres commerciales doivent refléter dans une certaine mesure votre personnalité.

Les modèles que nous vous proposons ne sont que le canevas sur lequel vous allez broder suivant vos goûts et les circonstances. Ces modèles ne doivent donc pas être pris… à la lettre. Chacun de nos lecteurs doit s'inspirer de nos conseils tout en restant soi-même. C'est à cette condition que notre livre lui sera profitable.

Son utilisation est simple. Après une lecture attentive des premières pages où la correspondance est abordée sous l'angle le plus général — le bon français, les formules de politesse, la présentation, les différentes formes de lettres, etc. —, vous vous reporterez à la table des matières, très détaillée, pour trouver rapidement, dans la rubrique qui convient, le genre de lettre propre à vous tirer d'embarras.

En réalisant en 1996 cette nouvelle édition de La Bonne Correspondance, *parue en 1966, puis mise à jour en 1984, nous avons naturellement tenu le plus large compte des changements qui sont intervenus dans la vie sociale. Les lettres en sont un des plus sensibles reflets. C'est pourquoi vous trouverez en cet ouvrage un conseiller épistolaire particulièrement au fait des problèmes actuels.*

LES ÉDITEURS

PREMIÈRE PARTIE

POUR BIEN ÉCRIRE

CHAPITRE I

LES RECETTES DE BASE
LA PONCTUATION, LES PARTICIPES PASSÉS
LA CONCORDANCE DES TEMPS
LA CONSTRUCTION DES PHRASES
LES PETITES MANIES, LE JEU DES CENT ERREURS

Les paroles s'envolent... Vous connaissez sûrement la suite de ce dicton romain qui, avec l'âge, n'a rien perdu de sa justesse.

Dans la conversation, il nous arrive de commettre des lapsus sans grande importance. Nous nous reprenons aussitôt et notre interlocuteur, en général, ne songe pas à nous faire grief d'une bévue accidentelle, aussitôt rectifiée : *les paroles s'envolent !*

Pour nos lettres, la question est bien différente. Notre missive une fois expédiée, le mal est fait — si mal il doit y avoir. On nous jugera sur ce que nous avons écrit et nous ne serons pas là pour nous corriger ou pour expliquer ce que nous avons voulu dire. C'est notre lettre qui s'exprimera en nos lieu et place et nous serons naturellement dans l'impossibilité de modifier la mauvaise impression qu'elle aura faite. Ainsi se trouveront trahis par négligence nos sentiments profonds, voire nos intérêts professionnels ou commerciaux : *les écrits restent !*

Dites-vous que, bien ou mal rédigées, elles resteront, nos lettres, dans les tiroirs de nos parents et de nos amis, dans les cartons des hommes de loi, dans les classeurs des administrations, dans les dossiers de nos clients ou de nos fournisseurs, et elles porteront un témoignage valable et durable, pour ou contre nous, suivant le cas.

Ces quelques remarques donnent à réfléchir sur l'importance qu'il faut toujours accorder à la rédaction d'une lettre. Elle demande une attention soutenue, un léger effort cérébral, même aux plus « doués » d'entre nous, et la parfaite connaissance des principes qui régissent la correspondance moderne.

LES RECETTES DE BASE. — Voici des conseils qui valent pour toute votre correspondance. Ce sont des recettes de base et sans doute en appliquez-vous déjà certaines sans vous en rendre compte, comme Monsieur Jourdain faisait de la prose... Mais il est bon de les répertorier en ce début d'ouvrage, au risque de vous donner parfois l'impression de retourner à l'école !

Les trois parties de la lettre

Quel que soit le genre de la lettre à écrire, le petit travail de réflexion qu'elle nous impose est à peu près toujours le même. Qu'avons-nous exactement à dire ? Sur quels points devons-nous insister particulièrement ? Quels arguments tenons-nous à présenter et à faire valoir ?

S'il s'agit d'une lettre un peu délicate, importante ou complexe, n'hésitez pas à faire un plan : c'est encore la meilleure façon d'y voir clair et de ne rien omettre. Une lettre bien faite, tout comme les dissertations ou les rédactions que nous faisions en classe, comporte logiquement trois parties : l'exposition, le développement, la conclusion.

Dans la première partie, après l'appel *(Monsieur, Cher Ami, Chère Madame, Mon cher confrère, etc.)*, vous exposez ce qui fait l'objet de votre lettre. Au cours de la deuxième partie, vous le développez avec tous les détails et précisions nécessaires. La troisième partie sera la conclusion et se terminera par la salutation finale, encore appelée formule de politesse.

Il est évident que ces parties seront de taille inégale. À la deuxième, vous ne craindrez pas de donner toute la longueur nécessaire, tous les développements que vous jugerez utiles. Les première et troisième parties peuvent être tenues pour accessoires, puisqu'elles ne traitent pas du sujet principal. Souvenez-vous pourtant qu'elles ont, en fait, une importance considérable ; en effet, bien rédigées elles soulignent votre sens de l'ordre, votre logique, votre clarté de pensée et, servant de cadre au développement, en facilitent grandement la compréhension.

Quand faut-il faire un brouillon ?

N'hésitez jamais, en cas de besoin, à faire un brouillon. Le procédé n'est nullement enfantin ou déshonorant : c'est, au contraire, une sage précaution à laquelle ne craignent pas de recourir parfois les plus grands esprits. Tant de gens déchirent plusieurs fois de suite la lettre commencée ! N'est-il pas plus simple de faire un bon brouillon, que l'on peut méditer, corriger et raturer à loisir, pour arriver finalement à une forme satisfaisante en tous points ? En procédant ainsi, on économise sa patience et son temps.

Naturellement, une lettre amicale ne nécessite pas de brouillon, sauf si elle traite d'un sujet épineux qui demande des phrases mûrement pesées.

Dans tous les cas, un brouillon évite les ratures, toujours déplorables, même dans une lettre à un intime.

De la clarté avant toute chose

Vous n'étiez pas un « crack » en rédaction dans votre jeune âge ? N'en concevez pas d'amertume. Il n'est pas donné à tout le monde de devenir écrivain. Mais chacun de nous possède, dès la fin des études primaires, tout ce qu'il faut savoir pour écrire une lettre sans fautes ni reproches... Une lettre n'est pas de la littérature. On vous pardonnera de n'avoir pas de style personnel si vous écrivez correctement et clairement. Fuyez l'emphase, la boursouflure, les formules prétentieuses. Quand vous écrivez, soyez naturel. Restez vous-même.

Notre langue française, longtemps langue diplomatique, est la plus claire qui soit. N'abîmez donc pas ce merveilleux instrument qui vous a été donné pour exprimer parfaitement votre pensée.

Souvenez-vous aussi que vos correspondants ne sont pas tous des rentiers. N'envoyez donc pas d'interminables épîtres. Même à vos amis, n'imposez pas la lecture de « lettres-fleuves », mais ne leur écrivez pas non plus, par un scrupule inverse, de lettres rédigées en style télégraphique. Dans la correspondance comme en toutes choses, il faut un juste milieu. Affectez une précision sans sécheresse, soyez simple sans vulgarité, concis sans laconisme, élégant sans affectation, correct sans froideur.

Pas de fautes d'orthographe !

Dans le passé, on prenait beaucoup de libertés avec l'orthographe car elle ne répondait pas à des règles strictes. Les grands seigneurs d'autrefois ne rougissaient pas d'émailler leurs épîtres d'innombrables fautes et Napoléon lui-même est détenteur en la matière d'une espèce de record posthume.

Que ces exemples ne vous servent pas d'excuse : les fautes d'orthographe ne sont plus permises. Recourez sans hésiter au dictionnaire chaque fois que vous êtes dans l'incertitude. Les pages qui suivent vous présentent quelques-unes des nombreuses difficultés de notre langue, et un moyen amusant d'en vaincre beaucoup, grâce au *Jeu des cent erreurs*.

Voici d'abord des mots qui, si l'on en juge par la lecture des journaux, des lettres ou des manuscrits, semblent poser des problèmes à beaucoup de Français...

absorption	ceux-là lui sont dus	dilemme
accoler	de plain-pied	enivrer
annihiler	des ayants droit	en tout cas
appétit	des chefs-d'œuvre	il résout
ayez (jamais ayiez)	des nouveau-nés	ils se sont succédé
cela lui est dû	de tout temps	soyez (jamais soyiez)

Vérifiez les accents

On a trop souvent tendance à les oublier lorsqu'on écrit à la main. Ne soyez ni négligent ni ignorant. Dans le doute, consultez votre dictionnaire. Il y a des cas où il est permis d'hésiter. En voici quelques-uns :

> aiguë (aigüe selon l'Académie), assener, bâiller, bâillement, la bailler belle et bayer aux corneilles, çà et là, diesel, événement (l'Académie admet aujourd'hui évènement, conforme à la prononciation), férie (jour ordinaire) et féerie, féerique, genevois, grâce et gracieux, rébellion et se rebeller, receler, refréner ou réfréner, règle, règlement et réglementer, repartie (réplique), revolver, rôder, rôdeur et roder (un moteur), select, téter et têtard.

Des noms célèbres devenus noms de rues peuvent aussi poser des problèmes au moment d'écrire l'adresse sur l'enveloppe :

Clemenceau, de Heredia, Gallieni, Pereire, Casimir-Perier...

N'abrégez pas trop !

Toujours déplaisantes pour nos correspondants, voire irritantes ou grossières, les abréviations, en principe, doivent être formellement bannies de nos lettres et cartes. La même remarque s'applique aux enveloppes. N'écrivons pas « Chère Mlle » mais *Chère Mademoiselle* ; n'adressons pas notre lettre à « M. Durand » ou à « Mme Dupont » mais à *Monsieur Durand*, *Madame Dupont*.

Il ne faut pas envoyer à un correspondant des rébus du genre de celui-ci : *Cf. vers. C/C. S.P.*, mais écrire en toutes lettres : *reportez-vous au versement qui a été effectué au compte courant de la Société parisienne*. Les abréviations n'ont d'autre excuse que de faire gagner du temps ; faut-il que notre correspondant, la sueur au front, perde le sien à les déchiffrer ?

Dans la correspondance commerciale, certaines abréviations sont tolérées, que l'on trouvera à leur place ; en correspondance courante, l'abréviation n'est admise que pour certaines charges et certains titres nobiliaires, dont on trouvera la liste dans tous les dictionnaires, et aussi pour désigner certains mots conventionnels d'utilisation fréquente : T.S.V.P. (*prière de tourner la page*), P.-S. (*post-scriptum*), N.B. (*nota bene*), R.S.V.P. (*prière de répondre*), etc.

De même, on pourra écrire *Av.* pour avenue, *Bd* (ou *Bld*) pour boulevard, *Cdt* pour Commandant, *St*-Antoine pour Saint-Antoine, mais il sera toujours préférable d'écrire le mot en entier.

L'alinéa

Il se trouve marqué toutes les fois que l'on va à la ligne. Il est indispensable de commencer un nouvel alinéa chaque fois que l'on change de sujet. Mais ne craignez pas de le faire aussi souvent qu'il le faut : votre lettre y gagnera en clarté et sera d'une lecture plus agréable. Je me souviens avoir lu un traité assez rébarbatif avec le plus grand plaisir parce que l'auteur avait pris la précaution d'aller fréquemment à la ligne. Une typographie ainsi aérée incitait à la lecture alors qu'en « pavé », elle aurait vite découragé les meilleures volontés !

LA PONCTUATION. — On ne saurait trop insister sur l'importance de la ponctuation, car non seulement elle facilite la lecture de nos lettres, mais c'est elle, la plupart du temps, qui donne aux lignes que nous traçons leur sens véritable. Jamais gratuite, la ponctuation est la logique même.

Trois aspects d'une même phrase vous en convaincront :

Pierre dit Paul est un menteur.

Pierre, dit Paul, est un menteur.

Pierre dit : Paul est un menteur.

La première phrase, totalement privée de ponctuation, est inintelligible ; dans la deuxième, deux virgules suffisent à nous faire comprendre que Pierre, selon Paul, est un menteur ; dans la troisième, enfin, deux points suffisent à renverser la question, et c'est Paul, de l'avis de Pierre, qui devient un menteur.

On pourrait multiplier les exemples de ce genre et montrer même que certains textes, peu ou mal ponctués, ont eu pour effet d'engendrer de graves complications historiques. Dans la pratique, il suffit de se souvenir que des virgules ou des points mal placés (ou absents) peuvent dénaturer complètement le sens d'une phrase et causer ainsi un très grave préjudice. Du reste, la simple politesse nous impose de ponctuer notre correspondance comme il convient.

À l'heure actuelle, la plus grande fantaisie règne dans ce domaine. Pourtant, des règles bien précises gouvernent la ponctuation. Si tel ou tel écrivain a trouvé bon de s'en donner de nouvelles, il est hors de question de les oublier quand on écrit une lettre, quel qu'en soit le destinataire.

La virgule

Elle sépare les parties semblables d'une même phrase, ou les différents termes d'une énumération ; on l'emploie aussi avant et après tout groupe de mots qu'il est possible de supprimer sans que la phrase cesse d'être compréhensible.

Le point-virgule

Il sépare des parties importantes d'une phrase, sans pour cela marquer une coupure aussi nette que le point.

Le deux-points

Il s'emploie devant une citation, une explication, une énumération, ou encore devant une phrase qui développe une idée contenue dans la précédente.

Le point

Il sert à marquer la fin de chaque phrase.

Les points de suspension

Placés à la fin d'une phrase, ils indiquent un sous-entendu qu'il appartient au lecteur de commenter lui-même. Ils donnent souvent aussi un ton ironique à la phrase ainsi inachevée et tiennent alors lieu de ce fameux point d'ironie dont on parle toujours sans l'inventer jamais... Notons enfin que le nombre de points de suspension n'est pas indifférent : la règle veut que l'on en mette trois, ni plus, ni moins. Il ne faut jamais faire suivre l'indication abréviative « etc. » par des points de suspension : ce serait un pléonasme !

Les points d'exclamation et d'interrogation

Ils marquent respectivement la fin des phrases exclamatives et interrogatives. Dans chacun de ces deux cas, un seul point suffit ; les !!!! ou ???? sont seulement des marques de mauvais goût, et le système hybride !! ??!! ou ?!?! une discutable fantaisie.

La parenthèse

On enferme entre ses deux éléments toute phrase ayant un sens à part, au milieu d'une autre.

Les guillemets

Ils se placent au commencement et à la fin des citations ou des paroles que l'on rapporte textuellement. On ouvre les guillemets («) au début de la citation et on les ferme (») après la dernière marque de ponctuation de cette citation. On entoure de guillemets un mot étranger lorsqu'il n'est pas employé couramment en français.

Le tiret

Il est surtout utilisé pour séparer les paroles de deux interlocuteurs ; dans tous les autres cas, et notamment lorsqu'il s'agit d'exprimer une idée subsidiaire, il est préférable de recourir à la parenthèse qui ne risque pas, elle, d'être prise pour un trait d'union (plus court que le tiret).

LES PARTICIPES PASSÉS. — Il n'est pas question de s'étendre sur les règles des participes passés, il y a des grammaires pour cela. Vous n'avez sûrement pas oublié qu'avec l'auxiliaire *être*, le participe passé s'accorde avec le sujet et qu'avec *avoir*, il s'accorde avec le complément d'objet direct (c.o.d.) du verbe, quand celui-ci le précède : *j'ai chanté une chanson ; la chanson que j'ai chantée.*

Vous trouverez donc ici les principaux cas où il est permis de se poser la question : y a-t-il accord ? Les dictionnaires ne sont pas toujours explicites sur ce point et il est bien peu satisfaisant d'accorder un participe passé au petit bonheur ou d'avoir à recommencer une lettre parce qu'on a préféré tourner la phrase autrement.

Relisez de temps en temps ces cas particuliers. Comme ils s'appuient sur la logique, vous verrez que, très vite, vous ne considérerez plus ces diables d'accords comme des épouvantails !

Les participes passés sans auxiliaire

Ce sont ceux que l'on rencontre surtout dans les lettres commerciales. Placés avant un nom (ou substantif), ils sont invariables.

accepté	ci-annoncé	étant entendu	non compris
admis	ci-épinglé	entendu	non compté
approuvé	ci-inclus	étant donné (1)	passé
attendu	ci-joint	eu égard à	reçu
autorisé	communiqué	excepté	signé
certifié	compris	expédié	vu
ci-annexé	considéré	lu	y compris, etc.

(1) On peut aussi écrire : étant données les circonstances. Mais on écrira : les feuilles ci-jointes, les pièces ci-incluses.

Les participes passés avec l'auxiliaire avoir

Méfiez-vous de certains verbes qui peuvent être, selon le sens de la phrase, transitifs (avec c.o.d.) ou intransitifs (sans c.o.d.).

boire courir coûter descendre dire	faire manquer mesurer monter peser	régner rentrer sauter servir sonner	sortir téléphoner valoir vivre voler

Par exemple :

Les caisses (c.o.d.) *qu'il a pesées.*

Les 10 kilos (c. circonstanciel de poids) *que ces caisses ont pesé.*

Les fautes (c.o.d.) *qu'elle a faites.*

Durant les vingt minutes (c. circonstanciel de temps) *que j'ai couru.*

Les risques (c.o.d.) *que j'ai courus.*

Suivis de l'infinitif

Il y a accord si le sens est actif :
Les soldats que j'ai vus partir (j'ai vu les soldats qui partaient, qui étaient en train de partir).
Il n'y a pas accord si le sens est passif :
Les soldats que j'ai vu décorer (j'ai vu les soldats être décorés).
Ces lettres que l'on m'a dit être de vous.
Je les ai fait chercher (le participe passé *fait* est toujours invariable lorsqu'il est suivi d'un infinitif).

Précédés du pronom le

Quand *le* est neutre, il n'y a pas accord :
Jeanne était moins heureuse qu'elle ne l'avait imaginé.
Quand *le* représente un nom bien défini, il y a accord :
Cette maison, je l'avais imaginée plus accueillante.

Précédés du pronom en

Comme les meilleurs auteurs font ou ne font pas l'accord, la règle la plus simple sera de laisser le participe invariable :
Voyez ces plats, en avez-vous goûté ?
Des cerises, combien en avez-vous pris ?

Avec un mot collectif ou partiel

L'accord est commandé par ce qui domine dans la phrase : le sujet ou la quantité.
La moitié du travail qu'il a terminé(e).
La partie du mobilier que vous avez réparé(e).
Le peu de confiance que vous m'avez témoigné(e).

C'est donc à vous de choisir ce que vous désirez faire ressortir.

Les participes passés des verbes pronominaux

• Il y a accord avec l'objet direct s'il est placé avant :

Jean et Jacques se sont battus (ils ont battu *se,* c'est-à-dire eux-mêmes).
Les efforts qu'il s'est imposés (il a imposé à lui *que,* c'est-à-dire les efforts).
Elle s'est coupée, elle s'est sentie mal.
Ils se sont imaginés libres.

• Il n'y a pas accord si l'objet direct est placé après :

Elle s'est coupé les ongles.
Ils se sont imaginé qu'on leur en voulait.
Elle s'est senti attraper par le bras.

• Avec l'infinitif, les deux formes sont bonnes :

Elle s'est laissé(e) mourir.

• Sans c.o.d., pas d'accord :

Nous nous sommes écrit, parlé (à qui ? à nous : c.o. indirect).

Mais on écrira :

Nous nous sommes vus (qui ? nous : c.o.d.).

• Avec des verbes pronominaux à sens non réciproque, il y toujours accord avec le sujet :

s'apercevoir de	se douter de	se porter vers
s'attaquer à	s'échapper de	s'en prendre à
s'attendre à	s'ennuyer de	se prévaloir de
s'aviser de	s'imaginer	se refuser à
se battre comme, en	se jouer de	se résoudre à
se connaître à, en	se moquer de	se saisir de
se défier de	se plaindre de	se servir de
		se taire

Elles se sont défiées de lui.
Ils se sont prévalus de leur grade.

• Avec des verbes pronominaux de sens passif, il y a toujours accord avec le sujet :

Ces toiles se sont bien vendues.

Les participes passés des verbes impersonnels

Le participe passé de ces verbes est toujours invariable :

Quelle témérité il lui a fallu !
Les tempêtes qu'il y a eu.
Les chaleurs qu'il a fait.

N'oubliez pas d'indiquer en haut et à gauche votre nom et votre adresse et à droite la date du jour.

LA CONCORDANCE DES TEMPS. — Dans beaucoup de cas, elle n'est plus aujourd'hui respectée car l'imparfait du subjonctif, avec ses terminaisons en *asse* et *assiez, isse* et *issiez*, est tombé dans un juste oubli. En revanche, la 3e personne du singulier est encore en usage, surtout si l'on s'adresse à des puristes :

Je souhaite qu'il vienne.
Je souhaitais (ou souhaiterais) qu'il vînt.

Mais on ne vous tiendra pas rigueur d'écrire *qu'il vienne* dans les deux cas.

Inversement, il peut arriver que vous mettiez un verbe au subjonctif alors qu'il doit s'écrire à l'indicatif :

C'est à ce moment qu'il vint (ou *qu'il vînt ?*)

Un bon moyen d'éviter la faute : imaginez la phrase à un autre temps :

C'est à ce moment qu'il est venu (et non *qu'il soit venu*).

Le verbe *venir* doit donc être à l'indicatif.

> Attention : *après que* entraîne toujours l'indicatif, jamais le subjonctif.

LA CONSTRUCTION DES PHRASES. — Voici deux défauts assez répandus, même chez ceux qui font profession d'écrire...

La phrase ambiguë

Rien n'est plus irritant que de lire une phrase qui peut avoir deux sens. On ne sait lequel choisir et la compréhension en souffre. Voici quelques exemples qui montrent cette négligence de construction.

Les professeurs ne donnent plus d'interrogations écrites aux étudiants, si bien qu'ils ont moins de travail.

Qui ? les professeurs ou les étudiants ?

Jean est allé à la pêche avec Jacques et sa sœur.

La sœur de qui ? de Jean ou de Jacques ?

Richard est au loin, Gérard ne pense qu'à lui.

Gérard est-il un altruiste ou un égoïste ?

La phrase bancale

C'est là une rupture de construction qui tend à se répandre. Le premier membre de la phrase reste indépendant du second, alors qu'il devrait lui être logiquement rattaché.

Ayant bourlingué sur toutes les mers, la navigation n'a pas de secrets pour lui.

Il faut écrire :

La navigation n'a pas de secrets pour lui puisqu'il a bourlingué sur toutes les mers.

Ou :

Ayant bourlingué sur toutes les mers, il avait une parfaite connaissance de la navigation.

LES PETITES MANIES. — Il faut se méfier des habitudes lorsqu'elles ne sont pas bonnes, dirait Monsieur de La Palice. Nous en avons remarqué trois qui dénotent un esprit négligent et un tantinet brouillon.

Le soulignement

Est-il interdit, dans une lettre, de souligner certains mots sur lesquels on veut attirer l'attention de son correspondant ? Assurément non. Évitez, toutefois, de tomber dans l'excès et de multiplier les soulignements à tort et à travers.

On soulignera les mots qui doivent l'être, mais on n'emploiera ce procédé qu'à titre exceptionnel. Abuser du soulignement entraînerait la confusion et vous ferait passer pour quelqu'un de brouillon : vous vous feriez une réputation de maniaque et vos correspondants ne parviendraient plus à distinguer ce qui est important de ce qui l'est moins.

On peut parfaitement écrire : *« Je vous promets de vous rembourser au plus tard le 15 janvier. »* Ce serait une impertinence, au contraire, que d'écrire : *« Je suis très pressé de connaître votre décision, répondez-moi immédiatement. »* Dans le premier cas, on insiste sur un engagement formel ; dans le second, on se livre à une espèce de mise en demeure qui ne peut que blesser le correspondant.

Le post-scriptum

Tout comme le soulignement, le post-scriptum est affaire de tact et de mesure. Au dernier moment, alors que vous allez fermer l'enveloppe, il peut arriver que vous jugiez indispensable d'y consigner un petit fait, omis par inadvertance. Pour une lettre courante, le cas n'est pas pendable : vous ajoutez tout simplement les deux lettres *P.-S.* ou *N.B. (nota bene)* au bas de la feuille.

Mais attention ! Il ne faut pas que le post-scriptum, dans votre correspondance, devienne une habitude. Un post-scriptum est pardonnable ; deux, c'est trop ; trois, c'est inadmissible. Pas de P.-S. 2 (ou P.P.-S.) et encore moins de P.-S. 3 ! Dans ces cas-là, vous ferez mieux de récrire votre missive.

Inutile aussi de préciser que le post-scriptum ne doit jamais renfermer l'objet même de votre lettre. Ce procédé, que d'aucuns pourraient croire astucieux, ne trompe en réalité... que celui qui l'emploie.

Les lignes croisées

C'est une habitude heureusement plus rare, mais qui, une fois prise, ne lâche plus son auteur ! La lettre est presque achevée, il ne reste plus à écrire qu'une ou deux phrases. Plus de place ? Qu'importe ! Plutôt que de prendre une autre feuille, on préfère écrire dans la marge et dans l'autre sens. Alors, il arrive souvent que la dernière ligne empiète sur les lignes horizontales, ce qui transforme l'écriture en gribouillis.

Ces trois innocentes manies ne s'observent que dans la correspondance familière. Ce n'est pas une raison suffisante pour les laisser s'épanouir !

Vous trouverez, de la page 33 à la page 39, les formules de politesse exigées par les convenances.

LE JEU DES CENT ERREURS. — Ces pièges dans lesquels vous tombez, ces fautes que vous commettez par ignorance ou par négligence, ces barbarismes que vous entendez souvent à la radio, à la télévision, ou que vous lisez dans les journaux, toutes ces impropriétés de langage dont notre vie quotidienne se fait l'écho, il est, hélas, à craindre qu'elles ne dépassent la centaine ! Mais il fallait se fixer une limite et nous avons retenu les plus criantes.

Dans cette liste figurent également des tournures que l'on croit généralement erronées et qui sont parfaitement justes.

Certaines des erreurs que vous allez lire vous sont déjà connues : vous ne les commettrez donc pas. D'autres vous surprennent : dans ce cas, marquez-les au crayon d'une croix dans la colonne indiquée, ceci pour vous permettre de les relire de temps en temps, sans avoir à parcourir à nouveau toute la liste.

Voici une erreur que vous ne faites plus jamais ? Effacez la croix. Quand toutes les croix auront disparu, la liste vous sera devenue inutile et votre français aura gagné quelques galons !

Nous avons laissé *in fine* un espace pour que vous notiez, à l'occasion, de nouveaux pièges à éviter.

N'ÉCRIVEZ PAS...	X	... MAIS ÉCRIVEZ	REMARQUES
Agoniser d'injures		*Agonir d'injures*	
Je vais en bicyclette		*Je vais à bicyclette*	*En* = dans : on n'est pas dans une bicyclette.
Je vais au coiffeur		*Je vais chez le coiffeur*	
Je vais au docteur		*Je vais chez le médecin*	
J'ai été		*Je suis allé*	Voyez ici le français tel qu'on le parle et le français tel qu'on l'écrit...
Après qu'il eût dîné		*Après qu'il eut dîné*	*Après que* entraîne l'indicatif puisque l'action est passée, donc a eu lieu avec certitude.
Entre deux alternatives		*Entre deux éventualités*	Ce sont les deux termes d'une seule alternative.
Ce calcul s'est avéré exact		*Ce calcul s'est avéré* ou *Ce calcul est juste*	Dans *avéré* (du latin *verus* : vrai), il y a déjà la notion d'exactitude. Il faut donc éviter le pléonasme.
Ce calcul s'est avéré faux		*Ce calcul s'est révélé faux*	Ici, on est en pleine contradiction !

N'ÉCRIVEZ PAS...	X	... MAIS ÉCRIVEZ	REMARQUES
Elle a l'air heureuse		*Elle a l'air heureux*	Les deux expressions sont bonnes, mais gardez une préférence pour la seconde !
La sœur à Jean		*La sœur de Jean*	
Apporter, amener			voir *emmener* page 21.
La clé est après la porte		*La clé est sur la porte*	
Il est furieux après vous		*Il est furieux contre vous*	
Elle a demandé après vous		*Elle vous a demandé*	
Ce mot a plusieurs acceptations		*Ce mot a plusieurs acceptions*	*Acception* signifie : sens. Rien à voir avec *acceptation* et pourtant cette erreur est fort répandue !
J'ai à faire à forte partie		*J'ai affaire à forte partie*	Les deux formes sont correctes, mais préférez la seconde.
J'ai à faire avec lui		*J'ai affaire avec lui*	
Une allure antidiluvienne		*Une allure antédiluvienne*	« Anté » : avant (le déluge) et non contre !
Il fut intimidé par cet aéropage de sommités		*Il fut intimidé par cet aréopage de sommités*	Faute courante et grossière.
Se baser sur		*Se fonder sur*	« S'il entre, je sors ! » s'écria un académicien en 1835. *Se baser* est aujourd'hui toléré.
Ça m'a plu		*Cela m'a plu*	Quand *ça* n'est pas exclamatif, il vaut mieux écrire *cela*.

N'ÉCRIVEZ PAS...	X	... MAIS ÉCRIVEZ	REMARQUES
Nous avons convenu de		*Nous sommes convenus de*	La 1re forme est tolérée aujourd'hui.
Cent francs chaque		*Cent francs chacun*	
Courser		*Poursuivre*	
Je cherche après lui		*Je le cherche*	
Je lui en causerai		*Je lui en parlerai*	
Je cause à Paul		*Je cause avec Paul*	Préférez cependant *parler* à *causer*.
Il est peu causant		*Il est peu loquace*	
C'est eux		*Ce sont eux*	Mais on écrit *c'est nous, ce n'était pas eux.*
Commencer à avoir		*Commencer d'avoir*	Pour éviter l'hiatus.
Un homme conséquent		*Un homme important*	*conséquent* signifie : logique.
Une fortune conséquente		*Une grosse fortune*	
Contre (par)		*En revanche*	*Par contre* est toléré aujourd'hui parce que *en revanche* n'a pas tout à fait le même sens.
Elle est courbaturée		*Elle est courbatue*	
Il a des chances de perdre		*Il court le risque de perdre*	*Chance* et *perdre* sont contradictoires.
Il a fait des coupes sombres dans son manuscrit (si vous voulez parler de coupes sérieuses)		*Il a fait des coupes claires*	Beaucoup d'arbres abattus donnent une clairière...
Il y a eu une collusion de voitures		*Il y a eu une collision de voitures*	
Se perdre en conjonctures		*Se perdre en conjectures*	
Je vous présente mon collègue, le Dr X...		*Je vous présente mon confrère, le Dr X...*	Les collègues travaillent en équipe ; les confrères travaillent dans le même corps de métier.

N'ÉCRIVEZ PAS...	X	... MAIS ÉCRIVEZ	REMARQUES
Je l'ai contactée		*J'ai pris contact avec elle*	
Nous avons commémoré le dixième anniversaire de sa mort		*Nous avons célébré le dixième anniversaire de sa mort.*	« Commémorer un anniversaire » est un pléonasme.
En bras de chemise		*En manches de chemise*	Ne mêlez pas la langue parlée à la langue écrite.
Je l'ai vu sur le journal		*Je l'ai vu dans le journal*	
Davantage que		*Plus que*	
Débuter un chapitre Ces mots débutent le chapitre		*Commencer un chapitre* *Le chapitre débute par ces mots*	« Débuter » ne peut pas remplacer *commencer* parce qu'il est intransitif (il n'a pas de complément direct).
J'ai demandé à ce qu'on me le traduise		*J'ai demandé qu'on me le traduise*	
L'homme dont je me souviens des traits		*L'homme des traits duquel je me souviens* ou *L'homme dont je me rappelle les traits*	« Dont... de, du, des, de la... » est incorrect. La forme correcte est lourde : changez la construction de votre phrase (voir ci-contre).
La personne que je vous ai parlé		*La personne dont je vous ai parlé*	
La dernière décade de ce siècle		*La dernière décennie de ce siècle*	Décade = 10 jours Décennie = 10 ans.
Je descends en bas		*Je descends*	
Donnez-moi-le		*Donnez-le-moi*	
Se faire disputer		*Se faire réprimander, gronder*	
Tuer ou être tué : cruel dilemme		*Tuer ou être tué : cruelle alternative* (voir ce mot) [page 17]	Ne pas confondre ces deux mots : un *dilemme* est une diversité de situations menant à la même conclusion.

N'ÉCRIVEZ PAS...	X	... MAIS ÉCRIVEZ	REMARQUES
Le différent qui les oppose		*Le différend qui les oppose*	
		Nous sommes à l'ère des déodorants	Correct (*désodorisant* s'emploie dans un sens plus général).
Démystifiée par sa popularité, cette star n'est plus qu'une vedette.		*Démythifiée par sa popularité, cette star n'est plus qu'une vedette*	La confusion entre ces deux mots à la mode est fréquente.
Il s'agit de démythifier les adeptes de cette secte		*Il s'agit de démystifier les adeptes de cette secte*	*Démystifier :* démasquer *Démythifier :* détrôner (au sens figuré).
Émotionner		*Émouvoir*	
Il s'est en allé		*Il s'en est allé*	
Il effectue un voyage, des achats		*Il fait un voyage, des achats*	
Le document qu'il a emmené		*Le document qu'il a emporté*	*Emmener* et *ramener* s'emploient pour les êtres vivants ; *apporter, emporter, remporter* et *rapporter* pour les choses et les êtres vivants que l'on transporte.
C'est un homme ès qualité		*C'est un homme de qualité*	La préposition *ès* étant la contraction de *en les* doit être suivie du pluriel.
Un espèce de fou		*Une espèce de fou*	Attention ! cette faute se répand de plus en plus dans le langage parlé.
		Je m'excuse	Critiqué à tort : parfaitement correct.
Un café exprès Une lettre express		*Un café express* *Une lettre exprès*	
Votre dame Votre épouse		*Votre femme*	*Épouse* est plutôt réservé à la langue administrative.
Votre demoiselle Votre jeune fille		*Votre fille*	

N'ÉCRIVEZ PAS...	X	... MAIS ÉCRIVEZ	REMARQUES
Votre jeune homme		*Votre fils*	
De façon à ce que		*De façon que*	
Elle se fait forte de...		*Elle se fait fort de...*	
Il appuya sur la gâchette		*Il appuya sur la détente*	
Il m'indiffère		*Il m'est indifférent*	
Il m'insupporte		*Je le trouve insupportable*	
Vous n'êtes pas sans ignorer		*Vous n'êtes pas sans savoir*	Formule répandue, qui veut dire exactement le contraire de ce qu'elle est sensée signifier !
Il a pour elle une certaine inclinaison		*Il a pour elle une certaine inclination*	
Êtes-vous l'infirmière ? Oui, je la suis		*Oui, je le suis*	
Venez avec moi si vous le voulez		*Venez avec moi si vous voulez*	« Le » ne remplace rien ; il n'a donc pas raison d'être.
Monter en haut		*Monter*	
Il s'est fait du mal		*Il s'est fait mal*	
Malgré que		*Bien que*	*Malgré que* est correct, mais lourd.
De manière à ce que		*De manière que*	
Bonjour messieurs-dames		*Bonjour mesdames, bonjour messieurs*	
Les risques sont réduits au maximum		*Les risques sont réduits au minimum*	
Naguère, au temps des rois fainéants...		*Jadis, au temps des rois fainéants...*	« Naguère » est la contraction de « il n'y a guère » ; c'est donc le contraire de « jadis ».
Je suis arrivé avant qu'il vienne		*Je suis arrivé avant qu'il ne vienne*	
Il est plus grand que je le croyais		*Il est plus grand que je ne le croyais*	
Au niveau de la technique, ce film est excellent		*Sur le plan technique, ce film est excellent*	« Au niveau de » fait actuellement des ravages en tous lieux !
Un petit nain		*Un nain*	

N'ÉCRIVEZ PAS...	X	... MAIS ÉCRIVEZ	REMARQUES
Nous, on est sorti ou Nous, on est sortis		*Nous, nous sommes sortis*	
Nous deux ma sœur		*Ma sœur et moi*	
Pallier à cet inconvénient		*Pallier cet inconvénient*	
J'ai entendu parler que...		*J'ai entendu dire que...*	
Je lui ai causé		*Je lui ai parlé* ou *j'ai causé avec lui* (ou *elle*)	*Causer avec* est correct, « causer à » ne l'est pas.
Nous avons causé		*Nous avons parlé*	
Je voudrais sortir sans que personne ne puisse me voir		*Je voudrais sortir sans que personne puisse me voir*	Ici, *personne* a un sens positif.
Personne viendra		*Personne ne viendra*	Ici, *personne* a un sens négatif.
Je m'en étonne peu ou prou		*Je m'en étonne peu* ou *Je m'en étonne beaucoup*	*Prou* signifie : beaucoup.
Une rue passagère		*Une rue passante*	
Une rue piétonne		*Une rue piétonnière*	
Je pars à Rome Il est parti pour l'Italie		*Je pars pour Rome* *Il est parti en Italie*	On précise le lieu où il est arrivé et non où il va.
Je préfère lire que sortir		*Je préfère lire plutôt que sortir*	
Elle est partisante de		*Elle est partisane de* ou *Elle est d'avis de*	Ce féminin existe depuis le XVe siècle !
Positionner		*Mettre* ou *placer*	
Promotionner		*Promouvoir*	
Une panacée universelle		*Une panacée*	Il y a déjà le sens d'universel dans *panacée*.
Des embarras pécuniers		*Des embarras pécuniaires*	
Les prémisses de son talent		*Les prémices de son talent* (toujours au pluriel)	Prémisse : proposition d'un syllogisme.

N'ÉCRIVEZ PAS...	X	... MAIS ÉCRIVEZ	REMARQUES
Il fut pris à parti		*Il fut pris à partie*	
		Nous sommes des gens qui avons (ou *qui ont*) *entrepris de bâtir*	Les deux formes sont correctes.
Je ne l'ai pas rencontré depuis quelques dix ans		*Je ne l'ai pas rencontré depuis quelque dix ans*	*Quelque* est ici un adverbe et signifie : environ.
Quelque soit le temps Quel que mauvais temps qu'il fasse		*Quel que soit le temps* *Quelque mauvais temps qu'il fasse*	*Quelque* est un adjectif indéfini toujours placé avant le nom ou l'adjectif qualificatif qui s'y rapporte.
Rapporter, ramener, remporter			Voir *emmener* page 21.
Je me rappelle de son visage		*Je me rappelle son visage* ou *Je me souviens de son visage*	
J'ai réalisé que tout était perdu		*J'ai compris que tout était perdu*	« Réaliser », dans ce sens, est un anglicisme.
C'est un penchant qui ressort de l'instinct		*C'est un penchant qui ressortit à l'instinct*	*Ressortir* (2e groupe) signifie : dépendre. Ne l'employez pas comme l'autre qui signifie : sortir à nouveau.
J'ai rêvé à mon père Je rêve de ce projet		*J'ai rêvé de mon père* *Je rêve à ce projet*	Toutefois, *à* et *de* peuvent s'employer indifféremment.
Avec ce médicament, il risque de guérir		*Grâce à ce médicament, il aura des chances de guérir*	*Risque* et *guérir* sont contradictoires. Voir *chance* page 19.
On m'en a rabattu les oreilles		*On m'en a rebattu les oreilles*	
Si j'aurais su, j'aurais pas venu !		*Si j'avais su, je ne serais pas venu !*	En règle générale, *si* n'est suivi ni du futur ni du conditionnel.
Cette machine soi-disant révolutionnaire		*Cette machine que l'on prétend révolutionnaire*	« Soi-disant » ne se rapporte qu'aux personnes car elles seules peuvent « se dire ».
Ses soi-disant qualités		*Ses prétendues qualités*	

N'ÉCRIVEZ PAS...	X	... MAIS ÉCRIVEZ	REMARQUES
Il s'en est suivi une catastrophe		*Il s'est ensuivi...*	Aux temps composés, le préfixe *en* est aujourd'hui séparé du participe passé par l'auxiliaire : *il s'en est suivi* est admis.
Surtout que		*D'autant plus que*	
Solutionner		*Résoudre*	
Cet homme l'a stupéfaite		*Cet homme l'a stupéfiée*	« Stupéfait(e) » est un adjectif et non un participe passé.
Taxer un enfant de paresseux		*Taxer un enfant de paresse*	
Je l'ai vendu tel que		*Je l'ai vendu tel quel*	
Il s'empara de ma bourse en un tour de main		*Il s'empara de ma bourse en un tournemain*	
Le tendresse de cette viande		*La tendreté de cette viande*	
Les marques de sympathie que vous leur témoignez...		*La sympathie que vous leur témoignez*	Dans *témoigner*, on trouve déjà l'idée de « marque ».

CHAPITRE II

LA PRÉSENTATION DES LETTRES MANUSCRITES LES FORMULES D'APPEL LES FORMULES DE POLITESSE

LA PRÉSENTATION. — En matière de lettres comme ailleurs, c'est bien souvent la première impression qui compte. Votre correspondant doit être favorablement impressionné par votre missive. À vous, par conséquent, de soigner au maximum sa présentation.

Le choix du papier et du format

Évitez les papiers qui témoignent de la « haute fantaisie » des fabricants. Pas de bords à franges, pas de vélins découpés « à l'antique », pas de couleurs voyantes ou sirupeuses, évoquant irrésistiblement le coucher de soleil ou le bonbon fondant. Comme celle d'un vêtement, l'élégance d'un papier à lettres réside dans sa sobriété discrète.

Pour leur correspondance personnelle, les hommes choisiront un papier blanc uni, de bonne qualité, et les femmes, si le blanc leur paraît trop classique, adopteront une couleur discrète, dans les gris ou les bleus. Votre papier à lettres une fois choisi, restez-lui fidèle, car il est un des reflets de votre personnalité.

Les formats doivent rester classiques. Ne jetez pas votre dévolu sur un papier trop grand, ce qui est prétentieux et mal commode, ni trop petit, ce qui augmente les risques de perte et diminue fatalement la lisibilité. Le format dit *commercial* ou *européen* 21 × 29,7 est actuellement employé, même pour la correspondance privée. Le feuillet double, naguère encore imposé par les convenances, n'est plus indispensable aujourd'hui, sauf pour les lettres officielles et protocolaires que nous verrons plus loin.

Les initiales, monogrammes et devises, un temps en vogue, sont maintenant tombés en désuétude. Il est inutile de chercher à singer les armoiries. La simple mention de votre adresse, imprimée ou gravée (et, éventuellement, accompagnée de vos numéros de téléphone et de fax), suffira à renseigner vos correspondants, tout en personnalisant votre papier à lettres.

Les personnes en deuil préféreront au papier dit « demi-deuil », parfois gris ou mauve avec une bordure de teinte plus soutenue, un papier blanc encadré d'un très mince liseré noir ou gris. La bordure noire très large ne se fait plus.

On trouvera aux différents chapitres traitant des lettres officielles, lettres d'affaires, etc., toutes les indications nécessaires sur les papiers à adopter dans chaque cas particulier.

Le papier parfumé est naturellement à éviter, car son emploi n'est jamais l'indice d'un goût très sûr.

L'importance des marges

Une belle marge à gauche et une marge plus étroite à droite « donnent de l'air » à une lettre tout en contribuant à son heureuse présentation. Des marges exiguës rendent la lecture malaisée et sont signes de négligence et de parcimonie.

Les marges varient naturellement avec le format du papier, mais on peut admettre que la marge de gauche ne doit jamais être inférieure à 3 cm et celle de droite à 2 cm. Est-il besoin d'ajouter qu'il ne faut pas écrire dans les marges ?

Le numérotage des feuillets

Lorsqu'une lettre est très longue, chacun de ses feuillets, sauf le premier, doit être numéroté pour faciliter la lecture. Certaines personnes utilisent un ordre très personnel : de la première page, elles sautent à la dernière, puis reviennent au milieu, etc. Un tel procédé est abracadabrant. La page 2 doit se trouver naturellement au verso de la première, la page 3 en face de la page 2, et ainsi de suite. C'est non seulement une question de logique, c'est aussi une question de politesse.

La couleur de l'encre

L'encre verte fatigue les yeux et dénote une fantaisie qui n'est pas de mise dans la correspondance sérieuse.

L'encre rouge, cela va sans dire, doit être réservée à la comptabilité et aux corrections des devoirs ou des épreuves typographiques.

Il reste donc à choisir entre trois couleurs : le noir, le bleu et le violet.

L'encre noire est classique et ne peut déplaire à personne ; elle offre un trait d'une lisibilité parfaite et s'impose absolument pour toute correspondance de caractère sérieux, *a fortiori* pour la correspondance officielle. L'encre violette fait « vieux jeu », tandis que l'encre bleue, au contraire, connaît la faveur de tous.

Si vous préférez écrire à l'encre bleue, vous choisirez un bleu foncé, car les bleus clairs, outre qu'ils ne favorisent pas la lisibilité, sont trop fantaisistes pour des lettres sérieuses.

Stylo à plume ou stylo à bille ?

Nous ne discuterons pas ici des avantages et des inconvénients du stylo à bille. Nous nous bornerons à rappeler qu'il vaut mieux en éviter l'emploi pour toute correspondance qui ne revêt pas un caractère intime.

L'écriture

On sait que, dans une large mesure, l'écriture trahit notre personnalité : la graphologie a fait depuis longtemps ses preuves.

Il n'est donc pas question de chercher à changer son écriture si on la juge laide : les pattes de mouche ne peuvent se transformer en pattes de héron et inversement. Ce qu'il faut, en revanche, s'efforcer de posséder, c'est une écriture lisible.

À lire des écritures qui tiennent plus du cunéiforme que du phénicien (on tient les Phéniciens pour les inventeurs de notre alphabet), on peut se demander si certaines personnes écrivent pour être lues ! Elles imposent un véritable pensum à leurs correspondants. Sans rien changer à leur écriture, il suffirait qu'elles écrivent moins vite pour mieux former les lettres.

Tel est le seul conseil que l'on puisse leur donner, mais c'est le bon !

Modèle de présentation d'une lettre de caractère privé

24, rue Stendhal
38000 Grenoble

Date

Chère Madame,

Vous ne pouvez savoir à quel point nous sommes touchés, Jean et moi, de votre charmante attention. Ce cadeau, si conforme à nos goûts, nous rend d'autant plus confus que nous savons combien votre temps est pris par ce nouveau poste qui convient si bien à votre sens des responsabilités.

Si les obligations de votre charge vous conduisaient un jour dans notre ville, nous verrions là l'occasion de vous remercier de vive voix de votre superbe présent.

En vous renouvelant l'expression de notre gratitude, nous vous prions de croire, Chère Madame, à notre respectueux et fidèle souvenir.

Signature

La correspondance privée peut-elle être dactylographiée ?

Indispensable pour la correspondance commerciale, la machine à écrire électronique commence à faire son apparition dans la correspondance privée. Est-ce un bien ? Est-ce un mal ? Peut-on, sans manquer aux lois du savoir-vivre et de la correction, envoyer à tout le monde des lettres dactylographiées ?

Là encore, tout est affaire de mesure et de bon goût ; il n'existe pas de règle générale. La machine à écrire, c'est un fait, a conquis droit de cité, et tend à s'installer dans notre vie quotidienne au titre d'outil commode, indispensable même. Pourtant, dans certains cas — et notamment pour toute correspondance protocolaire —, la lettre tapée à la machine dénote un manque d'égards. Tolérée lorsqu'elle est destinée à des amis, elle peut sembler froide ou impersonnelle lorsqu'elle est adressée à certains parents ou intimes.

C'est donc à vous qu'il appartiendra de déterminer si une lettre dactylographiée est ou non convenable dans tel cas précis. Il est d'ailleurs un compromis possible que l'on peut indiquer ici : il consiste à ajouter quelques lignes à la main, ce qui a pour effet de donner à votre lettre une apparence plus personnelle et plus chaleureuse.

Si l'usage de la machine continue à s'étendre, il faut bien reconnaître que notre correspondance ne peut que gagner à cette modernisation. Une lettre soigneusement dactylographiée et clairement interlignée sera toujours plus agréable à lire qu'une écriture informe.

De plus, la machine permet de conserver un double de toute correspondance : ce dernier avantage, à tous points de vue, est considérable.

Le lieu et la date

C'est un détail, mais il est d'importance, et trop de correspondants ont tendance à l'oublier : toute lettre doit être datée, et le lieu d'où la lettre est envoyée, indiqué.

Inscrivez à gauche le lieu, suivi de la date dans la partie supérieure droite de la feuille, et non à la fin, ce qui est à la fois incommode et cavalier, à moins qu'il ne s'agisse d'une lettre officielle.

N'écrivez pas « 10/6/96 », mais *Le 10 juin 1996*. N'affectionnez pas les abréviations suspectes comme 9bre ou 10bre. N'écrivez pas non plus « ce 12 décembre » ou « ce mardi 14 janvier », c'est prétentieux et démodé.

LES FORMULES D'APPEL. — Au même titre que les salutations finales, l'appel est une des parties les plus importantes de la lettre. C'est ce qui frappe votre correspondant dès le début de sa lecture, avant même qu'il ait commencé à parcourir la lettre proprement dite. C'est le « bonjour » écrit. Or, il est bien évident qu'on ne peut saluer les gens au petit bonheur. Le premier contact détermine presque toujours ce que seront nos relations ultérieures avec nos correspondants.

Pour les parents et les amis, pas de difficulté. Chacun de nous, par instinct et par habitude, trouve sans réfléchir la formule à employer.

Pour vos fournisseurs, vos obligés et, d'une façon générale, les gens qui dépendent de vous, vous adopterez simplement *Monsieur* ou *Madame*.

La question est déjà plus délicate lorsqu'on écrit à de simples relations et le problème est encore plus difficile à résoudre quand on s'adresse à des inconnus. Voici quelques indications dont on pourra s'inspirer en cas d'incertitude :

À un égal

On écrira simplement : *Monsieur*, ou *Cher Monsieur* si on le connaît un peu et qu'on désire marquer une nuance de sympathie ; pour exprimer plus de cordialité encore, on emploirera *Cher Monsieur et ami.*

Suivant les circonstances, on utilisera éventuellement des formules inspirées par les situations qu'occupe respectivement chacun des correspondants : *Mon cher collègue, Cher confrère, Mon cher confrère et ami, Cher Président*, etc. Les anciens condisciples, même lorsqu'ils ne se sont pas vus depuis des années, utilisent généralement la formule : *Mon cher camarade.*

À un supérieur

On marquera de la déférence en lui donnant son titre : *Monsieur le Président, Monsieur le Directeur, Monsieur le Secrétaire général, Madame la Déléguée*, etc.

S'il s'agit d'une personne qui n'occupe aucune fonction particulière, on se contentera de *Monsieur, Madame* ou *Mademoiselle*, en exprimant le respect que l'on veut traduire dans les termes mêmes de la lettre et surtout dans la formule de politesse finale.

N'oublions pas qu'à situation égale, c'est le plus jeune des deux correspondants qui doit marquer sa déférence au plus âgé. Dans le cas d'une personne jeune écrivant à une personne âgée, cette nuance doit être particulièrement accusée.

À un subordonné

On écrira seulement dans les mêmes termes qu'à un égal : *Monsieur, Madame, Cher Monsieur*. Les formules protectrices dont on usait jadis ont heureusement disparu.

À un employé, un chef d'entreprise écrira : *Monsieur* ou *Cher Monsieur* ou encore *Mon cher (et le nom de famille)* qui exprime une certaine familiarité cordiale.

Aux instituteurs, institutrices, professeurs

On écrira : *Monsieur, Madame* ou *Mademoiselle*, en faisant suivre le nom du correspondant de la mention : *Instituteur à X..., Institutrice à X..., Professeur au Lycée de...*

> On notera le nouveau titre dévolu aux instituteurs et institutrices : « professeurs des écoles ».

Une femme écrivant à une autre femme

Elle se servira des termes qui traduisent le mieux la nature de leurs relations : amitié, affection qui les unit, considération ou respect. *Madame, Chère Madame et amie, Chère amie, Bien chère amie, Chère Anne, Madame la Directrice, Chère Présidente et amie, Ma chère collègue,* etc.

Une femme écrivant à un homme

Elle nuancera, de la même manière, les termes de sa lettre suivant les circonstances : *Monsieur, Cher Monsieur et ami, Cher ami, Mon cher Jacques*, etc.

Plus encore que les hommes, les femmes auront soin de n'employer aucune formule exagérément cordiale, dont la nature pourrait donner lieu à de fausses interprétations.

Un homme écrivant à une femme

Il observera les mêmes règles : *Madame, Chère Madame, Chère Madame et amie, Ma chère amie, Chère Michèle*, etc.

Voyez plus loin les tableaux pour les cas particuliers.

Des fautes à éviter

N'employez jamais de formules comme « Mon cher Monsieur », « Ma chère Dame », « Ma chère Madame », « Cher Monsieur Dupont », « Chère Madame Gallois », etc. Elle sont absolument condamnées par le bon goût et les convenances.

LES FORMULES DE POLITESSE. — La politesse n'est pas qu'une simple formule.

La terminaison d'une lettre par la formule qui précède immédiatement la signature est aussi importante que la formule d'appel. Le choix de la tournure à adopter plonge bien souvent les correspondants dans l'incertitude.

Avant tout, souvenez-vous toujours que l'on doit répéter, dans la phrase qui termine une lettre, les mots même que l'on a utilisés pour l'appel. Ainsi, si vous vous êtes servi du simple *Monsieur* en commençant, vous terminerez en écrivant par exemple : *Veuillez agréer, Monsieur, l'expression de mes meilleurs sentiments.* Si vous avez commencé par *Monsieur le Directeur*, vous terminerez par une formule dans le genre de celle-ci :

Je vous prie d'agréer, Monsieur le Directeur, l'expression de mes sentiments dévoués.

On trouvera dans les pages suivantes tout un choix de formules à employer suivant les circonstances.

À un égal

On adressera *l'expression de [ses] sentiments les meilleurs* ou *l'assurance de [ses] sentiments distingués* (ce qui est plus froid), ou bien, au contraire, pour traduire chaleureusement sa sympathie ou son amitié : *Veuillez agréer, cher ami, l'assurance de mes sentiments de cordiale sympathie* ou : *Croyez, mon cher ami, à mes affectueux (ou très affectueux) sentiments.*

À un supérieur

Veuillez agréer, Monsieur, l'expression de mes respectueux sentiments ou *Je vous prie d'agréer, Monsieur le Directeur, mes respectueuses salutations* ou *Veuillez croire, Monsieur, à tous mes sentiments de respectueuse gratitude* (dans le cas où l'on désire marquer sa reconnaissance).

Notez qu'il est d'usage, lorsqu'on s'adresse à un supérieur, de remplacer *l'assurance* (qui convient pour les amis et les familiers) par *l'expression*. Plutôt que *Recevez*, ou *Veuillez recevoir*, on écrira aussi *Veuillez agréer, Monsieur...* ou bien *Je vous prie d'agréer, Monsieur...* En écrivant à un personnage de très haut rang, on pourra même écrire : *Daignez agréer, Monsieur l'Inspecteur général,...*

Une femme écrivant à une autre femme

Elle veillera à nuancer les salutations finales suivant l'âge, le rang, la situation. Les formules utilisées pourront donc être extrêmement variées : *Veuillez agréer, Madame, mon bien respectueux souvenir ; Recevez, chère Madame, l'expression de ma considération très distinguée ; Croyez, chère Madame et amie, à mes très affectueux sentiments,* etc.

Une femme écrivant à un homme

Elle lui adressera : *l'expression de mes sentiments distignués* (correction un peu froide) ; *mon meilleur souvenir* (amitié) ; *mes sentiments affectueux* (amitié plus accusée).

Un homme écrivant à une femme

Il disposera d'une gamme tout aussi étendue : *Veuillez agréer, Madame, l'expression de mes respectueux sentiments ; Veuillez agréer, chère Madame et amie, l'expression de ma plus respectueuse sympathie ; Croyez, ma chère amie, à ma très vive et très sincère amitié.*

Des fautes à éviter

Certaines formules de politesse qui comportaient des expressions comme « déposer ses hommages » ou « je demeure votre dévoué serviteur » n'ont naturellement plus cours !

Il ne faut jamais, sous aucun prétexte, rejeter la formule de politesse, toute seule, en haut d'une page blanche. C'est une impardonnable incorrection.

D'autre part, il ne faut jamais lier la formule de politesse à la dernière phrase de la lettre. On en fera au contraire l'objet d'un alinéa.

TITRES CHARGES PROFESSIONS	FORMULE D'APPEL	DANS LE CORPS DE LA LETTRE	SUR L'ENVELOPPE	FORMULE DE POLITESSE
empereur, roi	*Sire*	*Votre Majesté* (3e pers.)	*Sa Majesté Baudouin Ier Roi des Belges*	*Je prie le Roi de bien vouloir agréer l'expression de mon profond respect.*
impératrice, reine	*Madame*	*Votre Majesté* (3e pers.)	*Sa Majesté Élisabeth II Reine d'Angleterre*	*Je prie la Reine de bien vouloir agréer l'expression de mon profond respect.*
Dans la vie courante, on n'écrit pas à un souverain, mais à son secrétaire particulier, à moins d'être attaché à sa personne par des liens personnels.				
prince (d'une maison régnante)	*Monseigneur*	*Votre Altesse Royale* (3e pers.)	*Son Altesse Royale le Prince... Monseigneur le Prince...*	*Votre Altesse Royale voudra bien agréer l'expression de mon profond respect.*
— Monaco — Liechtenstein	*Monseigneur*	*Votre Altesse sérénissime* (3e pers.)	*Son Altesse sérénissime le Prince...*	*Votre Altesse sérénissime voudra bien agréer l'expression de mon profond respect.*
princesse (d'une maison régnante ou prétendante)	*Madame*	*Votre Altesse Royale* (3e pers.)	*Son Altesse Royale la Princesse...*	*Votre Altesse Royale voudra bien agréer l'expression de mon profond respect ;* (un homme écrira : *l'expression de mes respectueux hommages*).
— Monaco — Liechtenstein	*Madame*	*Votre Altesse sérénissime* (3e pers.)	*Son Altesse sérénissime la Princesse...*	*Votre Altesse sérénissime voudra bien agréer l'expression de mon profond respect ;* (un homme écrira : *l'expression de mes respectueux hommages*).
prince (d'une maison non régnante)	*Prince* ou *Monsieur*	(2e pers.)	*Le Prince...*	*Veuillez agréer, Prince* (ou *Monsieur*), *l'expression de mon profond respect.*
princesse (d'une maison non régnante)	*Princesse* ou *Madame*	(2e pers.)	*La Princesse...*	*Veuillez agréer, Princesse* (ou *Madame*), *l'expression de mon profond respect ;* (un homme écrira : *l'expression de mes respectueux hommages*).

TITRES CHARGES PROFESSIONS	FORMULE D'APPEL	DANS LE CORPS DE LA LETTRE	SUR L'ENVE-LOPPE	FORMULE DE POLITESSE
duc	*Monsieur le Duc*	(2ᵉ pers.)	*Monsieur le Duc de...*	*Veuillez agréer, Monsieur le Duc, l'expression de mon profond respect* ou *de mes sentiments dévoués* ou *de ma respectueuse considération.*
duchesse	*Madame la Duchesse*	(2ᵉ pers.)	*Madame la Duchesse de...*	*Daignez agréer, Madame la Duchesse, l'hommage de mon profond respect* ou *de mon très fidèle et respectueux souvenir* ou *de ma respectueuse considération* ou *l'expression de mes respectueux hommages.*
autres personnes titrées	*Monsieur, Madame* *Mon cher Marquis* *Mon cher Baron* *Mon cher Comte*	(2ᵉ pers.) (2ᵉ pers.) (2ᵉ pers.) (2ᵉ pers.)	*Le Marquis de...* *Le Baron de...* *Le Comte de...* ou *Monsieur et Madame de...* ou *Comte et Comtesse de...*	Il est évident que c'est le degré d'intimité qui doit dicter ces formules et non pas seulement le titre du correspondant. Retenez que l'on fait suivre le nom du titre pour les ducs et duchesses exclusivement.
pape	*Votre Sainteté*	(3ᵉ pers.)	*Sa Sainteté...*	*J'ai l'honneur d'être, avec le plus profond respect, de votre Sainteté, le très humble et dévoué serviteur* (ou *servante).*
On n'écrit pas au pape mais au prélat chargé de la secrétairerie d'État, à moins d'être attaché à sa personne par des liens personnels.				
cardinal	*Éminence*	*Votre Éminence* (3ᵉ pers.)	*Son Éminence le Cardinal Archevêque de...*	*J'ai l'honneur d'être, avec le plus profond respect, de Votre Éminence, le très humble et très dévoué serviteur* (ou *servante).*

TITRES CHARGES PROFESSIONS	FORMULE D'APPEL	DANS LE CORPS DE LA LETTRE	SUR L'ENVELOPPE	FORMULE DE POLITESSE
archevêque, évêque, nonce	*Excellence* ou *Monseigneur*	*Votre Excellence* (3e pers.)	*Son Excellence, Monseigneur... Évêque de ...*	*J'ai l'honneur d'être, Monseigneur, de Votre Excellence, le très respectueux serviteur* (ou *servante*).

TITRES CHARGES PROFESSIONS	FORMULE D'APPEL	LIBELLÉ DE L'ENVELOPPE	FORMULE DE POLITESSE
pasteur	*Monsieur le Pasteur*	*Monsieur le Pasteur B...*	*Veuillez agréer, Monsieur le Pasteur, l'expression de ma considération la plus distinguée.*
	Madame le Pasteur	*Madame le Pasteur C... L...*	*Veuillez agréer, Madame le Pasteur, l'expression de mes sentiments les plus respectueux* (si c'est un homme qui écrit) ou *l'expression de ma considération la plus distinguée* (si c'est une femme).
rabbin	*Monsieur le Rabbin*	*Madame le Rabbin D...*	Voir pasteur.
supérieur(e) d'un ordre	*Monsieur le Supérieur*	*Monsieur le Supérieur*	Voir pasteur.
	Madame la Supérieure ou *Madame*	*Madame la Supérieure*	Voir pasteur (femme).
Chef d'État	*Monsieur le Président de la République*	*Monsieur le Président de la République*	*Je vous prie d'agréer, Monsieur le Président de la République, l'expression de ma très haute considération.*

Il est toutefois préférable d'écrire à son Secrétariat particulier, à moins d'être attaché à sa personne par des liens personnels.

TITRES CHARGES PROFESSIONS	FORMULE D'APPEL	LIBELLÉ DE L'ENVELOPPE	FORMULE DE POLITESSE
Premier ministre	*Monsieur le Premier ministre*	*Monsieur le Premier ministre* ou *Monsieur N... Premier ministre de la République*	*Je vous prie de bien vouloir agréer, Monsieur le Premier ministre, l'expression de ma très haute considération* ou *de mon profond respect* (si c'est un homme qui écrit).
	Madame le Premier Ministre	*Madame le Premier ministre* ou *Madame Z... Premier ministre de...*	Dito
ministre français	*Monsieur le Ministre*	*Monsieur B... Ministre de l'Industrie*	*Je vous prie de bien vouloir agréer, Monsieur le Ministre, l'expression de mes sentiments dévoués.*
	Madame le Ministre ou *Madame la Ministre*	*Madame D... H... Ministre des Transports*	*Je vous prie de bien vouloir agréer, Madame le* (ou *la*) *Ministre, l'expression de mon respectueux dévouement* ou *l'expression de ma haute considération* (si c'est une femme qui écrit).
ministre de la Justice	*Monsieur le Garde des Sceaux*	*Monsieur le Garde des Sceaux*	Dito.
ambassadeur	*Excellence* ou *Monsieur l'Ambassadeur*	*Son Excellence Monsieur l'Ambassadeur de... et Madame C...* *Son Excellence Monsieur C... Ambassadeur de France en...*	*Je vous prie d'agréer, Monsieur l'Ambassadeur* (ou *Madame l'Ambassadrice*), *les assurances de mes sentiments respectueux.*
	Excellence ou *Madame l'Ambassadrice*	*Son Excellence Madame l'Ambassadrice de... et Monsieur H...* (dans le cas d'une invitation) *Son Excellence Madame L... Ambassadrice de France en...*	On notera que « les assurances » sont une formule propre au corps diplomatique.
haut fonctionnaire	*Monsieur le Directeur général*	*Monsieur J... B... Directeur général des Transports et Communications*	*Je vous prie d'agréer, Monsieur le Directeur général, l'expression de ma haute considération.*

TITRES CHARGES PROFESSIONS	FORMULE D'APPEL	LIBELLÉ DE L'ENVELOPPE	FORMULE DE POLITESSE
	Madame le Directeur	*Madame C... B...* *Directeur du Personnel au ministère de la Justice*	*Je vous prie d'agréer, Madame le Directeur, l'expression de mes hommages respectueux* (si c'est un homme qui écrit). On peut déplorer *Madame le,* mais l'accession des femmes à de hautes charges est encore trop récente pour secouer la routine grammaticale.
député(e), sénateur	*Monsieur le Député*	*Monsieur H... P...* *Député* (adresse du domicile ou de la mairie s'il s'agit d'un député-maire)	Un choix de formules : *Veuillez agréer, M..., l'assurance de ma parfaite considération.* *— de ma considération distinguée.* *— de mes sentiments les meilleurs.*
	Madame le Député *Madame le Sénateur*	*Madame J... L...* *Sénateur* (adresse du domicile ou de la mairie s'il s'agit d'une femme sénateur-maire)	*— de mes sentiments les plus cordiaux.* *— de mon fidèle souvenir.* *— de mes très cordiaux sentiments.* *— de mes hommages respectueux.* *— de mes sentiments dévoués.* *— de ma très sincère amitié.* *— de mes meilleures pensées.*
Maire Mairesse	*Monsieur le Maire*	*Monsieur le Maire de V...* ou *Monsieur G... L...* *Maire de V...*	À moduler suivant la nature des relations qui existent entre les correspondants.
	Madame le Maire	*Madame E... N...* *Maire de F...*	Les *hommages* ne se trouvent évidemment que sous la plume d'un homme écrivant à une femme.

TITRES CHARGES PROFESSIONS	FORMULE D'APPEL	LIBELLÉ DE L'ENVELOPPE	FORMULE DE POLITESSE
notaire, avocat, commissaire-priseur, artiste célèbre	*Maître*	*Maître R... B...* *Notaire* *Maître Christine H...* *Notaire* *Maître Fernande G...* *Avocat à la Cour* (« Avocate » est de moins en moins employé.)	Un choix de formules : *Veuillez agréer, M..., l'assurance de ma parfaite considération.* *— de ma considération distinguée.* *— de mes sentiments les meilleurs.* *— de mes sentiments les plus cordiaux.* *— de mon fidèle souvenir.* *— de mes très cordiaux sentiments.* *— de mes hommages respectueux.* *— de mes sentiments dévoués.* *— de ma très sincère amitié.* *— de mes meilleures pensées.*
médecin doctoresse	*Monsieur,* *Madame* ou *Docteur*	*Docteur Charles X...* *Docteur Cécile Y...* ou *Monsieur le Docteur X...* *Madame le Docteur Y...* (« Doctoresse » est de moins en moins employé.)	
professeur agrégé en médecine ou chirurgie	*Monsieur le Professeur* *Madame le Professeur*	*Monsieur le Professeur B...* *Madame le Professeur C...*	
couple	*Madame,* *Monsieur*	*Monsieur et Madame...*	À moduler suivant la nature des relations qui existent entre les correspondants.
mère célibataire	*Madame*		

GRADES	QUI ÉCRIT ?	FORMULE D'APPEL	SUR L'ENVELOPPE	FORMULE DE POLITESSE
général	un homme	*Mon général*	*Le Général N...*	*Veuillez agréer, mon Général, l'expression de ma haute considération.*
	une femme	*Général*	*Monsieur le général N...*	*Veuillez agréer, Général,...*
colonel, lieutenant-colonel	un homme	*Mon colonel*	*Monsieur le colonel*	*Veuillez agréer, mon Colonel, l'expression de mes sentiments dévoués.*

GRADES	QUI ÉCRIT ?	FORMULE D'APPEL	SUR L'ENVE-LOPPE	FORMULE DE POLITESSE
	une femme	*Colonel* ou *Monsieur*	*Monsieur le colonel...*	*Veuillez agréer, Monsieur, l'expression de ma considération distinguée.*
commandant	un homme	*Mon commandant*	*Monsieur le comman-dant...*	*Veuillez agréer, mon Commandant, l'expression de mes sentiments dévoués.*
	une femme	*Monsieur*	*Monsieur le comman-dant...*	*Veuillez agréer, Monsieur, l'expression de ma considération distinguée.*
capitaine	un homme	*Mon capitaine* ou *Monsieur*	*Le capitaine...*	*Veuillez agréer, mon Capitaine, l'assurance de ma parfaite considération.*
	une femme	*Monsieur*	*Le capitaine*	(Si c'est un officier d'un grade supérieur qui écrit, ou un civil d'un rang social relativement élevé.)
lieutenant	un homme	*Mon lieutenant* ou *Monsieur*	*Lieutenant...*	De même, on modulera les formules ci-dessus suivant les grades respectifs des correspondants.
	une femme	*Monsieur*	*Lieutenant...*	
sous-lieutenant	un homme	*Mon lieutenant* ou *Monsieur*	*Le sous-lieutenant*	La lettre d'un subalterne doit commencer par : *J'ai l'honneur...*
	une femme	*Monsieur*	*Le sous-lieutenant...*	
amiral vice-amiral	homme ou femme	*Amiral* ou *Monsieur l'amiral*	*Monsieur l'amiral...*	*Veuillez agréer, Monsieur l'amiral* (ou *Amiral*), *l'expression de ma haute considération.*
capitaine de vaisseau capitaine de corvette	homme ou femme	*Monsieur*	*Monsieur le Capitaine de vaisseau...* ou *de corvette...*	(Voir plus haut.)
grades inférieurs	homme ou femme	*Monsieur*	*Monsieur le lieutenant de vaisseau...*	(Voir plus haut.)

LE DÉLAI DE RÉPONSE. — La réponse est un devoir de politesse, une marque d'affection, d'amitié ou de courtoisie, suivant les cas ; bien souvent aussi, c'est une obligation d'intérêt.

Ne faites jamais traîner votre réponse. Qu'il s'agisse de sentiment ou de commerce, d'un message d'amitié ou d'un devis, toute lettre appelle une réponse, tout correspondant est en droit d'attendre la vôtre. Ne le faites donc pas languir. En famille, on vous jugerait indifférent ; dans le monde, on vous trouverait grossier ; en affaires, on estimerait que vous n'êtes pas sérieux.

Il faut toujours répondre aussi rapidement qu'on le peut. Plus vite répondrez-vous, plus favorablement vous jugera-t-on. Il faut répondre le jour même à un supérieur, dans les deux ou trois jours à un parent ou ami et dans la semaine à tout le monde, sauf empêchement grave.

N'envoyez jamais votre lettre sans l'avoir attentivement relue. Répondez-vous bien à ce que l'on vous demandait ? Votre lettre ne comporte-t-elle aucune faute, aucune tache, aucune rature ? Est-elle bien lisible ? Avez-vous bien rédigé l'adresse, collé le timbre qu'il faut ?

Souvenez-vous de ce mot historique : « Deux lignes de l'écriture de quelqu'un et je me charge de le faire pendre ! »

CHAPITRE III

LES CARTES

LA CARTE SIMPLE. — Assortie à l'enveloppe, de couleur blanche ou pastel, la carte doit être réservée à la correspondance amicale et familiale.

Ses dimensions restreintes obligent à une certaine concision, ce qui n'est pas un défaut.

Cependant, il serait malséant de l'adresser à une lointaine relation ou à quelqu'un dont la position sociale mérite plus de considération.

LA CARTE-LETTRE. — Couramment utilisée, il y a quelques décennies, pour la correspondance amicale, la carte-lettre a pratiquement disparu aujourd'hui.

Elle ne s'envoie qu'à l'occasion de pli recommandé puisqu'elle présente l'avantage de réunir l'adresse du destinataire et la teneur de la lettre de part et d'autre du feuillet (voir lettres recommandées, page 256).

LA CARTE POSTALE. — Non illustrée, elle peut s'utiliser pour des fournisseurs mais en aucun cas pour des amis, même intimes : la correspondance que tout le monde peut lire ne saurait sortir du domaine professionnel.

Illustrée, c'est le classique message de vacances, toujours en vogue. On ne saurait trop conseiller de la mettre sous enveloppe, lorsqu'elle compte plus de deux ou trois mots du type « Bons baisers de Capri ».

Il y en a de fort belles, particulièrement en noir et blanc, et il y en a de fort laides. Faites en sorte que votre carte soit aussi agréable et intéressante que possible pour son destinataire.

Rien ne vous oblige à choisir dix vues différentes si vous écrivez à dix personnes qui ne se connaissent pas.

N'écrivez pas en style télégraphique sous prétexte que la place vous est comptée. Ne débordez pas sur l'adresse si vous envoyez votre carte « à découvert ».

Ne commettez pas d'erreur dans l'affranchissement. La carte postale ne constituant jamais un message absolument indispensable, son destinataire verrait d'un mauvais œil le paiement d'une surtaxe.

LA CARTE DE VISITE. — Indispensable dans la vie professionnelle, la carte de visite n'est évidemment plus utilisée pour témoigner d'une visite manquée : aujourd'hui, on s'annonce...

Elle reste cependant très utile dans la vie privée, car, dans ses plus grandes dimensions, elle peut servir de carte d'invitation ou même de courte missive adressée à des familiers.

Votre papetier vous en soumettra un vaste choix, tant sur le plan du papier et du format que sur celui des caractères et de leur disposition.

Voici quelques exemples qui pourront vous donner des idées.

Les formats

Le format 60 (64 × 93 mm) est standard : il convient aussi bien à la carte de visite professionnelle qu'à la carte de visite personnelle.

Le format 90 (52 × 93 mm) se voit beaucoup aujourd'hui dans le monde des affaires : cadres, représentants, attachés commerciaux, industriels.

Le format 30 (82 × 128 mm), qui correspond aux enveloppes 9 × 14, format minimum autorisé par les P.T.T., convient aux couples. Il est idéal pour l'envoi des vœux ou des invitations et pour la correspondance.

Le papier

— classique : bristol blanc.

— fantaisie : bristol toilé ou bois du Japon.

Choisissez un bristol blanc de bonne qualité (200 grammes). Pour les jeunes gens, le bristol fantaisie est admis

Les modes d'impression

La carte *gravée* demeure la plus raffinée, mais son prix est élevé. En revanche, la plaque de cuivre peut resservir indéfiniment.

Aujourd'hui un nouveau procédé de *similigravure* permet d'imiter parfaitement les caractères gravés en mat ou brillant.

La carte *typographiée* doit rester réservée au domaine professionnel.

Les caractères et leur disposition

Vous avez le choix entre plusieurs façons de disposer les caractères, comme le montrent nos modèles.

Les caractères se divisent en deux grandes familles :

— la lettre *bâton* ou *à l'antique*. Sur les cartes gravées, ce type de caractère peut être *grisé* ou *azuré* : l'intérieur de chaque lettre est constitué de très fines hachures.

— les lettres *à l'anglaise* ou *calligraphiées*.

On peut sur une même carte mélanger ces deux styles :

DOCTEUR JACQUES GRENIER *Ancien Interne des Hôpitaux de Paris* *Chef de Clinique de l'Hôpital Y...* *Tél.* *Fax* *Adresse*

Les cartes masculines

Le mot « Monsieur » n'y figure jamais. L'homme mentionne son titre, s'il en a un, ou les fonctions qu'il occupe. Il est de mauvais goût de faire figurer ses décorations lorsqu'elles ne sont que de second ordre. Si on en possède plusieurs, on ne fera figurer que la plus importante. Mais c'est loin d'être une obligation.

Il est bon d'indiquer en toutes lettres le prénom usuel, afin d'éviter tout risque de confusion entre deux ou plusieurs personnes pourvues du même patronyme. Au cas, même, où l'on porte un nom très répandu, il peut être utile de le faire précéder de deux prénoms.

JACQUES ROBERT DUPOND Directeur des ventes SUPRAPLAN ☎ 40, rue Desclet Fax 92000 Nanterre

GEOFFROY MARIE
Agrégé de l'Université

Tél. Adresse

Cette carte convient à une jeune fille ou à un jeune homme qui n'a pas encore de profession (adresse et téléphone ou non) :

Ne jetez pas votre dévolu sur des caractères trop fantaisistes : ils doivent être sobres dans l'élégance, sans fioritures. Surtout pas de gothique !

Jean-Luc Henry

Téléphone *Adresse*

Les grades militaires :

Laurent Dupont
Lieutenant au 502e Régiment
de chars de combat
(adresse)

Les titres nobiliaires :

Comte de Lange
(adresse et téléphone ou non)

Le Baron Du Devant
(adresse et téléphone ou non)

Les cartes féminines

Elles doivent comporter le mot *Madame*, suivi de l'initiale du prénom, ou du prénom du mari, auqucl s'ajoutc naturcllcmcnt lc nom dc cc dcrnicr. Ccci cst valable pour les femmes mariées (sans profession).

Madame Charles NEUVILLE

Les femmes mariées qui ont une activité professionnelle d'une relative importance (profession libérale, cadre, etc.), suivent les mêmes règles que les hommes et font souvent figurer sur leurs cartes de visite leur propre prénom suivi du nom de leur mari. Mais d'autres, qui ont acquis une certaine notoriété sous leur nom de jeune fille, le gardent en le reliant par un trait d'union à celui de leur mari :

LOUISE GRANIER-LYON

Chef de Rubrique
à l'Écho de France

Tél. et fax professionnels — *Adresse professionnelle*

Enfin, rien n'empêche celles qui ne sont connues que sous leur nom de jeune fille de le garder :

FRANCINE DUBOIS

Décoratrice

Adresse, tél. et fax professionnels — adresse et tél. privés

Dans tous les cas où la profession est indiquée, le numéro de téléphone et l'adresse figurent sur la carte.

Une femme, si elle est veuve, n'en fait pas mention sur sa carte.

Les femmes divorcées font précéder de *Madame* leurs prénom et nom de jeune fille.

Aujourd'hui, les mères célibataires ont officiellement le droit de se faire appeler *Madame*. Ce mot sera donc suivi de leurs prénom et nom.

Les jeunes filles et les femmes célibataires ne font graver ou imprimer que leurs prénom et nom. « Mademoiselle » ne doit pas figurer sur leur carte, sauf s'il s'agit d'une personne âgée.

Les femmes qui exercent une profession ont le plus souvent un double jeu de cartes : professionnel et privé.

Les cartes de couples

« Monsieur » et « Madame » y figurent en abrégé, reliés par « et » ou « & ». Le prénom sera celui du mari.

L'adresse peut y figurer, soit en haut à droite, soit en bas à droite et, dans ce cas, on peut indiquer le numéro de téléphone en bas à gauche.

M. et Mme Louis Menier

Tél. *Adresse*

Anne et Pierre Vanier

☎ Adresse

Ces cartes peuvent comporter, devant le nom ou le prénom, le grade (pour le militaire) ou le titre (pour les civils) dès lors qu'il s'agit d'un grade ou d'un titre de rang élevé. Sinon, grade, titre ou fonction se placent sous le nom.

Dans certains cas, *Madame* figure en entier :

Le Colonel et Madame Richaud

Le Professeur et Madame Jacques le Grand

Le Docteur et Madame Régis Ducamp

Les titres nobiliaires ne sont jamais précédés de « Monsieur » ou « Madame ».

Comte et Comtesse de Flandres

Il n'est pas recommandé de poursuivre au verso de la carte.

Quand peut-on utiliser une carte de visite ?

Les cartes de visite n'ont rien de commun avec les lettres et ne sauraient en aucun cas les remplacer. Toutefois, on les utilise fréquemment dans les circonstances suivantes :

— Pour envoyer des vœux de Nouvel An.

— Pour indiquer un changement d'adresse ou de code d'entrée de son immeuble.

— Pour exprimer des condoléances.

— Pour annoncer un baptême, une naissance, une première communion, des fiançailles ou un mariage.

— Pour donner son adresse à une personne dont on vient de faire la connaissance.

— Pour s'annoncer à la personne chez qui on se présente (rendez-vous d'affaire ou d'ordre administratif).

— Pour accompagner un cadeau ou un envoi de fleurs.

— Pour accompagner un règlement effectué par chèque ou mandat, et, d'une façon générale, certains envois d'argent.

— Pour réclamer des honoraires (voir page 108).

Comment la rédiger ?

La carte de visite doit toujours être rédigée à la 3e personne et ne doit pas comporter de signature. Incluse dans une enveloppe de mêmes dimensions, elle sera affranchie comme une lettre ordinaire.

DEUXIÈME PARTIE

LA CORRESPONDANCE FAMILIALE

CHAPITRE IV

LA NAISSANCE, LE BAPTÊME
LA PROFESSION DE FOI, LETTRES D'ENFANTS
L'ÉDUCATION

Loin de nous l'idée de vouloir enfermer les lettres de famille et d'amitié dans le cadre étroit des conventions. Ce genre de correspondance, par sa nature même, échappe à toutes les règles, à tous les conseils que nous pourrions donner. Y a-t-il une seule personne au monde qui hésite en écrivant à sa mère, à son père, à son frère, à sa sœur ou à son meilleur ami ?

Aux parents et amis, on écrit avant tout avec son cœur, spontanément. Le naturel, précieux pour toute correspondance, l'est ici plus qu'ailleurs. Pas de « formules de politesse », dans ce genre de missives, pas de calculs ni de détours compliqués, mais une aimable conversation écrite, pleine de libertés.

Cela dit, la liberté n'est pas la licence et la fantaisie ne doit pas tourner au désordre. La franchise elle-même doit être sagement contenue et disciplinée par la mesure, le bon goût, les convenances. On n'écrit pas à un grand-père octogénaire comme à une cousine de dix-sept printemps. La lettre destinée à la bonne tante un peu dépassée par la vie moderne ne doit ressembler en rien à la page pleine de verve que nous destinons à notre sœur étudiante.

Les lettres qui suivent sont donc à peine des modèles. Ce sont, tout au plus, des exemples qui devront être adaptés, modifiés par vos soins pour convenir, dans tous les cas, à vos besoins personnels.

LA NAISSANCE. — On annonce généralement la naissance lorsque la maman se trouve en état de recevoir des visites.

Les cartes de faire-part

Les cartes envoyées pour annoncer une naissance sont extrêmement variées : il en existe de nombreux modèles. Mais les parents peuvent se contenter de leur carte de visite accompagnée d'une inscription manuscrite.

> M. & Mme Paul DURET
>
> sont heureux de vous faire part
> de la naissance de leur fille Michèle
> le 16 février 1996
>
> *Téléphone* *Adresse*

Actuellement, on envoie des cartes imprimées, parfois illustrées d'un berceau. On en trouvera plusieurs modèles dans SAVOIR VIVRE AUJOURD'HUI, chez le même éditeur.

Les télégrammes

Dans certains cas, on peut recourir au télégramme, illustré ou non, pour annoncer une naissance. La rédaction des dépêches, là encore, est évidemment très variable :

YVES ET PATRICK HEUREUX DE VOUS ANNONCER LEUR NAISSANCE. SOMMES COMBLÉS.

SUPERBE GARÇON NÉ CE MATIN. MAMAN ET BÉBÉ PARFAITE SANTÉ.

L'avis dans les journaux

Ce genre d'annonce n'est évidemment pas destiné aux intimes, prévenus par d'autres moyens, mais à de plus lointaines relations. Classique est la formule :

M. Jean VERTEIL et Madame, née SOUMIER, sont heureux de vous faire part de la naissance de leur fils Sylvain, le 21 août.

Adresse.

Les félicitations

Quel que soit le mode d'annonce choisi par les parents pour faire part d'une naissance, les personnes qui en ont été avisées doivent y répondre par des cartes ou lettres de félicitations. Seul l'avis de naissance publié dans le journal ne comporte pas de réponse obligatoire, puisqu'il n'est destiné à personne en particulier et qu'on peut fort bien ne pas l'avoir remarqué.

Les félicitations, tout comme l'annonce à laquelle elles font suite, peuvent être adressées par télégramme ou carte de visite. Voici une formule empruntée à ce dernier cas :

> M. et Mme Pierre S...
> très heureux de la bonne nouvelle qui vient de leur parvenir présentent à Madame et Monsieur D... leurs félicitations très sincères.
>
> Ils adressent tous leurs vœux de bienvenue au petit Cyrille et souhaitent à son heureuse maman un prompt rétablissement.

Suivant le degré d'intimité qui lie le destinataire aux parents, on pourra adresser une courte lettre à l'un ou à chacun d'eux.

Lettre de félicitations à la mère

Toutes mes félicitations, chère Catherine ! Tu devines les vœux que je forme pour le bonheur de ton petit Laurent et pour le prompt rétablissement de sa maman.

Que tu dois être contente et comme je voudrais être à ta place ! Raymond se joint à moi pour t'exprimer la joie que nous procure l'heureux événement et il te prie de transmettre au père comblé son plus cordial souvenir.

Bravo encore, chère Catherine et à bientôt !

Je t'embrasse.

Lettre de félicitations au père

Mon cher ami,

Nous avons été bien heureux en apprenant l'heureuse venue au monde du petit Gilles.

Ma femme adresse à la maman son plus affectueux souvenir. Pour moi, je vous demande de lui transmettre, avec mes félicitations, mes respectueux hommages.

Veuillez agréez, mon cher ami, l'assurance de mes très cordiaux sentiments.

Autre modèle

Mon cher confrère et ami,

J'ai appris avec le plus vif plaisir la naissance de votre fils. Permettez-moi de vous adresser en cette heureuse occasion mes bien sincères félicitations.

Avec tous mes vœux de parfait rétablissement et mes respectueux hommages pour la maman, que j'imagine comblée, je vous prie de croire, mon cher ami, à l'assurance de mes sentiments les meilleurs.

LE BAPTÊME. — La demande de parrainage, formulée par les parents plusieurs mois avant la naissance de l'enfant, peut être écrite ou verbale. Quelle que soit leur décision (acceptation ou refus), les personnes auxquelles on fait appel en cette occasion doivent répondre promptement.

En cas de refus, il faut toujours avoir soin de remercier de l'honneur qu'on voulait vous faire et trouver un prétexte valable pour motiver ce refus : âge, infirmités, départ obligé, etc.

L'acceptation comporte la promesse implicite (qu'il est bon, néanmoins, de formuler clairement) de s'intéresser à l'enfant au cours de sa vie et de le soutenir en cas de besoin.

Il ne faut pas oublier que le parrainage n'est pas une simple formalité. Dans le principe au moins, le parrain et la marraine ont pour devoir principal de se substituer aux parents disparus ou défaillants si les circonstances l'exigent un jour.

À un supérieur, pour lui demander d'être parrain

Monsieur l'Inspecteur général,

La bienveillance que vous avez toujours bien voulu me manifester depuis mon entrée dans l'Administration, et la sollicitude que vous avez maintes fois montrée pour tout ce qui touche ma famille et ma situation font que je m'enhardis aujourd'hui à vous demander ce qu'il faut bien appeler une faveur : consentiriez-vous à nous faire l'honneur d'être le parrain de l'enfant que nous attendons ?

Ma femme et moi en serions fiers et heureux, mais il est à peine besoin d'ajouter que si vous vous trouviez dans l'impossibilité d'accéder à notre demande, nous le comprendrions très bien.

Je vous prie d'agréer, Monsieur l'Inspecteur général, l'expression de mes respectueux sentiments.

Acceptation

Mon cher L...,

Il est tout naturel, pour moi, de m'intéresser à un collaborateur tel que vous et de lui porter l'affectueuse estime que mérite en tous points son travail.

C'est avec grand plaisir que j'accepte d'être le parrain de l'enfant qui va naître. Dites-le de ma part, je vous prie, à votre charmante femme, et n'oubliez pas de lui exprimer les souhaits que je forme pour que cette naissance ait lieu sous les meilleurs auspices.

Quant à mon filleul ou ma filleule, vous pouvez être tous deux assurés que je suivrai d'un œil quasi paternel ses premiers pas dans la vie, puis dans sa carrière.

Recevez, mon cher L..., l'expression de mes meilleurs sentiments.

À un ami, pour lui demander d'être parrain

Mon cher Laurent,

Tu sais que Sylvie attend un enfant pour avril. Alors nous avons tout naturellement pensé que tu accepterais peut-être d'être son parrain. Qu'en dis-tu ?

Nous avons, Sylvie et moi, la certitude que tu serais pour l'enfant un ami véritable, en même temps qu'un « mentor » éclairé et que, si je venais à disparaître — on ne sait jamais... —, il ou elle trouverait en toi un peu du père disparu.

Voilà ce que nous avons pensé. Maintenant, si la perspective de devenir parrain ne te remplit ni de joie ni d'enthousiasme, sois assuré que nous le comprendrons très bien et que notre vieille amitié n'en souffrira pas le moins du monde !

Bien cordialement à toi, toujours.

Acceptation

Mon vieux Jean,

Comment refuser ce que tu me demandes dans ta lettre d'hier ? Rien ne peut me faire plus plaisir, rien ne peut me montrer plus clairement la solidité de notre amitié.

Je serai donc avec joie le parrain du petit ou de la petite V... et soyez assurés, Sylvie et toi, que cet enfant pourra toujours, en toutes circonstances, compter sur moi.

Affectueusement à vous deux.

Refus

Mon vieux Jean,

Rien, tu le sais, ne pouvait m'être plus agréable que d'être le parrain de l'enfant que vous attendez, mais à mon grand regret, hélas, il me faut y renoncer.

Ma nomination est arrivée hier soir pour ce poste dont je t'avais parlé, à Rio. Je vais faire là-bas un premier séjour, de trois ans au moins, de cinq, peut-être. De quelle utilité serait pour l'enfant qui va naître un parrain comme moi ?

En attendant d'avoir une existence plus stable et d'exercer, quelque jour, mon activité dans des régions moins lointaines, je dois donc refuser pour un temps les joies de la famille et du parrainage.

Je ne renonce pas, pourtant, à celles de l'amitié, et je vous écrirai régulièrement à tous deux — à tous trois !

Je compte sur toi pour exprimer tous mes regrets à Sylvie et l'assurer de mes plus affectueux sentiments.

À toi, de tout cœur.

À une amie, pour lui demander d'être marraine

Chère Christine,

Mon mari et moi tenons à vous faire part d'une heureure nouvelle : nous attendons un enfant pour la fin de l'année.

Sûrs de votre amitié, nous sommes persuadés que cette nouvelle vous fera partager la joie que nous éprouvons.

Vous nous feriez un immense plaisir en acceptant, chère Christine, d'être la marraine de notre premier bébé, si toutefois cette demande n'est pas incompatible avec les nombreuses activités que nous vous connaissons. Répondez-nous franchement sur ce point. Nous ne voudrions pour rien au monde vous « forcer la main ».

Régis, que vous avez déjà rencontré plusieurs fois à la maison, sera le parrain. Avec vous deux, notre enfant serait assuré de trouver des seconds parents s'il nous arrivait malheur un jour...

Quelle que soit votre réponse, chère Christine, soyez assurée de notre très fidèle amitié.

Acceptation

Merci, chère Catherine, d'avoir songé à moi en cette circonstance agréable entre toutes.

Je serai très heureuse d'être la marraine de votre premier bébé et je m'efforcerai toujours d'être pour lui comme une seconde maman.

Infiniment touchée de votre affectueuse pensée, je vous envoie tous mes meilleurs vœux et vous embrasse tendrement.

D'ordinaire, le jour du baptême de l'enfant est fixé d'un commun accord avec le parrain, la marraine, les parents et les autres personnes qui doivent assister à la cérémonie.

Le baptême proprement dit ne donne pas lieu à l'envoi de cartes ou de lettres d'invitation, mais il peut en être envoyé pour la réception, le goûter, voire le repas qui fait parfois suite à la cérémonie.

Carte d'invitation pour une réception donnée à l'issue d'un baptême

Madame Michel DUROY

recevra à l'occasion du baptême
de MARIE-CLAIRE
le samedi 16 avril de 17 à 20 heures.

adresse
téléphone R.S.V.P.

Réponse d'une amie

Chère Annie,

Jacques et moi aurons le plus grand plaisir à nous rendre à votre invitation : nous nous faisons une joie de découvrir Marie-Claire et de compter parmi ses premiers admirateurs.

Nous vous adressons à tous deux nos très amicales pensées et envoyons un baiser à qui vous savez...

Le parrain, la marraine font traditionnellement un cadeau à leur filleul. Parents et amis apportent également à la maman (ou lui font envoyer, accompagnés d'une carte ou lettre) des présents divers destinés à l'enfant.

Il faut écrire sans tarder aux donateurs.

Remerciements du père pour un cadeau fait au nouveau-né

Mon cher ami,

Permets-moi de te dire tout le plaisir que nous a causé le si joli cadeau que tu as eu la folie de faire à notre petit Clément.

Si l'enfant est trop jeune encore pour l'apprécier à sa juste valeur, ses père et mère sont dans le ravissement !

Comment te remercier autrement qu'en t'assurant de notre chaude affection ?

Remerciements de la mère à la marraine

Merci, mille fois merci, ma chère tante, pour cette ravissante chaîne de poignet. Votre filleul la portera constamment, comme on le fait d'un porte-bonheur.

Pierre se joint à moi pour envoyer à la merveilleuse marraine que vous êtes nos plus affectueux baisers.

Remerciements du père au parrain

Cher Monsieur et ami,

Si l'on ne savait quel artiste vous êtes, la magnifique médaille que l'on nous remet à l'instant pour notre petit Julien suffirait amplement à nous le montrer.

Vraiment, jamais filleul n'aura été aussi comblé que le vôtre ! Jamais parents n'auront été aussi confus...

Ma femme et moi vous en remercions de tout notre cœur, vous priant de trouver ici, cher Monsieur et ami, l'expression de notre gratitude.

LA PROFESSION DE FOI. — Anciennement appelée *première communion*, cette cérémonie est une grande étape dans la vie religieuse de l'enfant catholique, au même titre que la confirmation pour le petit protestant ou la *bar-mitsva* pour le petit israélite.

Quelle que soit la religion, les invitations, cadeaux et remerciements présentent sensiblement le même caractère que pour le baptême, à cette différence près que l'enfant est alors en mesure d'écrire à ses proches parents pour leur demander d'assister à la cérémonie ou les remercier des présents qu'ils lui ont faits.

Le jour de la cérémonie, les parents ou amis dans l'impossibilité d'y assister adresseront un mot affectueux au communiant, voire un télégramme.

L'enfant distribue à ses parents, à ses camarades et aux personnes qu'il connaît des images-souvenir, dont le recto présente une illustration d'inspiration religieuse (variable avec l'opinion, le goût et la mode), tandis que l'inscription portée au verso rappelle, avec le nom du communiant, la date de la cérémonie et l'endroit où elle s'est déroulée.

Les invitations au déjeuner, au dîner ou au goûter sont faites par carte ou par lettre.

Lettre d'une communiante à sa marraine

Chère Marraine,

Ma profession de foi aura lieu le 21 mai et nous aimerions beaucoup que tu puisses venir ce jour-là.

Il y aura tous les amis que tu connais et moi, je serai bien contente que tu sois là ! Sinon, tu me manqueras beaucoup...

Réponds-moi vite. J'espère que ce sera oui !

Je t'embrasse.

Lettre d'un communiant à son oncle pour le remercier de son cadeau

Cher oncle Paul,

Tu ne peux pas savoir combien j'ai regretté que tu n'aies pas pu venir à ma communion. Mais tu ne peux pas non plus savoir combien j'ai aimé ton cadeau ! Vraiment, c'est le plus beau !

J'espère que tu viendras bientôt à la maison pour que je puisse te remercier encore mieux, et t'embrasser bien fort.

Exemples de télégrammes adressés à des communiants

AFFECTUEUSEMENT UNIS À TOI PAR LA PENSÉE.

DE TOUT CŒUR AVEC TOI EN CE GRAND JOUR.

MEILLEURES PENSÉES DE TON VIEIL ONCLE QUI T'EMBRASSE.

TOUTES NOS AFFECTUEUSES PENSÉES VONT VERS TOI EN CE JOUR QUE TU N'OUBLIERAS PAS.

NOS PLUS TENDRES PENSÉES À LA JOLIE COMMUNIANTE.

LETTRES D'ENFANTS. — Nous avons remarqué que beaucoup d'enfants, même s'ils sont doués en composition française, montraient une évidente paresse, doublée d'une vacuité de l'esprit, dès qu'il s'agissait d'écrire une lettre de remerciement à un membre de leur famille ou à une personne amie...

Voici quelques modèles sur lesquels ils pourront s'appuyer afin de trouver eux-mêmes des phrases originales, c'est-à-dire bien à eux.

Il ne s'agit pas de copier ces lettres, mais de s'en inspirer.

Pour remercier d'un envoi de bonbons

Chère Madame,

Je vous remercie de tout mon cœur : ces bonbons *(ou* ces chocolats...*)* étaient si délicieux que j'ai déjà bien entamé la boîte. Je n'oublie tout de même pas d'en offrir de temps en temps !

Je vous embrasse bien fort.

Pour remercier d'un cadeau

Chère tante Liliane,

Quel beau cadeau tu m'as fait ! Exactement ce que je voulais. Mais je n'étais pas sûre que tu devinerais.

Je te dis cent fois merci !

et je t'embrasse de tout mon cœur.

Pour remercier d'une matinée théâtrale

Cher oncle Paul,

Tu es vraiment trop gentil de nous avoir emmenés, Bertrand et moi, voir cette pièce. Elle était vraiment bien, tu sais. Ce que j'ai ri !

De plus, on était très bien placés.

On recommencera, dis ?

Tous les deux, on t'envoie plein de baisers.

Pour remercier d'une invitation

Chère Madame,

J'ai vraiment passé un très agréable après-midi et je suis contente que l'anniversaire de Violaine ait été si réussi !

Vivement le mien que je puisse organiser, avec l'aide de Maman, une fête comme celle-là. J'espère que Violaine pourra y venir : c'est le 12 octobre...

Recevez, chère Madame, tous mes remerciements et embrassez Violaine pour moi.

Pour remercier d'un séjour

Chère tante Annie,

Maman a trouvé que j'avais une mine superbe et que, grâce à tes petits plats, j'avais pris quelques kilos.

Il faut dire que j'ai passé des jours bien agréables parmi vous.

Je ne suis pas près d'oublier les *(pique-nique, promenade à vélo, etc.).*

Merci, merci pour tout !

Je t'embrasse bien, bien fort.

L'ÉDUCATION. — La vie scolaire de votre enfant vous conduit parfois à écrire à son instituteur, à son professeur, voire à certains organismes, que ce soit pour obtenir une bourse ou, plus simplement, une place dans une colonie de vacances...

Lettre à un instituteur (nouvellement appelé « professeur des écoles ») pour l'aviser de la maladie d'un élève

Monsieur,

Mon fils Jean-Pierre T... avait ce matin une assez forte fièvre. Le docteur a diagnostiqué une ... qui nécessite une semaine d'alitement.

Dans quelques jours, je vous serais très reconnaissant de vouloir bien remettre au jeune G..., notre voisin, l'emploi du temps de la semaine.

Je veillerai, pendant mes heures de loisir, à faire travailler un peu mon fils.

Agréez, Monsieur, l'expression de mes meilleurs sentiments.

Lettre à un professeur pour lui demander des leçons particulières

Monsieur,

Ainsi que vous avez pu le constater, mon fils J... V..., élève de 5e, est extrêmement faible en anglais.

Je désirerais vivement lui faire donner des leçons particulières qui lui permettraient vite, je l'espère, de se retrouver au niveau de ses camarades.

Vos occupations vous permettraient-elles, Monsieur, de consacrer à mon fils une ou deux heures par semaine, après la classe ? Quels seraient vos honoraires ?

Si le mercredi vous convenait mieux, il va de soi que l'enfant se tiendrait à votre disposition ce jour-là.

Avec mes remerciements anticipés, je vous prie d'agréer, Monsieur, l'expression de mes sentiments les meilleurs.

Lettre à un professeur pour excuser une élève

Monsieur,

Je vous prie d'excuser ma fille Y... T..., qui n'a pu terminer son devoir de français.

Elle a été souffrante pendant toute la journée de dimanche (embarras gastrique) et nous avons dû, son père et moi, l'obliger à se reposer.

Veuillez agréer, Monsieur, l'expression de ma considération distinguée.

Lettre à un proviseur ou à un directeur pour l'inscription d'un élève

Monsieur le Proviseur, *(ou* Directeur,*)*

J'ai l'honneur de vous demander de vouloir bien inscrire parmi vos élèves mon fils, P... R... Âgé de dix ans (il est né à ... le ...), il est, comme vous en pourrez juger quand il aura subi les épreuves de l'examen prévu, capable d'entrer en sixième.

Je joins à cette lettre un bulletin de naissance et un certificat de vaccination, me réservant de vous faire parvenir toutes les autres pièces qui pourraient être nécessaires, sur indication de votre part.

Je me tiens à votre disposition pour vous présenter mon fils et vous téléphonerai d'ici peu pour vous demander un rendez-vous.

Je vous prie d'agréer, Monsieur le ..., l'expression de mes sentiments très distingués.

Demande d'admission dans une colonie de vacances

À l'U.F.C.V. (Union française de camps de vacances) ou au Directeur départemental de l'Assistance sanitaire et sociale (D.A.S.S.).

Monsieur le Directeur,

Je désirerais que mon fils S... P..., âgé de 13 ans, soit accueilli au mois d'août dans votre colonie de vacances.

L'enfant, qui n'est nullement malade, est actuellement quelque peu affaibli par la croissance.

Le certificat médical que je joins à ma lettre vous fournira toutes indications sur le régime alimentaire que nous souhaiterions voir appliquer.

Je n'ignore pas, Monsieur le Directeur, que vous recevez de très nombreuses demandes analogues à la mienne et je comprends parfaitement qu'il ne vous est pas matériellement possible de les satisfaire toutes.

Je veux croire, cependant, que vous consentirez à prendre la mienne en considération. *(Situation de famille, éventuellement problèmes sociaux, financiers...)*

Dans l'attente des précisions que vous voudrez bien me fournir sur les pièces à vous adresser et sur les conditions diverses qu'exige l'inscription, je vous prie d'agréer, Monsieur le Directeur, l'expression de mes sentiments distingués.

> Attention : on écrira « Agréez l'expression » mais « Croyez à l'assurance... »

Demande de bourse scolaire nationale

Au Directeur de l'établissement scolaire fréquenté, qui remettra le dossier.

Monsieur le Directeur,

En vue d'obtenir une bourse nationale pour mon fils J... C..., j'ai l'honneur de vous prier de bien vouloir m'adresser les pièces à remplir.

Vous en remerciant à l'avance, je vous prie de croire, Monsieur le Directeur, à l'expression de mes sentiments les meilleurs.

Demande de bourse scolaire départementale

On écrit dans les mêmes termes au Président du Conseil général de son département. Mais il s'agit, dans ce cas, d'un *prêt sur l'honneur* ou d'une allocation d'études, en fonction des ressources du demandeur.

CHAPITRE V

EN VUE MARIAGE...
LES FIANÇAILLES ET LE MARIAGE

EN VUE MARIAGE... — Aujourd'hui, les jeunes gens décident de se marier sans demander l'avis de leur famille respective. On trouvera cependant deux modèles de lettre concernant des demandes de renseignements dictées aux parents par l'unique souci de savoir si leur enfant s'élance vers le bonheur ou vers la catastrophe...

Demande de renseignements sur un jeune homme

Cher Monsieur,

Notre vieille amitié et le grand cas que j'ai toujours fait de votre jugement m'incitent aujourd'hui à vous demander avis dans une circonstance particulièrement importante.

Il s'agit du jeune Julien T..., le fils aîné de vos voisins de Donzy. Mon amie Catherine S..., que vous connaissez un peu, je crois, est à peu près certaine que sa fille Eve souhaite épouser Julien et que, de son côté, ce jeune homme est dans les mêmes dispositions.

L'opinion qu'elle a de Julien est des plus favorables, mais elle aimerait se renseigner sur lui plus à fond, car, si ses qualités ne sont qu'apparence, il serait encore temps d'éviter le pire, c'est-à-dire un mariage malheureux.

Pourriez-vous, cher Monsieur, m'aider à éclairer mon amie ? Elle et moi aimerions quelques précisions sur le caractère de Julien, ses fréquentations et, d'une façon générale, sur la confiance qu'on peut lui accorder.

D'avance, je vous en remercie et vous prie d'agréer, cher Monsieur, l'expression de mes sentiments les meilleurs et les plus reconnaissants.

Pour les informations postales (dimension des enveloppes, adresse et codage, affranchissement, etc.), reportez-vous aux pages 251 et suivantes.

Réponse défavorable

Chère Madame,

C'est avec infiniment de plaisir que je saisis l'occasion de vous être utile en vous apportant les précisions que vous me demandez sur le jeune T...

À mon grand regret, j'ai le devoir de vous faire connaître que la réputation de ce jeune homme est loin d'être bonne, dans notre ville. Me gardant bien d'analyser dans le détail certains faits précis que je n'ai pas toujours pu contrôler, je me bornerai à vous signaler que, sans grand caractère, il est extrêmement influençable et a contracté ici des relations d'amitié avec des personnages de moralité plus que douteuse.

J'ajouterai que ce jeune homme, par la versalité même de son tempérament, n'a pu réussir à conserver les emplois qu'il a occupés. Actuellement sans travail, il chercherait, m'a-t-on dit, à rétablir sa situation matérielle en contractant ce que l'on nomme encore un « beau mariage ».

S'il ne s'agissait là que d'un banal commérage, croyez bien, chère Madame, que j'aurais scrupule à m'en faire l'écho. Malheureusement, la situation des parents du jeune homme semble de nature à confirmer ces bruits.

Désolé d'avoir dû dire du mal de mon prochain, je pense avoir rendu là un service certain à votre amie et surtout à sa fille...

Je vous prie de croire, chère Madame, à mes sentiments les meilleurs et les plus dévoués.

Ch. B...

P.S. Puis-je vous demander de détruire cette lettre après lecture ? On ne saurait être trop prudent, ni trop discret, dans ces sortes de choses.

Demande de renseignements sur une jeune fille

Ma chère Isabelle,

Je m'adresse à toi aujourd'hui pour une chose importante : il s'agit tout simplement du mariage de Michel. Un projet a pris corps, que je serais très heureuse de voir aboutir, dans la mesure où les précieux renseignements que j'attends de ton amitié ne viendraient pas m'en détourner.

Michel m'a dit avoir rencontré chez toi la jeune fille en question. Il s'agit de Claire B..., une jolie blonde aux yeux verts. Voilà tout ce que je sais d'elle. C'est pourquoi, chère Isa, j'aimerais, tu le comprends, en savoir davantage si elle doit épouser Michel.

Évidemment, je sais bien que les parents n'ont plus rien à dire et que, même si ton jugement est défavorable, Michel n'en fera qu'à sa tête. J'aurai toutefois la relative satisfaction de lui avoir ouvert les yeux.

Comme je voudrais être rassurée ! Je n'ai vu cette jeune fille qu'une fois et la trouve charmante. Tu sais que Michel se destine à la carrière diplomatique.

Crois-tu que la jeune Claire fera l'épouse rêvée ? Parle-moi de sa famille, de ses relations, de ses goûts.

Venant de toi, tous ces renseignements me seront précieux.

Je t'embrasse.

Réponse favorable

Ma chérie,

Que de plaisir m'a causé ta lettre ! Et comme je suis heureuse de savoir que Michel est tombé amoureux de l'exquise Claire ! À vrai dire, et pour ne rien te cacher, je m'en doutais un brin !

Ainsi, on parle mariage ? Rassure-toi, Michel ne pouvait pas mieux choisir : Claire a toutes les qualités d'une future épouse de diplomate : intelligente, spirituelle, elle est aussi parfaite maîtresse de maison, car, orpheline de mère, elle vit avec son père, général en retraite qui aime recevoir et qui lui en a donné le goût. Bref, c'est la perle que mérite notre Michel !

Donc, tous mes bons vœux, chère Marie-Jeanne, et toutes mes amitiés à l'heureux Michel, sans oublier son père.

Je t'embrasse.

Même encore aujourd'hui, un jeune homme peut se trouver trop timide pour se déclarer de vive voix. Une lettre, c'est plus facile, pense-t-il... Et pourtant, le stylo rouge entre les doigts et les phrases pensées et repensées refusent de se laisser écrire...

Voici quelques idées qui pourront lui être utiles.

Lettre d'un jeune homme à une jeune fille qu'il voudrait rencontrer de nouveau

Chère Yvette,

Je pense que vous ne m'en voudrez pas de vous adresser ce mot pour vous dire quelle a été ma joie de vous rencontrer, l'autre jour, chez nos amis B...

Nous avons beaucoup parlé, mais trop peu à mon gré et j'ai le plus grand désir de vous revoir.

Nous avons, je crois, bien des goûts en commun et je serais parfaitement heureux si vous me répondiez que cela est possible.

Espérant de tout mon cœur une telle réponse, je vous prie de croire, chère Yvette, à mes bien sincères pensées.

Réponse favorable

Cher Gilles,

Votre lettre m'a surprise. Je ne m'attendais pas à ce que notre « brève rencontre » de l'autre jour vous ait laissé un souvenir aussi durable !

Puisque vous paraissez désirer me revoir, vous en aurez l'occasion si vous vous rendez au bal des Cahillet, le 7 mai prochain, comme j'ai l'intention de le faire moi-même.

À bientôt donc, mon cher Gilles.

Réponse défavorable

Gilles,

J'ai été très surprise de recevoir votre lettre et je regrette de ne pouvoir lui donner la réponse que vous paraissez souhaiter.

Je sors très peu, en effet, poursuivant des études auxquelles je préfère consacrer tout mon temps.

En vous renouvelant l'expression de mes regrets, je vous prie d'agréer, Gilles, mes sincères salutations.

Lettre d'un jeune homme à une amie dont il souhaiterait avoir plus souvent des nouvelles

Chère Édith,

Vos lettres se font bien rares ! Nous étions convenus, pourtant, de nous écrire régulièrement.

Je vous écris chaque jour et j'ai bien du mal à me contenter, en retour, de ces brèves petites cartes comme celle que j'ai reçue hier.

Se pourrait-il donc que je vous sois totalement indifférent alors que vous comptez tant pour moi ?

Je vous en prie, je vous en supplie, chère Édith, n'oubliez pas celui qui est heureux de se dire votre ami et qui voudrait tant le devenir davantage encore !

Réponse de la jeune fille

Mon cher Bernard,

Je ne vous oublie pas ! Croyez bien que, moi aussi, j'ai plaisir à recevoir de vos nouvelles. Loin de vous considérer avec indifférence, j'éprouve au contraire pour vous une sincère affection.

Ne nous emballons pas, cependant, et gardons-nous bien d'exagérer ce que nous pouvons penser ou ressentir. L'amitié est une belle chose, mais c'est aussi une chose sérieuse. Quant à ce « davantage encore », que faut-il lire entre les lignes ? Que voulez-vous dire exactement ? Ne vous illusionnez-vous pas sur vous-même — ou sur moi ?

J'ai parlé de vous à la maison. J'ai prononcé votre nom, sans plus, mais plusieurs fois. Aussi, mes parents, qui vous connaissent un peu, vous recevraient volontiers si vous le désirez. À vous de décider. Direz-vous maintenant que je vous oublie ?

Mon cher Bernard, toute mon amitié.

Demande en mariage faite à une veuve

Chère Madame,

Maintes fois, nous nous sommes rencontrés, tant au théâtre que chez des amis communs. Je n'ai pu manquer d'être frappé par votre charme et tout un ensemble de qualités qui me ravissent.

Peut-être avez-vous deviné que l'admiration que vous m'avez inspirée, dès nos premières entrevues, a fait place, peu à peu, à un sentiment plus tendre et que l'amour, chez moi, a bien vite succédé à la sympathie ?

Je vous aime, sincèrement et profondément. À mon âge, on ne se paie plus de mots, et l'on réfléchit avant de prendre une telle décision. La mienne est prise : je n'ai d'autre désir, si vous voulez bien y consentir, que de remplacer auprès de vous le compagnon que vous avez perdu et de trouver en vous la compagne idéale que je n'avais pas encore rencontrée.

Consentiriez-vous à devenir ma femme ?

J'attends avec une impatience anxieuse la réponse dont dépend tout le bonheur de mon existence et je vous prie d'agréer, chère Madame et amie, l'expression de mon absolu dévouement.

Lettre d'un jeune homme en réponse à une annonce matrimoniale

Il y a des personnes qui se marient grâce aux annonces matrimoniales publiées dans la presse. Il y en a d'autres qui tournent ce procédé en ridicule. Ce sont les seconds qui ont tort.

Lorsqu'on est sans famille, isolé, et que les amies ne suffisent pas à remplir une vie, on peut fort bien chercher à rencontrer l'âme sœur par ce moyen sottement décrié et auquel on doit d'excellentes unions.

Voici deux exemples de lettres ayant trait à ce genre de relations épistolaires.

Mademoiselle,

Comme suite à l'annonce parue le ... dans ..., je serais heureux d'entrer en relations avec vous en vue d'un mariage possible.

La vérité, je crois, doit passer avant tout pour les gens sérieux. Voici donc quelques détails qui me concernent et dont je vous garantis sur l'honneur la parfaite exactitude.

J'ai vingt-sept ans, je suis brun et de taille moyenne (1,70 m), sportif et en excellente santé. J'occupe le même emploi depuis cinq ans à la maison ... où je suis chauffeur-livreur. Mes appointements sont de ... francs par mois et je possède environ ... francs d'économies, plus un petit terrain situé en Normandie, que j'ai hérité de mes parents, tous deux décédés.

Comme je suis plutôt réservé, j'ai peu de relations. Je ne sors guère d'ailleurs, préférant bricoler chez moi à mes moments de loisir. J'aime la marche en forêt, le camping, la pêche et le jardinage. Seul depuis longtemps, j'aimerais rencontrer une femme ayant, comme moi, des goûts simples, possédant une bonne santé, l'amour du travail et le sens de l'économie. Toutes ces qualités me paraissent nécessaires pour fonder un foyer heureux et s'assurer un bonheur durable. J'aime beaucoup les enfants, et je souhaiterais que ma femme les aime aussi.

Il me semble, d'après votre annonce, que j'aurais grand plaisir à vous rencontrer.

Je vous joins ma photographie. Comme vous le verrez, je ne suis pas très beau, mais est-ce tellement important ?

En attendant votre réponse, je vous prie de croire, Mademoiselle, à mes respectueux sentiments.

Réponse de la jeune fille

Monsieur,

J'ai reçu plusieurs lettres en réponse à l'annonce que j'avais insérée dans le ..., mais de toutes, la vôtre me paraît la plus digne de retenir mon attention.

Vos goûts, en effet, correspondent fort bien, dans l'ensemble, aux miens. Comme vous, j'ai perdu mes parents. Nous sommes presque du même âge (j'ai vingt-quatre ans). Je travaille aux Établissements ..., de ..., en qualité d'aide-comptable. Mes appointements sont de ... francs par mois, plus une prime annuelle variable (elle est d'environ ... francs). Je possède ... francs placés à la Caisse d'épargne et je vis avec ma grand-mère, dont je suis la seule héritière, dans une petite propriété qui lui appartient.

Je ne vois pas pourquoi vous dites que vous n'êtes pas beau. Sur votre photographie, je vous trouve en tout cas l'air franc, ouvert et sympathique. Je vous adresse la mienne en retour, espérant que vous voudrez bien ne pas me juger trop disgraciée non plus...

Voulez-vous que nous nous rencontrions ? Je le souhaite vivement. Il se trouve que je compte aller dimanche à la fête de ... Le car me déposera vers 16 heures à la porte de Tours. Si vous pouvez m'y attendre, faites-le-moi savoir. Nous nous reconnaîtrons aisément, grâce à nos photos.

Croyez, Monsieur, à l'assurance de mes meilleurs sentiments.

LES FIANÇAILLES. — C'est le cœur, et le cœur seul qui doit dicter ces sortes de lettres. Aussi n'en donnerons-nous aucun exemple. Nous rappellerons seulement que les lettres échangées par les fiancés ne doivent jamais se départir d'une prudente réserve. Tout peut arriver — même la rupture des fiançailles, hélas ! — et il faut faire en sorte que l'on ne soit jamais conduit à regretter ce que l'on a écrit dans le feu de la passion.

Cartes de fiançailles

L'annonce peut être communiquée par quelques lignes manuscrites, adressées aux intimes sur une carte de visite des parents des futurs époux. Presque toujours, l'annonce est double, c'est-à-dire que les parents du jeune homme et de la jeune fille la rédigent et l'adressent simultanément, chacun en leur nom propre.

La mention portée sur les cartes de visite peut aussi être reproduite en similigravure. On peut aussi faire graver ou imprimer typographiquement des cartes spéciales, à volet double :

Le Colonel et Madame S... ont le plaisir de vous annoncer les fiançailles de leur fils JEAN avec Mademoiselle Anne L...

M. et Madame P. L... sont heureux de vous faire part des fiançailles de leur fille ANNE, avec Monsieur Jean S...

LE 8 JUILLET

adresse

adresse

Avis dans les journaux

Publiés dans les feuilles habituellement lues par les familles intéressées, ou celles qui représentent le mieux le milieu (social, professionnel, etc.) auquel appartiennent celles-ci, les avis de fiançailles peuvent se présenter ainsi :

Nous sommes heureux d'apprendre les fiançailles de Mlle Berthe C... avec M. Yves C...

M. Emmanuel L... et Madame, née S..., nous prient d'annoncer les fiançailles de leur fille, Mlle Janine L..., avec M. Jean-Paul D..., fils de M. Joseph D..., négociant, et de Madame, née V...

On annonce les fiançailles de Mlle Marie-Marguerite L..., directrice d'école, avec Me Jacques B..., avocat à la cour, fils de Me Pierre B..., décédé, et de Madame, née W... .

Félicitations aux fiancés et à leurs familles

On félicitera les fiancés et leurs parents par une lettre ou une carte si l'on ne fait pas partie de la famille.

Les félicitations sont adressées d'ordinaire à la personne qui a fait part des fiançailles qui viennent d'être conclues. Mais il est bon de ne pas oublier la part de félicitations qui revient, selon l'usage, aux parents des fiancés.

MARIE-PAULE D...

vous présente ses félicitations et ses meilleurs vœux de bonheur.

JACQUES T...

Affectueuses félicitations
et meilleur souvenir.

M. et Mme A. D...

très heureux d'apprendre les fiançailles de Jacqueline, lui expriment, ainsi qu'à ses parents, leurs plus cordiales félicitations.

Invitation

Les mères des fiancés écrivent à la main sur une carte de visite ou bien font imprimer (ou graver) l'invitation aux fiançailles sur des cartons dont voici un modèle :

Madame JEAN D...

à l'occasion des fiançailles
de sa fille Juliette

recevra le 6 mai.

On dansera

de 19 heures
à minuit

R.S.V.P.
adresse

RUPTURE DE FIANÇAILLES. — Lorsque l'un ou l'autre des fiancés décide, pour une raison quelconque, de reprendre sa liberté, ce sont bien souvent encore les parents qui se chargent de notifier la rupture.

Lettre de rupture
écrite par le père de la fiancée

Madame,

C'est un bien pénible devoir que je me vois forcé de remplir auprès de vous, mais les dissentiments qui ont éclaté récemment, à plusieurs reprises, entre nos deux enfants, m'obligent aujourd'hui à vous écrire.

Votre fils et ma fille semblent avoir des caractères trop différents pour espérer atteindre un jour dans le mariage cette harmonie qui rend le bonheur durable. Le mieux, dans ces conditions, c'est assurément de renoncer à une union vouée à l'échec.

Nos relations n'en souffriront nullement, je l'espère, et je veux croire que nous ne concevrons aucune amertume réciproque d'une décision qui nous est imposée par la plus élémentaire prudence. Isabelle souhaite que Laurent lui conserve son amitié à laquelle elle attache beaucoup de prix.

Avec tous mes regrets, je vous prie d'agréer, Madame, l'expression de mes respectueux hommages.

On peut encore envoyer aux amis des familles en cause une simple carte imprimée :

M. et Mme Y.-A. D...

ont le regret de vous faire savoir
que les fiançailles de leur fille
Thérèse avec M. Pierre D...
ont été rompues d'un commun accord.

Annonce dans la presse

Tout en avertissant de cette rupture les parents et intimes par lettre personnelle, on pourra juger utile de la mentionner dans les journaux, surtout si le mariage avait déjà été annoncé et la date fixée.

Contrairement à ce qui avait été annoncé, le mariage de Mlle Thérèse D... avec M. Pierre B... prévu pour le ... n'aura pas lieu.

LE MARIAGE. — Souvent exprimées de vive voix (pour les proches et les intimes), les invitations à la cérémonie du mariage peuvent être également faites par lettres d'invitation gravées, ou encore au moyen d'insertions publiées dans les journaux. Quelle que soit la forme d'invitation choisie, on aura soin de l'envoyer aux destinataires un certain temps à l'avance (quinze jours, huit jours au minimum).

Dans la lettre écrite à une jeune fille pour lui demander d'être quêteuse à la messe de mariage, on indiquera toujours le nom du garçon d'honneur proposé.

Les jeunes gens et jeunes filles auxquels on demandera d'être garçons ou demoiselles d'honneur répondront, si possible par retour du courrier.

Lettres d'invitation

Après avoir établi le texte en étroite collaboration, chacune des familles fixe le nombre de lettres dont elle aura besoin et acquitte sa quote-part des frais.

La simplicité s'impose pour ces sortes de lettres, mais on veillera à la bonne qualité du papier employé. La gravure étant devenue exceptionnelle en raison de son coût, on pourra la remplacer par la similigravure ou se contenter de la simple typographie.

Ces lettres d'invitation se composent généralement d'une feuille repliée en son milieu de façon à former deux volets opposés ; sur l'un, c'est la famille du fiancé qui annonce le mariage et formule son invitation à la cérémonie ; sur l'autre, celle de la fiancée.

Parfois, au lieu de la feuille repliée en deux parties, on choisit deux invitations distinctes, gravées sur des cartes identiques (papier, format, libellé général, présentation), mais séparées. Ce système permet, lors de l'expédition des invitations, de placer sur le dessus celle du jeune homme ou celle de la jeune fille, suivant les personnes auxquelles le message est adressé.

Les invitations sont rédigées au nom des parents ou des grands-parents, oncles, tantes, tuteurs, etc., si les futurs conjoints ont perdu leurs parents. Les veufs ou veuves peuvent faire part eux-mêmes de leur nouveau mariage. Dans certaines circonstances, enfin, ce sont les fiancés qui annoncent leur mariage.

Les titres et distinctions, décorations, etc., figurent d'ordinaire sur les lettres d'invitation au mariage.

Monsieur Maurice L...
conservateur des Musées nationaux,
officier de la Légion d'honneur,
et Madame Maurice L...
ont l'honneur de vous faire part
du mariage de Monsieur Jacques L...
leur fils
avec Mademoiselle Jacqueline S...

Et vous prient d'assister
à la bénédiction nuptiale
qui leur sera donnée
le samedi 4 mai 199.
à midi très précis,
en l'église Saint-Eustache.

adresse

Monsieur Henry S...
administrateur de sociétés,
et Madame Henry S...
sénateur-maire,
ont l'honneur de vous faire part
du mariage de Mademoiselle Jacqueline S...
leur fille
avec Monsieur Jacques L...

Et vous prient d'assister
à la bénédiction nuptiale
qui leur sera donnée
le samedi 4 mai 199.,
à midi très précis,
en l'église Saint-Eustache.

adresse

Si les grands-parents des futurs époux vivent encore, il est d'usage de mentionner leur nom avant celui des parents. Au lieu de « leur fils », « leur fille », l'invitation porte alors *leur petit-fils et fils, leur petite-fille et fille.*

Invitation publiée dans les journaux

Samedi prochain, 4 mai, à midi précis, sera célébré, en l'église Saint-Eustache, le mariage de Mademoiselle Jacqueline S... avec Monsieur Jacques L...

On ajoute fréquemment aux avis de ce genre une formule comme celle-ci :

Un certain nombre d'invitations ayant été égarées, le présent avis en tiendra lieu.

Faire-part de mariage dans les journaux

Samedi dernier, en l'église Saint-Eustache, au milieu d'une nombreuse assistance, a été célébré le mariage de M. Jacques L..., professeur agrégé au lycée de Dijon, avec Mlle Jacqueline S..., avocate au barreau de Dijon.

Certaines circonstances, notamment un deuil dans l'une des deux familles, peuvent amener à célébrer le mariage dans l'intimité. Les cartes ou avis de faire-part le mentionnent alors :

On nous prie d'annoncer le mariage du docteur Yves L... avec Mlle Lise B..., célébré le 23 avril dans la plus stricte intimité.

Ordinairement payantes, les insertions concernant les mariages qui figurent dans les journaux peuvent être rédigées comme on le veut et comporter, par exemple, le nom des personnes ayant servi de témoins aux jeunes époux, celui des garçons et demoiselles d'honneur, le nom du prêtre célébrant l'office, l'énumération des principales personnalités assistant à la cérémonie, etc. Même observation pour les comptes rendus de mariage publiés dans la presse, qui peuvent faire l'objet de longs développements flatteurs.

Cartes de félicitations

Les invitations à faire partie du cortège, adressées aux parents ou amis, s'expriment toujours par lettre personnelle. On doit y répondre sans tarder par une acceptation aimable ou un refus valablement motivé. Dans les deux cas, on a soin de remercier chaleureusement, et de présenter aux futurs époux les vœux de bonheur qui s'imposent :

Monsieur et Madame Charles R... adressent à Monsieur et à Madame Louis D... leurs très vives félicitations à l'occasion du mariage de leur fille Sylvie. Les remerciant de leur aimable invitation, ils seront heureux de s'unir à leur joie le 10 février et de présenter de vive voix leurs vœux de bonheur aux jeunes époux.

Les personnes qui n'ont pu assister au mariage et présenter leurs félicitations aux nouveaux époux le feront par télégramme, si l'urgence l'exige, par carte ou, de préférence, par lettre. De toute manière, elles s'arrangeront pour que les télégrammes, cartes ou lettres parviennent aux intéressés la veille ou le jour même de la cérémonie :

Monsieur et Madame Louis D... prient Monsieur et Madame D... d'agréer leurs chaleureuses félicitations pour le mariage de leur fille Sylvie et leur demandent de bien vouloir transmettre leurs vœux de bonheur aux futurs époux. Ils les remercient de leur aimable invitation, mais, dans l'impossibilité où ils sont d'assister à la cérémonie et à la réception, ils s'uniront par la pensée à leur joie le 10 février.

Lettre pour féliciter un jeune marié

Mon cher Patrick,

C'est avec un vif regret que je me vois obligé de renoncer au plaisir d'assister à ton mariage. La condition de médecin n'est pas une sinécure, tu le sais, et je dois, ce jour-là, assister l'un des mes confrères pour une intervention importante, qui ne peut être différée.

Faute de le faire de vive voix, je tiens à te dire ici tous les vœux bien sincères que je forme pour ton bonheur et celui de la charmante Sylvie, à laquelle je te prie de transmettre mes hommages et mes félicitations. Je suis avec vous de tout cœur.

Mon meilleur souvenir à tes parents.

Ton ami.

Lettre au père de la mariée

Cher Monsieur,

À l'occasion du mariage de votre fille, nous sommes très heureux de vous présenter, à vous et à votre femme, nos bien sincères félicitations.

Nous regrettons très vivement que notre éloignement et la mauvaise santé de mon père nous empêchent d'assister à la cérémonie et nous vous prions d'accepter tous les vœux que nous formons du fond du cœur pour le bonheur des jeunes époux.

Veuillez agréer, cher Monsieur, l'expression de nos meilleurs sentiments.

Envoi d'un cadeau de mariage

Le choix en est souvent difficile, car il s'agit, avant tout, d'offrir aux fiancés un présent qui ne risque pas de faire double emploi. Si l'on se trouve trop embarrassé pour prendre une décision à cet égard, il est toujours possible de se renseigner directement auprès de l'un des futurs époux. Mais depuis quelques décennies, la *liste de mariage* a résolu ce problème. On se procure l'adresse du magasin chez les parents des futurs époux et l'on choisit en fonction de ses possibilités.

M. et Mme D...

adressent à Brigitte L... leurs très vives félicitations et leurs vœux de bonheur, et la prient d'accepter ce modeste présent dont ils souhaitent qu'il soit le témoignage de leur fidèle affection.

L'objet remis — ou reçu — le fiancé (ou la fiancée, suivant la personne qui a fait le cadeau) s'empressera d'écrire pour exprimer ses remerciements. C'est une lettre qui s'impose alors : on ne remercie pas par carte. Comme beaucoup de lettres de ce genre se ressemblent, on se reportera aux pages 95-97.

Invitation au lunch

L'invitation au lunch, ou à la réception suivant le mariage, sera faite par des cartes spéciales jointes aux invitations de mariage destinées aux personnes dont la présence est souhaitée. Cette invitation est faite au nom des deux mères des époux (si toutes deux participent aux frais), ou au nom de l'une d'elles seulement.

Le carton est joint au faire-part. Il comporte toujours en premier lieu le nom de la mère de la jeune fille.

Madame Louis D...
Madame Jean R...
recevront
après la cérémonie religieuse
dans les salons
de la Résidence des Marronniers

les deux adresses *R.S.V.P.*

Madame Paul D...
recevra après la cérémonie religieuse

adresse du lieu de réception

CHAPITRE VI

LES CIRCONSTANCES GRAVES DE LA VIE

La maladie et le décès de nos parents, de nos amis et des personnes faisant partie de nos relations nous commandent d'écrire des lettres parfois bien délicates : le ton doit être empreint de tact, de mesure et de sensibilité. Naturellement, ces modèles de lettres concernent ceux qui n'ont pas le téléphone ou qui préfèrent laisser une trace écrite de leur compassion.

Lettre à un couple ami pour lui annoncer une maladie

Chers amis,

À notre grand regret, nous ne pourrons nous rendre à votre charmante invitation. André est au lit, avec une très forte fièvre, si faible et si mal en point que c'est moi qui dois écrire à sa place pour vous exprimer nos excuses.

Le médecin, qui sort d'ici, hésite encore à se prononcer. Je crois avoir compris qu'il craindrait une ... Heureusement qu'il existe maintenant des médicaments qui font des miracles.

Dès qu'André sera de nouveau sur pied, je vous en ferai part afin que nous puissions reprendre tous quatre ces passionnantes parties de bridge qui animent nos soirées d'hiver... et d'été, et que nous aimons tant.

À bientôt, chers amis. André, du fond de son lit, et moi-même, vous adressons nos fidèles pensées.

Réponse

Ma chère Catherine,

Nous sommes bien peinés d'apprendre la maladie qui vient de frapper André. Comme vous, je veux croire que l'alerte n'aura pas de fâcheuses conséquences et que le malade sera promptement rétabli.

André a-t-il le droit de recevoir des visites ? Ne vous manque-t-il rien que je puisse vous procurer ? Vous savez, chère Catherine, que vous pouvez compter sur nous en toutes circonstances et que vous m'obligeriez en faisant appel, aussi souvent que vous le voudrez, à notre fidèle amitié.

Dites-le de ma part à André et transmettez-lui tous les vœux que nous formons pour sa guérison.

Partagez avec lui, chère Catherine, nos bien amicales pensées.

Lettre à une parente (qui n'a pas le téléphone) pour demander des nouvelles d'un malade

Ma chère Tante,

Micheline et moi sommes très inquiets de n'avoir rien reçu de vous depuis la semaine derrière.

La santé de notre oncle, qui nous inquiète si fort, s'est-elle améliorée, comme nous le souhaitons tous ici ?

Rassurez-nous vite ! De toute façon, si notre présence était nécessaire auprès de vous, n'hésitez pas à nous le dire : nous viendrions aussitôt.

Je vous prie de transmettre à notre oncle nos meilleurs vœux de guérison. Nous vous embrassons, ma chère Tante, bien tendrement.

Sur une carte de visite

M. et Mme Henri D... adressent à France L... leurs vœux de prompt rétablissement et l'assurent de leur fidèle amitié.

Lettre pour annoncer un décès à un ami du défunt (que l'on ne connaît pas assez bien pour lui téléphoner)

Cher Monsieur,

J'ai la douleur de vous annoncer une bien triste nouvelle : malgré tous nos efforts, Hervé, atteint d'un ... (*nature de la maladie ou de l'accident*), s'est éteint hier soir dans nos bras, sans avoir repris connaissance.

Vous excuserez ma fille, n'est-ce pas ? Elle aurait voulu vous écrire elle-même, mais elle est trop accablée pour en trouver la force.

Je sais quelle amitié vous unissait au disparu, dont vous étiez l'un des plus chers camarades d'enfance. Je sais que vous partagerez notre douleur en voyant disparaître ainsi, en pleine jeunesse, Hervé qui était bien ce qu'on appelle une âme d'élite.

Les obsèques auront lieu jeudi, à 11 heures, à l'église ... Votre présence serait pour ma fille, pour moi-même, pour tous ceux qui le pleurent, un grand réconfort dans notre immense douleur.

Je vous prie d'agréer, cher Monsieur, l'expression de mes bien tristes pensées.

Annonces dans la presse

En dehors de la lettre personnelle, le décès peut être notifié aux parents, amis et relations, par une insertion publiée dans les journaux :

Nous apprenons la mort de Mme Berthe V..., décédée le 11 août, munie des sacrements de l'Église, en sa propriété des Brotteaux, près Appoigny (Yonne). Les obsèques auront lieu lundi 13 août, à 11 heures, en l'église paroissiale d'Appoigny, où l'on se réunira.

Le présent avis tient lieu d'invitation.

On annonce le décès du docteur Henri L..., survenu le 13 septembre. L'incinération aura lieu le 15 septembre, à 16 heures, au cimetière du Père-Lachaise, où l'on se réunira. Ni fleurs ni couronnes. Cet avis tient lieu d'invitation.

On nous prie d'annoncer la mort de Mlle Alphonsine L..., décédée à l'âge de 76 ans. Conformément à la volonté de la défunte, les obsèques ont eu lieu à Poitiers, dans la plus stricte intimité. De la part de M. et Mme Louis L..., de M. Jacques P... et de toute la famille.

Lettre d'invitation aux obsèques

La lettre d'invitation aux obsèques (que l'on appelle couramment, à tort, lettre de faire-part) est imprimée, parfois gravée, avec toute la rapidité nécessaire, par les entreprises spécialisées. On l'adresse aux personnes (parents, amis et relations) que l'on juge susceptibles d'assister à l'enterrement.

Voici quelles sont les principales règles d'usage pour la rédaction des lettres de faire-part :

- Tous les parents au même degré doivent être mentionnés dans un même paragraphe.
- Si la défunte est une veuve, on la désigne par le nom de son mari, accompagné de son nom de jeune fille : Mme Jules L..., née Antoinette D... .
- Les personnes mariées sont nommées avant les célibataires, les petits garçons et les jeunes gens avant leurs sœurs, les religieuses avant les femmes célibataires.
- Quel que soit leur âge, les parents du défunt, au même degré, viennent avant les membres de la belle-famille.
- On énumère tous les titres, distinctions et décorations du défunt, mais on passe sous silence ceux des parents.
- À la suite de la famille proprement dite, on peut faire figurer, collectivement, le personnel du groupement, de la société, de l'administration à laquelle appartenait le disparu.
- La mention *muni des sacrements de l'Église* figure toujours chez les catholiques. Parfois, les circonstances n'ont pas permis l'administration des sacrements, cette formule est remplacée par *rappelé à Dieu*. Le *De profundis !* figurant sur les lettres de faire-part des catholiques est remplacé, pour les enfants, par l'exhortation *Laudate pueri Dominum ;* chez les protestants, on lui substitue un verset biblique. L'absence de toute mention indique l'absence de religion.

M

Vous êtes prié d'assister aux Service, Convoi et Inhumation de
Monsieur Paul-Henri MASSON
Directeur d'école honoraire
officier de l'Instruction publique
décédé le 16 mars, muni des sacrements de l'Église, en son domicile,
53, rue La Condamine, dans sa 93e année.

Qui auront lieu le mardi 19, à midi précis, en l'église Saint-Maclou, sa paroisse.

De Profundis.

On se réunira au domicile mortuaire.

De la part de Madame Paul MASSON, son épouse ;
Du docteur Émile MASSON et de Madame Émile MASSON ;
De Monsieur et Madame Jacques OUDART, ses enfants ;
De Mademoiselle Monique MASSON ;
De Monsieur Amédée OUDART, ses petits-enfants ;
De Mademoiselle Agnès LORET, sa belle-sœur.

L'inhumation aura lieu au cimetière des Conches.

Lettre de faire-part

La lettre de faire-part proprement dite, destinée aux personnes qui n'ont pu assister aux obsèques, s'envoie d'ordinaire peu après l'enterrement.

Elle est plus détaillée, en général, que la lettre de faire-part. On y mentionne tous les membres de la famille jusqu'aux cousins issus de germains, avec leurs titres et décorations :

D

Madame Étienne D... ;

Le docteur Bernard D..., ex-interne des Hôpitaux de Paris,
Chef de Clinique ophtalmologique à la Fondation Léopold-Bernier ;

Monsieur Olivier D..., élève de l'École centrale ; Mademoiselle Renée D..., élève de l'École polytechnique ;

Monsieur Henri N..., délégué cantonal, et Madame Henri N..., conseillère municipale ;

Madame Charlotte S... ;

Monsieur Jacques S..., docteur en médecine ;

Monsieur Yves L... ;

Monsieur Ludovic A..., inspecteur honoraire de l'Enseignement primaire, officier de la Légion d'honneur, et Madame Ludovic A... ;

Madame Jean V... ; Mademoiselle Colette M...

Ont l'honneur de vous faire part de la perte douloureuse qu'ils viennent d'éprouver en la personne de

Monsieur Étienne D...
Ingénieur
commandeur de la Légion d'honneur
officier du Mérite maritime.

leurs époux, père, gendre, frère, oncle, grand-oncle, cousin, décédé subitement le 11 janvier 199., à Rennes, à l'âge de 69 ans.

Priez pour lui.

Adresse

LETTRES ET CARTES DE CONDOLÉANCES. — La lettre d'invitation, reçue avant les obsèques, permet aux destinataires d'assister à la cérémonie et leur présence, naturellement, constitue par elle-même une réponse.

La lettre de faire-part, au contraire, reçue après l'enterrement, oblige ceux qui la reçoivent à envoyer à la famille du défunt une réponse écrite. On peut alors se contenter d'une simple carte de visite portant une formule de sympathie. Pour les parents et les intimes, toutefois, on écrira une lettre de condoléances.

À un ami veuf

Bien cher ami,

Je suis atterré. Je ne puis croire que Catherine n'est plus, que nous ne la reverrons plus jamais.

Je ne puis que te dire, mon cher Michel, la part que je prends à ton chagrin. Que te souhaiter, sinon de trouver la force et le courage nécessaires pour surmonter ta peine ?

Songe que tu n'es pas seul et que tu appartiens à tes enfants, dont l'affection doit te soutenir.

Tu sais que tu peux toujours disposer de moi, actuellement plus que jamais. Si je puis t'être utile en quoi que ce soit, fais-moi la grande amitié de m'appeler.

Très sincèrement à toi.

À un employeur

Monsieur le Directeur,

Qu'il me soit permis, au nom de mes camarades et au mien, de vous exprimer nos sincères condoléances pour le malheur qui vient de vous frapper, vous et votre famille.

Ceux qui, comme moi, travaillent depuis longtemps déjà à vos côtés savent combien vous étiez attaché à votre épouse dont la personnalité restera longtemps dans nos mémoires : sa disparition soudaine nous a causé à tous un profond chagrin.

Mes collègues et moi, nous vous prions de vouloir bien trouver ici, Monsieur le Directeur, l'expression très sincère de nos sentiments attristés.

Charles P...
(au nom du personnel des Établissements O.G. L...).

Monsieur et Madame Jean D...
profondément affectés par le deuil qui l'éprouve, prient Madame V... d'agréer l'expression de leur sympathie et de leurs sincères condoléances.

À un subordonné

Mon cher Dornier,

Le courrier par lequel vous me faites part du deuil qui vient de vous frapper m'a causé une peine véritable.

Je n'ai pas besoin de vous dire quelle part je prends à votre affliction.

Bien tristement, mon cher D..., je vous assure de toute ma sympathie.

Monsieur et Madame Henri D...
prennent la plus grande part à l'épreuve qui frappe Monsieur V... et lui adressent en cette bien triste circonstance l'expression de leur bien fidèle amitié.

À une jeune fille
qui vient de perdre son père

Mademoiselle,

Vous savez certainement les liens d'amitié qui m'unissaient à votre cher papa. Ma peine a donc été grande d'apprendre par les journaux votre deuil.

La vie nous avait séparés, mais nous compensions cet éloignement par une correspondance que je conserve précieusement.

Je voulais vous dire à quel point je me sens près de vous. Je sais par ses lettres tout ce que vous représentiez pour lui et je puis imaginer ce qu'il était pour vous. Je n'en mesure que mieux votre peine.

Si vous deviez un jour vous trouver devant un problème, n'hésitez pas à faire appel au vieil ami de celui que vous pleurez.

Croyez, Mademoiselle, à mes sentiments emplis de tristesse.

À un père qui vient de perdre
un de ses enfants

Monsieur,

Je ne sais comment vous exprimer ma peine qui, pour forte qu'elle soit, n'est que l'ombre de la vôtre.

Perdre une fille de vingt ans alors que ses qualités lui ouvraient le plus bel avenir serait impossible à supporter si vous n'étiez entouré par vos deux autres enfants dont la présence sera votre consolation.

Je sens bien la vanité de ces quelques lignes face à l'immensité de votre chagrin. Je voulais seulement que vous sachiez combien je pense à vous en ces sombres heures.

Croyez, Monsieur, avec l'expression de ma très sincère affliction, à mes sentiments de chaude sympathie.

Remerciements

Huit jours après les obsèques, il est d'usage d'envoyer une carte de remerciements aux personnes qui ont assisté à l'enterrement ou qui ont exprimé leur sympathie en écrivant à la famille du défunt.

Le Capitaine et Madame Bernard M...

remercient leurs amis de la sympathie qu'ils leur ont témoignée à l'occasion de la perte cruelle qui vient de les frapper.

Les remerciements peuvent encore être exprimés au moyen d'une note insérée dans les journaux :

M. et Mme Jacques M..., dans l'impossibilité de répondre aux nombreux témoignages de sympathie qu'ils ont reçus à l'occasion du décès de M. Pierre B..., vous prient de trouver ici l'expression de leur reconnaissance émue.

Mme Marceline T..., sa fille et toute la famille prient les personnes qui leur ont témoigné de la sympathie à l'occasion de leur grand deuil de trouver ici, avec l'expression de leur profonde reconnaissance, leurs sincères remerciements.

Réponse à une lettre de condoléances

Madame,

Dans le chagrin où je suis plongée, les termes si émouvants de votre lettre m'ont été un précieux réconfort.

Vous avez su trouver les mots qui apaisent. Qui me montrent que je ne suis pas seule avec ma peine. Que des amis la partagent pour me la rendre malgré tout plus supportable.

Merci, merci de tout mon cœur.

Permettez-moi, Madame, de vous exprimer ma reconnaissance : les accents du cœur ne trompent pas une âme affligée.

LETTRES FAMILIALES DE REMONTRANCES ET DE RÉCONCILIATION. — Pour ne pas terminer ce chapitre sur une note trop sombre, voici des lettres que l'on a malheureusement l'occasion d'écrire au moins une fois dans sa vie à son fils, sa fille ou l'un de ses parents. Elles sont difficiles à rédiger. Puissent ces quelques modèles vous aider à faire réfléchir un adolescent ou à vous réconcilier avec... votre belle-mère !

Lettre d'une mère mécontente de sa fille

Ma chère Éliane,

Ta récente demande d'argent nous a laissés surpris et peinés, ton père et moi.

Tu sais les sacrifices que nous ne cessons de faire pour que tu poursuives les études de ton choix. Tu sais aussi que nous nous privons de bon cœur de vacances pour que tu aies une vie décente et que tu ne sois pas obligée de travailler, comme tant d'étudiants le font aujourd'hui.

Nous sommes donc en droit d'espérer de toi une conduite raisonnable. Au lieu de cela, tu t'endettes : le loyer de ta chambre est en retard de deux trimestres, nous venons de l'apprendre par la propriétaire. Où passe donc l'argent que nous t'envoyons ?

Je dois te dire, ma chérie, que c'est la dernière fois que nous t'envoyons le mandat que tu demandes.

Tu es majeure, tu te prépares au métier que tu désires. À toi de choisir. Ou bien tu vis plus raisonnablement ou bien tu renonces à poursuivre tes études. Ton père essaiera de te trouver un emploi dans notre petite ville. Mais il est évident que commencer sa vie sur un échec parce qu'on n'a pas su renoncer à des futilités n'est pas la marque d'une forte personnalité.

Ne nous déçois pas, Éliane, reprends-toi, songe à tes parents qui t'aiment et ne désirent que ton bonheur.

Nous t'embrassons.

Maman.

Lettre de réconciliation avec son fils

Mon cher Philippe,

Que cela me fait du bien d'écrire ton nom : il y a bien longtemps — trop longtemps — que cela ne m'était arrivé.

Eh bien oui, c'est moi qui t'écris le premier. C'est moi qui fais le premier pas. Pour une fois, je piétine un peu mon fameux amour-propre. Tu vois, je fais des progrès.

C'est que ta mère et moi, nous avons très envie de te revoir, mon cher petit, et que, comparés à notre sinistre éloignement, les mots malheureux qui nous ont brouillés me paraissent aujourd'hui bien dérisoires.

Oublions-les, veux-tu ? Nous avons, toi et moi, un sacré caractère. Tâchons de nous en souvenir lorsque nous nous voyons et évitons les discussions qui tournent à l'aigre... et à la catastrophe !

Tu nous ferais un immense plaisir en venant dîner samedi avec ta femme qui nous manque, elle aussi. Je monterai de la cave le bourgogne que tu aimes et ta mère nous fera le bœuf en daube dont elle a le secret.

Nous t'embrassons très fort.

Ton père.

Lettre de réconciliation avec sa belle-mère

Ma chère Maman,

Ce n'est pas Jacques qui m'a demandé de vous écrire. Le désir m'en est venu quand je me suis rendu compte qu'il y avait déjà ... mois que nous ne nous étions vues.

Des heurts, il en existe dans toutes les familles, c'est inévitable : autres façons de penser, autres façons de vivre. Mais cela ne devrait pas se traduire par le silence et l'éloignement. J'ai la conviction qu'un doigt de bonne volonté, de ma part et de la vôtre, chère Maman, mettrait fin à nos problèmes.

Je puis vous assurer que je suis navrée de notre dernière discussion et que je mettrai tout en œuvre pour que ce soit vraiment la dernière.

Comme je serais heureuse que vous ne me teniez pas rigueur de mon silence : il m'a pesé, croyez-moi. Pour le faire oublier, nous feriez-vous la joie de venir déjeuner tous deux dimanche à la maison ?

Croyez, chère Maman, à toute mon affection.

Véronique.

TROISIÈME PARTIE

LA CORRESPONDANCE AMICALE ET MONDAINE

CHAPITRE VII

INVITATIONS, FÉLICITATIONS REMERCIEMENTS, REPROCHES, EXCUSES

CARTONS D'INVITATION. — Aujourd'hui, la plupart des invitations amicales se font par téléphone. Mais il en est d'autres qui présentent un caractère officiel, protocolaire ou résolument mondain : on a recours, dans ces cas, à des cartons tout imprimés ou bien à des cartes de visite sur lesquelles on rédige l'invitation à la main.

Il en existe de toutes sortes, pour les cérémonies, les dîners, les bals, les cocktails, les réunions et les mondanités variées. Ils sont généralement tirés sur bristol blanc ou crème. Il est préférable que le texte soit gravé s'il s'agit d'une grande cérémonie.

Ces cartons doivent être adressés à leurs destinataires longtemps à l'avance (trois semaines, en principe), afin de leur permettre de prendre toutes dispositions utiles.

Il est d'usage d'y répondre moins de huit jours après réception. La plupart portent d'ailleurs la mention R.S.V.P. *(Répondez s'il vous plaît).*

Si l'on reçoit souvent et sans trop de cérémonie, il est commode de faire imprimer un certain nombre de cartons en laissant des pointillés à l'endroit du nom de la personne invitée et de la date.

Ne venez jamais à une réception avec quelqu'un qui n'est pas invité, sauf s'il s'agit d'une « soirée » de jeunes.

Il arrive qu'au bas des cartons figure la mention *cravate noire*, souvent représentée par un nœud papillon noir dessiné ou la mention *cravate blanche*, représentée par un nœud papillon blanc. La première signifie tenue habillée (costume sombre ou smoking pour les hommes ; robe de dîner pour les femmes) ; la seconde signifie tenue de soirée (habit et robe longue).

Le format de ces cartons ne connaît pas de règles, mais le 8 × 13 est en usage pour les invitations privées et le 8 × 19 pour les invitations officielles.

Voici quelques modèles de textes, depuis le moins formel jusqu'au plus cérémonieux.

M. et Mme Jean HENRY

prient M... de leur faire l'honneur de
venir dîner chez eux le 8 juin à 20 heures.

adresse et téléphone *R.S.V.P.*

Madame Jacques DENIS

COCKTAIL

le jeudi 22 juin

de 19 à 22 heures.

adresse et téléphone *R.S.V.P.*

Ce genre de carte convient à une très jeune fille :

Liliane Dumesnil

recevra ses amis
le 17 décembre
à partir de 21 heures.

On dansera.

adresse *R.S.V.P.*

À l'occasion de son départ à la retraite,

M... F...
serait heureux de vous offrir le verre de l'amitié,
le mercredi 29 juin à partir de 17 heures
Salle de réunion.

(adresse)

Pour les manifestations officielles, les cartes sont souvent gravées (gravure ou similigravure) :

La revue X... prie M. ... de lui faire l'honneur d'assister au cocktail d'inauguration donné dans ses salons, le mercredi 3 novembre, à 18 heures.

Adresse *R.S.V.P.*
(au directeur de la revue)

Les élèves et anciens élèves de l'École supérieure de ... prient M. ... de bien vouloir honorer de sa présence le bal qui sera donné le dimanche 23 mai, dans les salons de ...

De la part de M. ...
Ouverture des salons à 22 heures.
Cette carte est rigoureusement personnelle.

Le Conseiller d'Ambassade

et Madame Jean de Saint-R...
prient ....
de vouloir bien leur faire l'honneur
de venir dîner le ... à ... heures.

R.S.V.P. *Adresse*

Acceptation

Jean-Charles S...

présente ses respectueux hommages à Madame P... et la remercie de son aimable invitation à laquelle il se rendra avec le plus grand plaisir.

M. et Mme Pierre D...

remercient vivement Madame H... de sa charmante invitation à laquelle ils auront le plus grand plaisir à se rendre le 4 janvier et la prient d'agréer l'expression de leurs sentiments respectueusement dévoués.

Refus

Jeanne D...

exprime à Monsieur et à Madame A... ses très vifs regrets de ne pouvoir se rendre à leur aimable invitation en raison d'un engagement antérieur, et les prie de croire à ses pensées les plus amicales et les plus fidèles.

Robert B...

présente ses respectueux hommages à Madame M... qu'il remercie vivement de son aimable invitation. Il ne pourra malheureusement s'y rendre, devant partir pour l'Angleterre ce jour-là.

Remerciements

Sylvain J...

prie Madame M... d'agréer ses respectueux hommages et ses remerciements pour son charmant accueil lors de la réception à laquelle elle a bien voulu le convier.

LETTRES D'INVITATION.

À une amie (qui n'a pas le téléphone)

Ma chère Isabelle,

Puisque vos affaires vous conduisent dans notre région, pourquoi ne viendriez-vous pas déjeuner un jour à l'« Ermitage » ? Florence et moi en serions ravis.

Si vous n'êtes pas en voiture, nous irons vous chercher à la gare : il y a un train qui part du Havre à 11 heures et qui arrive à 12 h 15 sous nos cieux.

Choisissez un jour où vous n'êtes pas trop bousculée de façon à ne pas écourter notre joie de vous revoir.

Dans l'attente de vos nouvelles, nous vous adressons, ma chère Isabelle, nos plus affectueuses pensées.

Invitation à déjeuner

Chers amis,

Voulez-vous nous faire le plaisir de venir déjeuner à la maison, samedi prochain ? François X..., dont nous vous avons parlé et qui rentre d'Amazonie, nous a promis de se joindre à nous pour nous raconter ses aventures...

Toutes nos amitiés à vous deux.

> Que l'on accepte ou que l'on refuse, il faut toujours répondre par une lettre à une lettre d'invitation.

Acceptation

Chère Henriette,

Merci de votre aimable invitation. Nous aurons grand plaisir, Maurice et moi, à venir déjeuner chez vous samedi et, à cette occasion, nous nous réjouissons de faire la connaissance de votre voyageur...

À bientôt, donc, et toutes nos amitiés.

Invitation à dîner

Chère Madame,

Voulez-vous nous faire le très grand plaisir de venir dîner à la maison mercredi prochain ? La Présidente de la Ligue Y... sera des nôtres, et vous savez qu'elle brûle d'envie de vous connaître.

Après le dîner, Alexis W... nous a promis de se mettre au piano.

Croyez, chère Madame, à mes sentiments les meilleurs.

Acceptation

Chère Madame,

J'accepte avec plaisir votre aimable invitation pour le *(date)*. Je serai très heureuse de passer avec vous une si agréable soirée, de rencontrer la Présidente dont je connais l'inlassable activité et d'écouter le merveilleux Alexis W... pour qui j'ai la plus vive admiration.

Je vous prie d'agréer, chère Madame, avec mes remerciements, l'expression de mes sentiments les meilleurs.

Refus

Chère Christine,

Guy et moi sommes désolés de ne pouvoir nous rendre, samedi prochain, à votre si aimable invitation. Vous savez, n'est-ce-pas, tout le plaisir que nous aurions eu à vous revoir ? Malheureusement, nous devons aller à Toulouse ce jour-là, pour régler une affaire de famille qui ne souffre aucun retard.

Autre modèle

Mon cher Patrick,

Ton invitation m'a causé le plus grand plaisir, et je suis d'autant plus désolé de me voir dans l'obligation de la refuser. Je ne serai pas à Lyon la semaine prochaine, comme je te l'avais dit, mon patron m'envoyant à Brest pour une quinzaine de jours.

J'espère que mes projets de chantier dans le Rhône se réaliseront un jour et que je pourrai alors passer une soirée avec toi.

Bien amicalement.

Autre modèle

Chère Madame,

Je regrette vivement de ne pouvoir accepter votre aimable invitation, mais j'ai promis, voici longtemps déjà, de me rendre, dans la soirée du 15, à la réception donnée par des amis qui fêtent le quatrième galon de leur fils aîné.

Avec tous mes regrets, recevez, chère Madame, l'assurance de mon meilleur souvenir.

FÉLICITATIONS. — Maintes fois, dans le cours de l'existence, on se trouve dans le cas d'exprimer des félicitations à un ami, à un parent ou à une relation à l'occasion d'un événement heureux (1).

Ces félicitations peuvent être exprimées sur de simples cartes, suivant les formules habituelles ; mais là encore, il serait préférable d'écrire une lettre courte, chaque fois qu'on le pourra.

Veillez à vous servir, dans vos cartes ou lettres de félicitations, de la terminologie qui convient. Rappelez-vous, par exemple, lorsqu'il s'agit d'une décoration, que l'on est *nommé* au grade de chevalier, *promu* à celui d'officier ou de commandeur, enfin *élevé* à la dignité de Grand-Croix.

(1) Pour les félicitations formulées à l'occasion des naissances, fiançailles et mariages, voir pages 51, 69, 73.

Pour une promotion

Cher Monsieur,

C'est avec un très vif plaisir que j'ai appris votre promotion au grade d'officier des Arts et des Lettres.

Je veux vous exprimer mes sincères félicitations pour cette distinction qui récompense en vous l'artiste dont les œuvres donnent une si évidente idée de la beauté.

Veuillez, je vous prie, présenter mes respectueux hommages à votre femme et agréer, cher Monsieur, l'expression de ma haute considération.

À l'occasion d'un avancement

Cher Monsieur,

C'est avec un très vif plaisir que j'ai appris votre nomination au poste de ...

Une situation de cette importance était bien due à l'homme dont la déjà longue carrière n'est jalonnée que de succès.

Veuillez accepter, cher Monsieur, avec mes compliments bien sincères, l'expression de mes sentiments très distingués.

À l'occasion d'une décoration

Monsieur,

Je viens de découvrir dans le *Journal officiel* une nouvelle qui m'a procuré le plus vif plaisir : celle de votre nomination au grade de chevalier de la Légion d'honneur.

Permettez-moi donc de vous exprimer, avec mes plus sincères félicitations, tous mes sentiments de bien cordiale sympathie.

Sur des cartes de visite

M. et Mme Henri D...

adressent à Monsieur Jacques L...
leurs très vives félicitations
pour sa nomination dans l'ordre
de la Légion d'honneur.

M. et Mme Jean D...

adressent à Monsieur le Commissaire de la République leurs respectueuses félicitations à l'occasion de sa nomination et l'assurent de leur fidèle attachement.

À un ami à l'occasion d'un succès

Mon cher Michel,

Tu ne seras pas surpris d'apprendre quelle joie m'a causée ta ... *(nomination, promotion, amélioration de situation, réussite financière, commerciale, industrielle, littéraire, artistique, etc.).* Tu as maintenant le pied à l'étrier : avec le courage et la volonté que je te connais, tu ne tarderas pas, j'en suis sûr, à faire mieux encore. Tous les espoirs te sont désormais permis.

Je te renouvelle mes félicitations, mon cher Michel, et t'adresse tous mes vœux. Si tes nouvelles fonctions t'en laissent le temps, écris-moi quelques lignes, tu feras plaisir à ton vieil ami.

À un acteur de théâtre

Monsieur, *(ou* Cher A... D...,*)*

Vous avez enchanté ma soirée d'hier. Comment vous en remercier ? Grâce à votre présence, grâce à votre voix, à tout ce qui constitue votre talent, vous avez su donner au personnage de Y... une dimension extraordinaire.

Vous avez pu juger, au nombre de rappels, que je n'étais pas seul(e) de cet avis.

Ravi(e), ô combien, de votre succès, je vous prie de croire, Monsieur, à ma plus vive et ma plus sincère admiration.

À une actrice de cinéma

Chère C... D...,

Je crois bien avoir vu, et revu, tous vos films. Le dernier m'a tellement enthousiasmé(e) que, cette fois, je ne résiste pas à l'envie de vous écrire.

J'ai bien conscience de mon enfantillage, mais je me dis qu'il est bon, de temps en temps, que ce public qui vous aime se fasse entendre par la voix de l'un des siens.

Je suis donc, pour aujourd'hui, cette voix. Et je veux vous dire merci pour toutes les joies que vous nous offrez grâce à votre talent et à votre beauté.

Que pourrais-je dire de plus, sinon vous assurer de toute mon admiration ?

REMERCIEMENTS. — Sur une carte de visite, on pourra s'inspirer des phrases suivantes :

Madame Henri F..., très touchée de son aimable pensée, adresse son meilleur souvenir à Madame D...

Monsieur et Madame Jean G... prient Madame D... d'accepter ce modeste présent en témoignage de leur gratitude.

Madame Jean-Pierre D..., extrêmement touchée de votre charmante attention, vous remercie de tout cœur et vous prie de croire à l'assurance de ses sentiments très respectueusement affectueux.

Comme les lettres de félicitations, les lettres destinées à traduire la gratitude du signataire doivent être nuancées : l'exagération en rendrait suspecte la sincérité. À l'inverse, une trop grande tiédeur n'est pas non plus de mise.

Pour un service rendu

Mon cher Paul,

Ta lettre d'hier soir a mis fin à mes inquiétudes et je ne veux pas attendre plus longtemps pour te dire la gratitude que m'inspire ton geste si amical.

Grâce à ta gentillesse toujours si efficace, me voici maintenant en mesure de régler cette épineuse question qui me préoccupait si fort.

J'ai eu bien des ennuis, ces derniers temps, mais ils sont désormais terminés, grâce à toi. « À quelque chose, malheur est bon », dit le proverbe. C'est ma foi vrai, puisque mes difficultés récentes m'auront procuré le plaisir de constater à nouveau quel ami tu n'as cessé d'être pour moi.

Merci encore de tout ce que tu as fait, mon cher ami, et naturellement, à charge de revanche.

Bien à toi, toujours.

Autre modèle

Chère Madame,

Comment pourrais-je vous remercier du service que vous avez eu la bonté de me rendre ? Les mots me manquent pour exprimer comme je le voudrais toute ma gratitude.

Croyez bien, chère Madame, que je garderai toujours le souvenir ému de votre bienveillance à mon égard.

Veuillez agréer, chère Madame, l'expression de mes sentiments respectueusement dévoués.

En remerciement d'une démarche

Monsieur,

Je suis confus du dérangement que je vous ai causé et je ne sais comment vous exprimer ma gratitude pour votre si aimable intervention.

Votre visite à M. L... a eu pour moi des conséquences que je n'osais même pas espérer. Tout est arrangé, maintenant, grâce à vous : l'affaire a été réglée d'une façon extrêmement satisfaisante pour moi et les miens.

Je souhaite que l'occasion me soit donnée, un jour prochain, de vous remercier autrement que par une simple lettre.

En attendant, je vous prie d'agréer, Monsieur, l'expression de mes sentiments très respectueux.

En remerciement d'un cadeau

Chère ...,

Je viens de recevoir une merveille de foulard : tu as fait des folies, comme chaque année ! Comment te remercier de ce cadeau si bien choisi ? Tu sais toujours ce que j'aime. Comment fais-tu pour deviner sans jamais te tromper ?

Je t'embrasse de tout cœur avec plein, plein de mercis pour la joie que ce cadeau m'a apportée.

LETTRES DE RECOMMANDATION. — Elles doivent être appropriées aux circonstances, ce qui leur donne une infinie variété. Nous nous bornerons à en donner ici deux exemples, que vous pourrez adapter et transformer suivant vos besoins particuliers.

Lettre pour solliciter une recommandation

Monsieur,

La bienveillance que vous m'avez toujours témoignée m'encourage aujourd'hui à vous demander un mot de recommandation pour M. ... qui pourrait, s'il y consentait, me rendre un grand service. Je sais qu'il est de vos amis. Voudriez-vous appuyer ma démarche auprès de lui ?

Vous ajouteriez ainsi, Monsieur, à tous les sentiments de gratitude de

Votre dévoué.

Recommandation générale

Mon cher ami,

Le jeune Louis M..., que je vous envoie, est un garçon de valeur, tant sur le plan intellectuel que sur le plan moral. Il s'impose de lourds sacrifices pour soutenir sa famille et mérite que l'on s'intéresse à son sort.

Je le connais depuis de nombreuses années et puis vous assurer qu'il est en tous points digne de confiance et d'estime.

Je vous remercie par avance de ce que vous voudrez bien faire pour lui, et vous prie de me croire, mon cher ami,

Votre très amicalement dévoué.

LETTRES DE REPROCHE, D'EXCUSES, DE RÉCONCILIATION.

À un ami trop silencieux

Mon cher Michel,

Que devenez-vous ? Pourquoi ce long silence ? Rassurez-nous vite : nous craignons qu'il ne vous soit arrivé quelque chose de fâcheux.

Les dernières nouvelles que nous avons reçues de vous nous ont été apportées par une lettre de votre femme, il y a plus d'un an. Elles étaient bonnes, vous deviez venir tous deux nous voir à Bordeaux... Que s'est-il passé ?

Je sais bien que vous êtes très occupés tous deux et que, si nous avions le téléphone, il vous serait sans doute plus facile de nous envoyer de temps à autre un signe d'amitié. Mais songez à notre anxiété et écrivez-nous vite un mot.

Vos amis.

Lettre pour réclamer un livre non rendu

Cher Julien,

Voici près d'un an que je vous ai prêté ce livre de Malraux auquel je tiens pour beaucoup de raisons, sentimentales et matérielles : vous savez que c'est une édition originale.

Vous avez certainement eu le temps de le lire. Sinon, c'est qu'il ne vous plaît pas... Alors, soyez gentil, renvoyez-le-moi vite en recommandé si vous n'avez pas l'occasion de vous rendre à Grenoble dans l'immédiat.

Pardonnez-moi d'insister : je suis de ces lecteurs maniaques qui aiment prêter leurs livres préférés, mais qui se désolent de voir trop longtemps leur place vide dans la bibliothèque...

Merci mille fois et toutes mes amitiés.

Lettre d'excuses pour n'avoir pas donné de ses nouvelles depuis longtemps

Chère Liliane,

Je suis vraiment inexcusable de vous avoir laissée si longtemps sans nouvelles.

Je pourrais inventer un prétexte qui me disculperait d'emblée à vos yeux. Mais non, je ne veux pas ajouter un vilain mensonge à mon indolence, car c'est bien d'elle qu'il s'agit. Une horrible indolence que je traîne avec moi partout et depuis longtemps.

Je jure de m'en défaire et de ne plus laisser dans le silence les amis qui me sont les plus chers.

Suis-je pardonné ? Sûrement, quand je vous dirai que je n'ai pas cessé d'avoir pour vous les plus affectueuses pensées.

Lettre d'excuses après une discussion qui a tourné à l'aigre

Mon cher Gérard,

Après cette soirée où les mots ont volé plus loin qu'ils n'auraient dû, je ne veux pas laisser s'écouler un jour sans vous adresser mes regrets, voire mes excuses pour les propos un peu vifs que j'ai tenus.

Il est certain que, dans cette discussion qui nous a si violemment opposés, j'ai eu le tort de m'emporter le premier. Vous avez répondu sur le même ton. Comment vous en blâmer ? J'avais donné le mauvais exemple.

Faites-moi l'amitié de ne pas me garder rancune de mes éclats et de croire que j'ai déjà oublié les vôtres.

J'ose espérer, mon cher Gérard, que vous voudrez bien me rendre les sentiments que je n'ai pas un instant cessé d'avoir pour vous : l'estime et la sympathie.

Lettre d'excuses à un supérieur

Monsieur,

Je voudrais vous présenter ici toutes mes excuses pour les propos bien trop vifs que j'ai tenus hier et qui, s'adressant à mon supérieur hiérarchique, ont pu passer pour une insolence.

Vous me voyez aujourd'hui confus et contrit à l'idée que j'aie pu vous blesser... Ce n'était pas là, vous le pensez bien, mon intention ! Je m'emporte souvent à tort et à travers et j'ai tendance alors à oublier à qui je m'adresse.

Aurez-vous la bonté de me pardonner ?

Veuillez agréer, avec mes excuses renouvelées, l'expression très sincère de mes vifs et respectueux regrets.

Lettre d'excuses à un voisin

Chère Madame,

Je suis vraiment désolé(e) du différend qui nous a opposés l'autre jour chez le gérant et suis prêt(e) à oublier les mots qui nous ont échappé.

Moi-même, je suis parfois un peu vif(ve) et je n'en prends conscience que lorsqu'il est trop tard !

Je ne voudrais pas rompre les relations de bon voisinage qui ont si longtemps été les nôtres.

Espérant que vous partagez ce point de vue et que vous voudrez bien accepter mes excuses, je vous prie d'agréer, chère Madame, mes plus sincères salutations.

Lettre de réconciliation

Mon cher D...,

J'ai appris par X... que vous aviez eu un accident d'auto, heureusement sans trop de gravité.

Je saisis cette occasion pour vous demander de vos nouvelles et ensuite pour vous prier d'oublier les propos qui nous ont séparés depuis plus d'un an.

J'y ai souvent songé, voyez-vous, et je suis arrivé à la conclusion que les plus âpres discussions ne sauraient avoir raison d'une véritable amitié.

Êtes-vous de cet avis ?

Dans ce cas, un petit mot de vous, ou un coup de téléphone, me ferait un très grand plaisir.

Bien à vous, toujours.

Autre modèle

Chère Irène,

Comme le temps me paraît long depuis que je ne te vois plus !

Quand je repense à cette longue fâcherie, je me demande si nous avons eu raison d'attacher tant d'importance à des cancans qui étaient bien loin de le mériter.

Au fond, notre brouille a sans doute fait le bonheur de ces gens qui ne se plaisent qu'à détruire les plus solides amitiés.

Si nous leur montrions que leurs efforts ont été vains ?

Vite, un mot de toi pour me dire que tu m'approuves...

Ton amie, toujours.

CHAPITRE VIII

VŒUX DE NOUVEL AN, FÊTES ET ANNIVERSAIRES

VŒUX DE NOUVEL AN. — Venues des pays anglo-saxons, les cartes de vœux illustrées s'envoient couramment aux membres de la famille et aux amis. Mais, à certaines personnes (supérieurs hiérarchiques, dignitaires religieux, notabilités...), il est préférable d'adresser des vœux sur une carte de visite, voire par lettre.

Il est bien difficile de se montrer original en pareil cas, mais voici quelques exemples où vous pourrez glaner des formules un peu moins banales que « Meilleurs vœux ».

Quelques formules de vœux

Puisse l'année qui commence
vous apporter bonheur, santé, succès !
C'est ce que souhaite de tout son cœur
Philippe MERCIER,
avec l'expression
de son plus sympathique souvenir.

Monsieur et Madame Jean T... adressent à Nathalie et Yves K..., en même temps que tous leurs vœux à l'occasion de la nouvelle année, l'expression de leur affectueuse sympathie.

Claude P... prie son maître et ami, Monsieur L..., d'agréer ses vœux les meilleurs pour l'année qui commence, ainsi que l'expression de son respectueux dévouement.

Monsieur et Madame D... adressent à Jeanne et André D... l'expression de leur fidèle souvenir et de leurs meilleurs vœux, souhaitant que l'année nouvelle leur donne la joie de se retrouver.

Plus encore que dans les cartes, on s'efforcera, dans les lettres, d'éviter les banalités.

Les lettres de bonne année doivent être assez courtes, mais elles méritent d'être soignées. Suivant leurs destinataires, elles seront déférentes, tendrement respectueuses, ou simplement très amicales, mais on s'efforcera toujours de leur donner un tour original et personnel, sans toutefois chercher à « faire de l'effet ». Les lettres de bonne année doivent être sincères, cordiales et simples.

Vœux de Nouvel An à un camarade

Mon cher Hervé,

J'avais espéré qu'il me serait possible de me rendre à Montargis pour le Nouvel An et que j'aurais ainsi le grand plaisir de te présenter de vive voix tous mes vœux.

Mais des obligations multiples, auxquelles il m'est impossible de me soustraire, me retiennent à Paris pendant ces fêtes. Quel regret de ne pouvoir me joindre à vous !

À toi et à ta famille, j'adresse, mon cher Hervé, mes meilleurs souhaits de Nouvel An : tout ce qui vous arrivera d'heureux contribuera toujours à faire la joie de

ton ami

Vœux de Nouvel An à un supérieur hiérarchique

Monsieur le Directeur,

La mission dont vous avez bien voulu me charger me retenant à Milan, je ne puis, comme chaque année, vous adresser de vive voix mes meilleurs vœux.

Je le fais donc par lettre en vous souhaitant, à vous et à votre famille, une heureuse année et à l'entreprise toute la prospérité qu'elle mérite.

Croyez, Monsieur le Directeur, à l'expression de mes sentiments dévoués.

Vœux de Nouvel An d'un couple à un couple ami

Chers amis,

Désolés de ne pouvoir nous rendre auprès de vous cette année, nous chargeons cette lettre de vous porter tous nos bons vœux.

Puisse l'année nouvelle être pleine de joies pour vous deux et vos enfants.

De tout cœur, nous vous adressons notre plus affectueux souvenir.

FÊTES ET ANNIVERSAIRES. — Les vœux exprimés à l'occasion de la fête d'un parent ou d'un ami doivent arriver *la veille.*

L'anniversaire, très fêté dans certains pays étrangers (Grande-Bretagne et États-Unis surtout), l'est un peu moins chez nous. S'il n'est pas toujours marqué, en France, par le fameux gâteau à bougies, on le célèbre assez volontiers, cependant, par l'envoi de vœux, fleurs et présents divers.

On s'inspirera, pour la rédaction des cartes de fête ou d'anniversaire, des remarques déjà faites pour les vœux de Nouvel An.

La Saint-Valentin, fête des amoureux le 14 février, a toujours été en vogue outre-Manche. Depuis quelques années, elle a conquis la France sous forme de charmantes cartes romantiques à souhait.

Lettre à un ami pour sa fête ou son anniversaire

Mon cher Jean-Paul,

Malgré ton éloignement provisoire, nous ne t'oublions pas, je t'assure, et en ce jour, veille de ton anniversaire *(ou* de ta fête*),* nous tenons à t'envoyer nos souhaits les meilleurs et les plus affectueux.

Mon père, ma femme, mes enfants, tous me prient de te dire combien ils pensent à toi.

Reviens-nous bientôt, mon cher Jean-Paul, voilà mon vœu personnel !

À toi, très cordialement.

Lettre à un parent pour son anniversaire

Mon cher Oncle,

Que cette nouvelle année soit pour vous pleine de santé et qu'elle vous apporte toutes les joies que vous pouvez désirer.

Je ferai même un vœu pour moi, un vœu très égoïste : je désire de tout cœur avoir l'occasion, pendant de longues années encore, de vous souhaiter de nombreux anniversaires, en vous envoyant chaque fois, comme je le fais aujourd'hui, toute mon affection.

QUATRIÈME PARTIE

CORRESPONDANCE CONCERNANT DES INTÉRÊTS PRIVÉS

CHAPITRE IX

LA MAISON, LES FOURNISSEURS

Demande d'emploi d'une employée de maison

Madame,

Comme suite à l'annonce que vous avez fait paraître hier dans ..., j'ai l'honneur de vous proproser mes services.

Je suis libre actuellement deux matins par semaine, de 9 h à midi, les lundis et jeudis.

Je serais heureuse de vous rencontrer, si ces jours et heures vous conviennent, et vous apporterai, à cette occasion, mes références.

Agréez, Madame, mes meilleures salutations.

Signature

N.B. Voici mon numéro de téléphone : ...

> N'oubliez pas d'indiquer en haut et à gauche votre nom et votre adresse et à droite la date du jour.

Lettre de réclamation d'un copropriétaire au syndic de son immeuble

Monsieur,

En examinant le décompte des travaux effectués dans l'immeuble sis ... dont je suis copropriétaire, j'ai constaté que la facture de l'électricien comportait deux fois la somme de 10 000 francs, en octobre et novembre derniers.

Je pense qu'il s'agit là d'une erreur puisque, lors de la dernière réunion, nous avions voté une somme d'un montant de 7 000 francs.

Je profite de ce même courrier pour vous demander à quels travaux correspond la différence, soit 3 000 francs.

Veuillez agréer, Monsieur, l'expression de mes salutations distinguées.

Réponse

Monsieur,

Comme suite à votre lettre du ..., je vous confirme tout d'abord qu'effectivement la société d'éclairage ... a émis à tort deux facturations identiques.

J'écris par le même courrier à cette entreprise pour obtenir le remboursement de la somme de 10 000 francs indûment perçue.

D'autre part, la différence constatée entre le montant de la facture et le devis d'origine (6 995 francs) provient des travaux supplémentaires demandés par l'architecte, M. S... Le M... . À cet effet, vous trouverez ci-joint copies du devis et de la facture.

Veuillez croire, Monsieur, à l'expression de mes sentiments les meilleurs.

Lettre d'un locataire à son propriétaire pour demander des réparations

Monsieur,

Ainsi que je vous l'ai déjà signalé à plusieurs reprises, les murs de ma remise sont à ce point fissurés et lézardés qu'il m'a fallu les étayer au moyen de bois de mine achetés par moi et posés à mes frais par le maçon d'A...

Je vous rappelle, en outre, que la toiture du bâtiment principal, complètement délabrée, devrait être d'urgence remaniée ou refaite. Les récoltes que j'ai dû rentrer dans le bâtiment en question sont partiellement exposées aux intempéries, ce qui me cause un grave préjudice.

J'insiste donc auprès de vous, Monsieur, pour que vous consentiez à ordonner sans tarder les divers travaux de réparation qui s'imposent.

Veuillez agréer, Monsieur, l'assurance de mes sentiments distingués.

Autre lettre sur le même sujet

Monsieur,

Je vous rappelle que l'appartement que j'occupe au troisième étage de votre immeuble (Bâtiment D), 19, quai des L..., exige différentes réparations indispensables, auxquelles je vous prie de vouloir bien faire procéder au plus vite.

Le gérant de l'immeuble, lors de sa visite du 8 mai, a pu constater lui-même l'urgence des réparations nécessaires. La cheminée de la cuisine, notamment, et le plafond de la chambre à coucher doivent être remis en état sans tarder.

Je compte que vous voudrez bien donner sans plus attendre les instructions utiles à votre architecte et je vous prie d'agréer, Monsieur, l'expression de mes sentiments distingués.

Lettre à un entrepreneur pour lui confier un travail

Monsieur,

Je vous prie de vouloir bien passer à mon domicile dès que possible, afin que nous puissions examiner ensemble la réfection du parquet de mon salon.

Ainsi que je vous l'ai dit lors de notre conversation téléphonique, il s'agit d'un parquet à assemblage : je vous signale que je tiens à un travail très soigné.

Veuillez agréer, Monsieur, mes salutations distinguées.

Réclamation à un entrepreneur pour dégâts commis par ses ouvriers

Monsieur,

Je tiens à vous signaler que les ouvriers envoyés par votre maison pour les travaux de peinture de mes grilles ont sérieusement endommagé, par leur négligence, mon installation électrique.

Avant de régler le montant de votre mémoire, j'insiste donc pour que vous veniez dès que possible constater chez moi l'importance des dégâts qui ont été commis à mon préjudice.

Veuillez agréer, Monsieur, mes salutations distinguées.

Lettre à un entrepreneur pour travaux mal exécutés

Monsieur,

Je ne suis absolument pas satisfait des travaux que vous avez effectués dans mon habitation.

Les tuiles du toit donnant sur le petit bois ont été si mal posées qu'elles forment des lignes en zigzag.

Je n'accepte pas un tel travail et m'étonne que vous puissiez employer un couvreur aussi inexpérimenté. De toute manière, quelle que soit la cause de cette incapacité, vous êtes tenu de faire exécuter à nouveau ce travail par un couvreur qualifié. Veuillez m'envoyer quelqu'un de compétent le plus tôt possible.

Recevez, Monsieur, mes salutations.

*Lettre à un entrepreneur
pour lui régler le montant d'un mémoire*

Monsieur,

J'ai bien reçu votre mémoire pour les travaux effectués chez moi au début de l'année.

Je vous avise que je viens de verser à votre C.C.P. la somme de 3 150 francs, représentant le montant dudit mémoire.

Veuillez agréer, Monsieur, mes salutations distinguées.

Carte réclamant des honoraires

Andrée LEGRAS

présente ses meilleures salutations à Monsieur
V... et lui serait obligée de bien vouloir
lui adresser le montant de ses honoraires
qui s'élèvent à quatre mille huit cents francs.

Téléphone *Adresse*

*Lettre à un artisan
au sujet du montant trop élevé d'un mémoire*

Monsieur,

J'ai été fort surpris de constater que le montant du mémoire que vous m'avez adressé pour les travaux de serrurerie exécutés chez moi par vos soins s'élevait à 5 700 francs, au lieu des 5 000 francs prévus.

J'ai fait contrôler ce mémoire par M. M..., métreur-vérificateur à L... Une lettre reçue de lui ce matin m'assure que la somme dont je vous suis redevable ne devrait pas excéder 5 100 francs environ, compte tenu des menus travaux supplémentaires dont nous avons décidé l'exécution au dernier moment.

Je suis donc persuadé que certaines erreurs ont dû se glisser dans votre mémoire et je vous prie de bien vouloir faire le nécessaire pour les rectifier.

Veuillez agréer, Monsieur, mes salutations distinguées.

Lettre de commande à un fournisseur

Monsieur,

Comme suite à notre conversation du 8 courant, je vous confirme la commande d'un clapier quatre cases en aggloméré « Fortec » (n° 31 de votre catalogue), au prix de 1 990 francs. Je paierai comme convenu à la livraison qui doit, je vous le rappelle, être effectuée avant le 15 mai.

Veuillez agréer, Monsieur, mes salutations distinguées.

Lettre de réclamation à un fournisseur

Monsieur,

Je vous avais commandé, par lettre en date du 11 septembre, un pistolet à peindre marque « Vaga », d'une capacité de 3 litres.

Je reçois aujourd'hui un pistolet « Robur », d'une capacité de 2 litres seulement. En conséquence, je vous prie de faire reprendre d'urgence à mon domicile le pistolet en question, pour le remplacer par un article conforme à ma commande.

S'il vous est impossible de me fournir l'objet commandé, veuillez me le faire savoir afin que je puisse prendre toutes dispositions utiles.

Comptant que vous voudrez bien faire diligence, je vous prie d'agréer, Monsieur, mes salutations distinguées.

Rupture de stock

Recommandée avec A.R.

Messieurs,

Nous avons le regret de vous informer que nous sommes dans l'impossibilité d'honorer pleinement votre commande n° ... du ... écoulé.

L'article que vous nous avez commandé *(description)* est épuisé et la reconstitution du stock nous oblige à vous imposer un délai de ... semaines.

Nous vous prions d'accepter nos excuses pour ce retard qui n'est pas de notre fait.

Nous disposons actuellement d'un produit similaire qui a fait ses preuves et dont nous vous envoyons les références par le même courrier.

Attendant vos instructions pour la suite à donner à votre commande, nous vous prions d'agréer, Messieurs, l'expression de nos sentiments dévoués.

P.J. Une documentation détaillée sur ...

Déclaration d'un sinistre à une compagnie d'assurances

Recommandée avec A.R.

Monsieur le Directeur,

Je vous informe que les bâtiments agricoles assurés par votre compagnie (police n° CX 813-53-1080) ont été complètement détruits par un incendie qui a éclaté dans la nuit du 9 au 10 novembre 199., vers 3 heures. L'enquête de la gendarmerie n'a pas encore permis d'établir les causes du sinistre.

Je compte que vous voudrez bien envoyer sur les lieux un représentant de votre compagnie pour procéder aux constatations d'usage en vue du règlement dans les meilleurs délais de ce sinistre.

Veuillez agréer, Monsieur le Directeur, l'expression de mes sentiments distingués.

> Pour toutes affaires importantes — résiliation, litiges, sinistre, etc. — la lettre recommandée s'impose, avec accusé de réception.

Lettre de résiliation d'une police d'assurances

Recommandée avec A.R.

Monsieur,

Ayant vendu ma moto, je vous prie de bien vouloir, à compter du 15 octobre, résilier l'assurance que j'avais contractée auprès de votre compagnie (police n° 111918).

Vous voudrez bien me confirmer votre accord.

Je vous prie d'agréer, Monsieur, mes salutations distinguées.

Lettre à un voisin pour achat du droit de mitoyenneté

Cher Monsieur,

J'ai l'intention d'acquérir la mitoyenneté du mur qui sépare nos deux propriétés de C..., route de Gurgy.

J'ai choisi pour expert M. L..., l'entrepreneur de maçonnerie, et je vous prie d'en désigner un de votre côté. Tous deux pourront alors déterminer le montant de l'indemnité que je dois verser.

Si vous préférez, pour éviter des frais, une entente directe entre nous, vous voudrez bien me le faire savoir.

Je vous prie d'agréer, cher Monsieur, l'expression de mes sentiments les meilleurs.

Lettre d'un locataire à son propriétaire pour se plaindre du gardien

Monsieur,

J'ai longtemps hésité à vous adresser cette lettre destinée à vous éclairer sur les agissements du gardien, mais celui-ci prenant mon inaction pour de la faiblesse, je me décide à vous faire part des différends qui nous opposent.

1. — Il suffit qu'une lettre soit envoyée en exprès pour qu'il la délivre en retard.

2. — Les escaliers ne sont jamais nettoyés sous prétexte qu'on ne les utilise qu'en cas de panne de l'ascenseur.

3. — Les chats errants trouvent refuge dans le garage où ils sont nourris par le gardien, en conséquence de quoi les voitures servent de lieux d'aisance à ces animaux qu'en d'autres circonstances je trouverais sympathiques.

4. — Le caractère de ce gardien est insupportable et son impolitesse notoire, alors que les locataires s'adressent toujours à lui avec la plus grande correction.

Puis-je vous demander, Monsieur, d'intervenir auprès de cet homme pour lui rappeler ses devoirs et ses obligations ?

Désolé de devoir vous mêler à de petites histoires qui finissent, accumulées, par empoisonner la vie de tous vos locataires, je vous prie de croire, Monsieur, à mes sentiments les meilleurs.

Lettre d'un locataire à son propriétaire pour se plaindre d'un voisin

Monsieur,

Je me vois dans l'obligation de vous écrire pour vous faire part d'un certain nombre de griefs à l'encontre de mon voisin du dessus, M. L...

La famille comprend les parents, quatre enfants de 3 à 15 ans, deux chiens et deux chats.

Madame L... ne circule dans son appartement parqueté et non moquetté qu'en talons hauts et sonores. L'un des enfants apprend le piano et s'acharne dessus, souvent jusqu'à minuit, deux ou trois fois par semaine. L'aîné travaille en musique (pop) et sa chaîne hi-fi, qui a une excellente sonorité, présente l'inconvénient majeur de se trouver au-dessus de notre chambre (nous avons longtemps cru, ma femme et moi, que ce garçon de 18 ans sautait à la corde, vu le rythme répétitif de la batterie). Suivant le mouvement, les chiens aboient à tort et à travers, de préférence dans l'escalier dont ils ont sans doute découvert le pouvoir de résonance.

Le gardien n'a aucune prise sur ces gens qui, en outre, reçoivent énormément et dont les amis sont aussi bruyants qu'eux.

Aussi ai-je recours à vous, Monsieur, pour vous prier de vouloir bien intervenir, car les quelques réflexions que j'ai hasardées n'ont rencontré que la plus parfaite incompréhension de la part de ces personnes qui se croient sans doute sur une île déserte.

Recevez, Monsieur, l'assurance de mes meilleurs sentiments.

Réponse du gérant

Monsieur,

M. X..., votre propriétaire, m'a fait part de vos plaintes concernant M. L..., votre voisin.

J'ai immédiatement envoyé l'un de mes collaborateurs qui a eu un assez long entretien avec M. et Mme L...

Beaucoup de points ont été réfutés. Le piano jusqu'à minuit est exceptionnel : promesse a été faite d'arrêter les gammes à 22 heures, comme la loi l'exige d'ailleurs. La chaîne hi-fi de l'aîné des garçons sera munie d'un casque dont il sera fait usage après 22 heures. Mme L... a promis de chausser des souliers moins bruyants.

Voilà ce qui a pu être obtenu. Pour le reste, il est certain que le silence, dans un immeuble citadin, ne peut exister de façon absolue et que la cohabitation appelle des concessions réciproques.

Néanmoins, si les promesses des L... ne sont pas tenues, veuillez m'en aviser.

Croyez, Monsieur, à mes meilleures salutations.

Lettre à un voisin à propos du bornage de deux propriétés limitrophes

Monsieur,

Pour éviter toute contestation, et afin que rien ne vienne altérer nos bons rapports, je vous informe que j'ai l'intention de faire procéder au bornage des jardins contigus que nous possédons tous deux à Saint-V..., lieu-dit ...

Je pense, si vous le voulez bien, que M. V..., l'arpenteur-géomètre de B..., pourrait être chargé de l'opération. Veuillez, je vous prie, me donner votre accord sur ce point, me fixant par la même occasion les jour et heure qui vous conviendront le mieux.

Je vous prie d'agréer, Monsieur, l'assurance de mes sentiments les meilleurs.

Réclamation à un voisin pour plantation illégale d'arbres

Monsieur,

Vous me connaissez, et vous savez que je ne cherche jamais d'ennuis ou de difficultés à quiconque. Je me vois cependant obligé de protester auprès de vous contre la plantation d'arbres que vous venez de faire, à un mètre environ de la limite commune de nos propriétés.

Quand ces arbres auront grandi, ils me causeront un sérieux préjudice, tant par l'ombre qu'ils projetteront sur mes cultures que par les racines qu'ils développeront dans mon sous-sol.

Je vous rappelle que la loi exige l'existence d'un intervalle d'au moins 2 mètres entre le pied des arbres et la propriété limitrophe, et je compte que vous aurez l'obligeance de modifier votre plantation en conséquence.

Je vous en remercie à l'avance et vous prie d'agréer, Monsieur, l'assurance de mes sentiments distingués.

Pour réclamer une somme prêtée

Cher Monsieur,

Lorsque je vous ai prêté la somme de ... francs dont vous aviez besoin il y a de cela quatre ans, il était entendu que vous me remboursiez en deux ans.

Je sais que vous avez rencontré un certain nombre de difficultés puisque vous m'en avez averti à plusieurs reprises. Je sais aussi que vous avez toujours réglé les intérêts de cette somme. Mais, de mon côté, une affaire pressante m'oblige à précipiter la rentrée de mes créances. Soyez donc aimable de me dire à quelle date je puis compter rentrer dans mes fonds.

Comptant sur votre prompte réponse, je vous prie de croire, cher Monsieur, à l'assurance de mes sentiments les meilleurs.

Réponse

Cher Monsieur,

J'ai été sensible au ton si courtois de votre lettre à laquelle je m'empresse de répondre.

Je puis vous assurer que, dans un mois très exactement, des rentrées me permettront de m'acquitter de la totalité de ma dette.

Vous remerciant de votre compréhension, je vous prie de croire, cher Monsieur, à l'expression de mes salutations distinguées.

Pour réclamer en dernier ressort une somme prêtée

Monsieur,

À mon vif regret, je me vois contraint de vous faire remarquer que c'est la quatrième fois que vous remettez à plus tard la date fixée du remboursement de la somme de ... que je vous ai prêtée le ... : il n'y a pas de raison que je vous croie plus aujourd'hui qu'hier.

C'est donc, je vous en préviens, la dernière fois que je vous accorde le délai que vous réclamez. Après la date du ..., je recourrai à la voie judiciaire.

J'espère ne pas avoir à prendre une si désagréable mesure et vous prie de croire, Monsieur, à mes salutations distinguées.

Pour réclamer un livre prêté

Mon cher D...,

Il y a si longtemps que nous ne nous sommes vus que j'ai le sentiment que notre amitié a vécu, ce que m'ont d'ailleurs confirmé plusieurs de nos relations communes.

Si je romps ce silence, c'est pour te réclamer un livre que je t'ai prêté il y a deux ans, lors de notre dernière rencontre.

C'est un ouvrage auquel je tiens énormément et qu'il est impossible de se procurer aujourd'hui, selon les libraires auxquels je l'ai demandé.

Aie donc la gentillesse de me le renvoyer. Je t'en serais très reconnaissant.

CHAPITRE X

VACANCES, VOYAGES ET VILLÉGIATURES

Demande de renseignements à un syndicat d'initiative

Madame, Monsieur,

J'ai l'intention de passer mes vacances au mois d'août avec ma famille dans votre localité. En conséquence, je vous serais obligé de vouloir bien m'adresser tous renseignements utiles sur la ville et ses environs, ainsi que les précisions qu'il vous sera possible de me fournir sur les tarifs des hôtels et pensions ainsi que le prix des villas à louer.

Avec mes remerciements, je vous prie d'agréer, Madame, Monsieur, mes salutations distinguées.

Lettre à un propriétaire pour louer sa villa

Monsieur,

Parmi les villas à louer dont la liste m'a été fournie par le syndicat d'initiative de B..., j'ai particulièrement retenu la vôtre. Avant de me décider, toutefois, je désirerais obtenir quelques précisions sur « Etchea ».

Les renseignements qui m'ont été communiqués, assez peu détaillés, ne mentionnent pas l'existence d'un garage. La villa n'en comporterait-elle pas ? Dans ce cas, le jardin permet-il qu'on y rentre une voiture pour la nuit ?

À quelle distance de la mer se trouve la villa ? À quelle distance, aussi, du centre de la ville et des principaux commerçants ?

Une dernière question : au cas où j'envisagerais de faire un séjour de plus longue durée (15 juillet-15 septembre, par exemple), quelle diminution seriez-vous prêt à me consentir sur le prix de location mensuel ?

Dans l'attente d'une réponse que je souhaite aussi prompte que possible, je vous prie d'agréer, Monsieur, mes sincères salutations.

Lettre pour confirmer la location d'une villa

Monsieur,

Les renseignements contenus dans votre lettre du 26 me permettent de vous donner aujourd'hui mon accord définitif pour la location de la villa « Angkor » du 15 juillet au 15 septembre, aux termes et conditions arrêtées dans ma dernière lettre.

Ainsi qu'il a été convenu entre nous, je vous adresse ci-inclus un chèque de ... francs sur la Banque ... Il est entendu que cette somme vous est versée à valoir sur le montant total de la location et que le reliquat vous en sera réglé lors de mon arrivée, le 15 juillet.

Recevez, Monsieur, mes sincères salutations.

Demande de renseignements à un hôtelier

Monsieur,

Mon ami et collègue, M. V..., qui a passé un mois dans votre hôtel, l'an dernier, me l'a fortement recommandé pour y passer des vacances. Avant de fixer ma décision, toutefois, je désirerais connaître exactement vos conditions.

J'aurais l'intention de passer un mois dans votre ville (15 juillet - 15 août), en compagnie de ma femme et de ma fille, âgée de quatorze ans. Il nous faudrait donc deux chambres.

Le prix de la pension devrait comprendre, outre les trois repas, le garage de ma voiture, ainsi que le service, les taxes, etc. Je tiens à savoir très exactement la somme qu'il me faudrait débourser pour mon séjour chez vous.

J'attends votre lettre, et vous prie d'agréer, Monsieur, mes sincères salutations.

Demande de réduction de prix

Monsieur,

En possession de votre lettre du 3, j'ai le regret de vous informer que les prix que vous y indiquez sont sensiblement trop élevés pour moi.

Je tiens aussi à vous faire savoir que plusieurs établissements de votre ville, en tous points comparables au vôtre, me proposent des conditions beaucoup plus avantageuses.

> En général, « assurance » ne s'emploie pas dans une lettre écrite par son subordonné à son supérieur hiérarchique.

Votre prix serait-il susceptible de modification ? Dans l'affirmative, je vous prie de m'en aviser dès que possible, et au plus tard le 20 courant.

Veuillez agréer, Monsieur, mes sincères salutations.

Lettre d'invitation

Mon cher Yves,

Corinne, qui m'a téléphoné hier, me dit que tu n'as pas encore choisi l'endroit où tu passeras tes vacances, cette année. Elle m'a fait part de ton indécision, et de ton peu de goût pour les hôtels où il est impossible de trouver un repos véritable.

Tout cela, mon cher ami, m'incite à formuler une proposition que je méditais depuis quelque temps déjà : voudrais-tu nous faire le plaisir de venir passer ton mois de vacances avec nous, à S... ? Tu sais que nous avons là-bas une petite maison assez plaisante — et beaucoup trop grande pour nous deux. Tu sais aussi que Belle-Île est un endroit ravissant, plein de calme et de poésie, où l'on peut se détendre vraiment. Tu nous ferais une très grande joie à tous deux et Yvonne serait ravie de te mijoter de bons petits plats qui guériraient ton pauvre estomac citadin, affaibli par toute une année de repas au restaurant !

C'est oui, n'est-ce pas ? Yvonne et moi attendons avec impatience ton acceptation.

À toi, très cordialement.

Lettre au directeur d'une agence de voyages

Monsieur,

Ma femme et moi désirerions prendre nos vacances en Espagne, du 30 juillet au 30 août. Voudriez-vous nous renseigner sur les différentes formules possibles (voyages individuels, en groupe, etc.), leurs avantages respectifs et leur prix ?

Nous n'avons encore arrêté ni l'itinéraire, ni le moyen de transport. Tout dépendra des précisions que vous voudrez bien nous fournir.

Veuillez agréer, Monsieur, mes salutations distinguées.

Lettre à une compagnie aérienne

Monsieur,

Devant me rendre prochainement à Djedda (Arabie Saoudite), je vous prie de m'adresser d'urgence toute la documentation nécessaire.

Outre les tarifs, horaires, etc., je vous serais obligé de me faire tenir une documentation aussi détaillée que possible sur les hôtels de cette ville.

Veuillez agréer, Monsieur, mes salutations distinguées.

Pour envoyer un enfant à l'étranger

M...,

On vient de me communiquer le nom de votre agence en m'assurant que les adresses que vous donniez étaient celles de gens sérieux en tous points.

Je désire envoyer mon fils Philippe en Espagne pour les prochaines grandes vacances. Il a 16 ans et étudie l'espagnol en seconde langue depuis deux ans.

J'aimerais trouver une famille avec des enfants d'âge scolaire : Philippe serait ravi de les initier au français, en échange de quelques heures de conversation par jour en espagnol.

C'est un garçon intelligent qui a un excellent caractère et se trouve à l'aise partout. En outre, il aime beaucoup les enfants.

J'attends donc un choix d'adresses répondant à mes vœux et vous prie de croire, M..., à mes meilleures salutations.

Pour demander une jeune fille au pair

Mademoiselle,

C'est l'Association des étudiants britanniques qui vient de me communiquer votre adresse.

Mon mari et moi-même serions, en effet, désireux de recevoir une jeune étudiante anglaise pendant les vacances du 1er juillet au 15 septembre pour s'occuper de nos deux enfants et leur parler anglais. Pierre a 10 ans et Monique 8 ans. Ils vont à l'école bilingue, et j'aimerais qu'ils ne profitent pas des vacances pour tout oublier...

Je vous demanderai également de m'aider un peu à la maison, les gros travaux étant assurés par une femme de ménage. De notre côté, nous promettons de vous aider à vous perfectionner en français.

Notre chalet se trouve à dix kilomètres de Chamonix. La vue est splendide, les promenades magnifiques et l'air pur !

Vous disposerez chaque semaine d'un jour de congé. Quant à vos heures de travail, nous les fixerons ensemble : elles ne dépasseront pas cinq heures par jour.

Si cette lettre retient votre attention, vous voudrez bien me répondre le plus vite possible en me faisant part de vos conditions.

Croyez, Mademoiselle, à l'expression de mes sentiments les meilleurs.

CINQUIÈME PARTIE

LA CORRESPONDANCE OFFICIELLE ADMINISTRATIVE ET JURIDIQUE

CHAPITRE XI

REQUÊTES AU PRÉSIDENT DE LA RÉPUBLIQUE

Le droit de formuler des requêtes au Président de la République appartient à tous les citoyens, sans restriction ni réserve.

Il est inutile de faire légaliser la signature de ces requêtes.

Dans certains cas (notamment lorsqu'on sollicite un emploi dans l'une des résidences présidentielles), la demande peut être adressée à M. le Secrétaire général de la Présidence de la République, palais de l'Élysée.

Pour écrire au Chef de l'État, on emploie du papier grand format (33 × 22), dit « papier ministre ». Il faut naturellement se servir d'une feuille double, et avoir soin de ménager une marge très large, ainsi qu'un espace suffisant au bas de la lettre pour les annotations, observations ou apostilles. Le papier timbré n'est plus nécessaire.

La lettre dactylographiée est préférable pour ce genre de correspondance. Si l'on ne dispose pas d'une machine, on s'efforcera au moins de soigner particulièrement son écriture. Il est indispensable de n'employer que de l'encre noire.

Les requêtes au Président de la République doivent être rédigées à la troisième personne ; le lieu et la date, ainsi que l'adresse de l'intéressé sont mentionnés au bas de la lettre, après la signature.

> Il faut cependant être conscient qu'une requête adressée en si haut lieu risque d'être retardée. Il est donc conseillé d'écrire à son député, sénateur, ou conseiller général en lui adressant copie de la lettre au Président de la République.

Demande d'audience

Monsieur le Président de la République,

Les soussignés ont l'honneur de solliciter de votre haute bienveillance une audience, qu'ils vous seraient profondément reconnaissants de bien vouloir leur accorder.

Le sujet dont ils seraient heureux de pouvoir vous entretenir quelques instants est le suivant : ... *(indiquez très brièvement la question dont il s'agit).*

Vous adressant à l'avance l'expression de leur très profonde gratitude, les soussignés vous prient d'agréer, Monsieur le Président de la République, l'expression de leur plus respectueux dévouement.

Signature *Adresse* *Signature*

Requête d'un fonctionnaire destitué pour solliciter la réintégration dans son emploi

Monsieur le Président de la République,

En date du..., le soussigné a été destitué de son emploi de ..., à ..., une enquête administrative ayant conclu à des erreurs importantes commises dans le service placé sous sa responsabilité.

Il a la certitude, Monsieur le Président de la République, de ne mériter nullement une pareille sanction, et il ne peut comprendre quelles sont les raisons ayant motivé la pénible décision qu'a prise à son égard Monsieur le Ministre de ...

Fort de son bon droit et absolument convaincu de n'être coupable en aucune façon des faits qui lui sont reprochés, le soussigné a l'honneur, Monsieur le Président de la République, de faire appel à votre sens de la justice et de solliciter de votre haute bienveillance un complément d'enquête dont les résultats, il en est persuadé, lui permettront d'espérer avec confiance sa réintégration prochaine dans son emploi.

Le soussigné vous prie d'agréer, Monsieur le Président de la République, l'expression de son plus respectueux dévouement.

> Dans la correspondance officielle, il est d'usage d'indiquer en bas et à gauche de la lettre le lieu, la date, le nom et l'adresse du signataire.

Requête pour contracter mariage entre parents

Monsieur le Président de la République,

Le soussigné a l'honneur de faire appel à votre haute bienveillance pour solliciter une dispense nécessaire en vue de contracter mariage avec sa ... *(indiquer le degré de parenté),* J... B..., née le ..., à ...

L'union désirée par le soussigné est rendue *(nécessaire, indispensable, souhaitable, etc.),* Monsieur le Président de la République, en raison de circonstances particulières qu'il vous prie de bien vouloir lui permettre de vous exposer *(bref exposé du cas particulier).*

Espérant que vous voudrez bien accueillir favorablement sa requête, le soussigné vous prie d'agréer, Monsieur le Président de la République, l'expression de sa très haute considération.

Requête d'un condamné sollicitant la remise d'une amende

Monsieur le Président de la République,

Le ... 199., le soussigné a été condamné par le tribunal correctionnel de ..., à un mois de prison et 6 500 francs d'amende pour ... *(motif de la condamnation).*

Le soussigné reconnaît sa culpabilité ; il a mérité la peine qui l'a frappé et il l'accomplit en ce moment.

Mais il ose faire appel à votre grande bonté, Monsieur le Président de la République, en faveur de sa femme et de ses quatre enfants, malheureux innocents qui n'ont pris aucune part au délit dont il s'est rendu coupable. Pour acquitter le montant de l'amende infligée au chef de famille, ils subiraient de lourdes privations, et c'est en leur nom que le soussigné vous supplie, Monsieur le Président de la République, de lui accorder la remise de ces 6 500 francs d'amende.

Il vous prie de vouloir bien agréer, Monsieur le Président de la République, l'expression de toute sa gratitude et de son profond respect.

CHAPITRE XII

DEMANDES ADRESSÉES AUX MINISTRES

Toute demande écrite adressée aux ministres, aux autorités constituées, aux administrations et établissements publics est aujourd'hui rédigée sur papier libre, feuille double dite *papier ministre*, de format 21 × 29,7. L'encre utilisée pour cette correspondance sera toujours noire, la ou les signatures devront être légalisées par la Mairie ou le Commissariat de police.

N'oubliez pas qu'un ministre, s'il a été président, ou vice-président du Conseil, de l'Assemblée nationale, Premier ministre, etc., conservera toute sa vie le titre de Président (même si la présidence de l'intéressé n'a duré qu'une journée). On reste, de même, *Monsieur le Ministre*, quand on a été une fois ministre.

> La demande aboutira plus rapidement si vous vous adressez à votre député, votre sénateur ou votre conseiller général, en lui adressant copie de votre lettre au ministre.

Demande d'audience particulière

Au Ministre de...

Monsieur le Ministre,

Désirant soumettre à votre bienveillant examen un projet qui concerne... *(exposé rapide),* je vous prie de bien vouloir m'accorder une audience particulière, aux jour et heure qu'il vous plaira de me fixer.

Je vous prie d'agréer, Monsieur le Ministre, l'expression de ma très haute considération.

Demande de naturalisation

Au Garde des Sceaux.

Monsieur le Ministre,

J'ai l'honneur de solliciter de votre haute bienveillance la faveur d'être naturalisé français.

Né à Marseille, le 8 juillet 19.., de parents italiens, j'ai toujours habité la France, que je considère comme ma patrie véritable. Marié le ..., à ..., avec une Française, je suis père de deux enfants, nés tous deux à ..., le ... et le ...

Dans l'espoir que vous voudrez bien accueillir favorablement ma demande, je vous prie d'agréer, Monsieur le Ministre, l'expression de mon profond respect.

Demande de révision d'une pension de retraite

S'il s'agit d'une pension à titre civil, écrivez à la Sécurité sociale ou à la caisse qui vous verse cette pension.

Au Secrétariat d'État aux Anciens Combattants.

Monsieur le Ministre,

En application de la loi du ..., j'ai l'honneur de demander la révision de ma pension de retraite, en vue d'une majoration pour ... *(indiquer le motif invoqué).*

Je joins à ma demande *(énumérer les pièces jointes en précisant leur nature).*

Veuillez agréer, Monsieur le Ministre, l'assurance de mes sentiments respectueux.

X...
Brigadier des Douanes en retraite.

Demande de décoration (Mérite agricole)

Au Ministre de l'Agriculture.

Monsieur le Ministre,

J'ai l'honneur de solliciter de votre haute bienveillance la décoration du Mérite agricole, en joignant à ma présente requête les titres que je me permets de soumettre à votre appréciation.

Propriétaire d'une importante exploitation agricole sise à V... près Chaumont (Haute-Marne), j'ai été, dans ma région, le promoteur de techniques nouvelles pour la rationalisation de la culture et de l'élevage.

Président du Syndicat agricole de ma localité, secrétaire général de la Caisse du Crédit agricole de la Haute-Marne, j'ai été le premier, dans mon département, à introduire les vaches laitières de race schwitz et à en préconiser l'élevage.

Plusieurs fois médaillé dans les expositions, concours et comices, j'ai fondé chez moi, dès 19.., une école pratique et gratuite d'enseignement agricole, dont les jeunes cultivateurs de mon arrondissement suivent avec profit les démonstrations.

Je joins d'ailleurs à ma lettre plusieurs certificats et attestations qui m'ont été délivrés par M. le Commissaire de la République et différentes personnalités du département.

Espérant que vous voudrez bien examiner favorablement ma demande, je vous prie d'agréer, Monsieur le Ministre, l'assurance de ma respectueuse considération.

Demande d'un extrait de l'état des services militaires

Au Ministre de la Défense.

Monsieur le Ministre,

J'ai l'honneur de solliciter la délivrance d'un état authentique de mes services militaires.

Je joins à ma demande une note sur mes *(nombre)* années de service, avec l'indication de *(blessures, citations, etc.)*.

Je vous prie d'agréer, Monsieur le Ministre, l'expression de mon profond respect.

CHAPITRE XIII

LETTRES AUX PRÉFETS, AUX MAIRES ET À DIVERS REPRÉSENTANTS OFFICIELS

Demande d'un permis d'exhumer

Après un bref intermède durant lequel le titre de « Commissaire de la République » avait remplacé celui de « Préfet », ce dernier a recouvré son appellation.

Vous écrivez au Préfet de votre département ou du lieu concerné par votre demande.

Monsieur le Préfet,

Ayant acquis une concession ... *(perpétuelle, temporaire, etc.)* dans le cimetière de ... où mon père J... M... a été enterré le ..., je vous prie de vouloir bien m'accorder l'autorisation de faire exhumer ses restes, pour procéder aussitôt à leur réinhumation dans une nouvelle sépulture dudit cimetière.

Veuillez agréer, Monsieur le Préfet, l'expression de mes sentiments très respectueux.

Demande de port d'arme

Au Préfet de ...

Monsieur le Préfet,

Pour assurer la défense de mon commerce *(par exemple)* de ... *(préciser lequel et l'adresse),* je sollicite de votre bienveillance l'obtention d'un port d'arme *(caractéristique de l'arme).*

Espérant que ma requête sera favorablement accueillie, je vous prie d'agréer, Monsieur le Préfet, l'expression de ma haute considération.

Demande de permission pour l'ouverture d'un débit de boissons

Au Préfet de ...

Monsieur le Préfet,

R... L..., inscrit maritime, retraité de la Compagnie des Transports maritimes D..., a l'honneur de solliciter de votre bienveillance l'autorisation d'ouvrir dans la commune de S..., arrondissement de M..., où il demeure depuis cinq ans, un débit de boissons avec billard. Aucun débit de ce genre n'existe dans la localité.

Ci-joint un certificat délivré par le maire de la commune de S..., constatant l'honorabilité du soussigné.

Celui-ci vous prie d'agréer, Monsieur le Préfet, l'expression de ses sentiments très respectueux.

Demande de permis de chasse

Au Maire de la commune de ...

Monsieur le Maire,

J'ai l'honneur de vous prier de bien vouloir m'adresser le formulaire à remplir pour obtenir un permis de chasse.

Veuillez agréer, Monsieur le Maire, l'expression de ma considération distinguée.

> Rappelons que tout demandeur d'un permis de chasse doit passer un examen.

Demande d'autorisation de pratiquer des travaux dans un immeuble frappé d'alignement

Au Directeur départemental de l'Équipement
(à la Préfecture ou à la Sous-préfecture).

Monsieur le Directeur,

Propriétaire d'une maison sise à R..., rue ..., n° ..., je me vois obligé de faire percer une fenêtre dans la façade de l'immeuble, à hauteur du premier étage, pour assurer l'éclairage de la cage d'escalier.

L'immeuble dont il s'agit n'étant pas à l'alignement de la rue où il se trouve, je vous prie, ainsi que la loi l'exige, de bien vouloir m'accorder l'autorisation nécessaire.

Je joins à ma demande un plan dressé par mon architecte et portant mention de l'ouverture que l'on souhaiterait faire pratiquer.

Veuillez agréer, Monsieur le Directeur, l'expression de mes respectueuses salutations.

Demande de dégrèvement partiel de la taxe professionnelle

À l'Inspecteur des Impôts compétent en fonction du local commercial.

Monsieur,

J'ai l'honneur de solliciter de votre bienveillance un dégrèvement partiel de ma taxe professionnelle calculée sur une valeur locative de ...

Je suis propriétaire de l'immeuble où j'exerce mon commerce de ..., situé ...

J'ai hérité cet immeuble de mon oncle paternel *(nom),* décédé le 9 mai dernier. Il a été estimé ... francs, lors du partage de la succession, ce qui représenterait une valeur locative de ... francs pour les locaux occupés par mon commerce, alors que la partie utilisée par moi à usage d'habitation comprend ...

C'est pourquoi, Monsieur, je vous serais obligé de bien vouloir faire établir ma taxe professionnelle en la calculant sur une valeur locative de ... francs.

Avec mes remerciements anticipés, je vous prie d'agréer, Monsieur, mes respectueuses salutations.

Demande de dégrèvement de l'impôt foncier

Au Trésorier-payeur général
dont dépend le fonds concerné.

Monsieur,

J'ai le regret de vous faire connaître que les inondations de cette année *(ou* la grêle, le gel, les insectes, etc.*)* ont anéanti la plus grande partie de mes récoltes, ainsi que l'atteste le certificat délivré par le maire de ma commune, que je joins à ma lettre.

Étant donné l'importance des pertes que je viens de subir, consentiriez-vous, Monsieur, à ordonner que remise me soit faite de ma contribution mobilière pour l'année en question ?

En vous remerciant à l'avance de votre compréhension, je vous prie d'agréer, Monsieur, l'expression de toute ma considération.

Au percepteur pour lui demander un délai

Monsieur,

J'ai bien reçu votre rappel du ... *(date et référence).*

Je me permets de vous faire remarquer que, depuis le premier versement que j'ai effectué le ..., il s'est passé trop peu de temps pour que je puisse effectuer le deuxième dans le délai exigé, c'est-à-dire le ...

C'est pourquoi je vous serais très reconnaissant(e) de vouloir bien m'accorder un délai de paiement. Voici les dates qui me permettraient de m'acquitter de cette somme *(...).*

Comptant sur votre compréhension et vous en remerciant très vivement à l'avance, je vous prie d'agréer, Monsieur, l'expression de mes sentiments les meilleurs.

Demande d'autorisation pour le défrichement d'un bois

Au Directeur départemental de l'Agriculture.

Monsieur le Directeur,

Je vous prie de bien vouloir me donner l'autorisation nécessaire pour procéder au défrichement de mon bois de ..., commune de ..., canton d' ..., arrondissement de ...

D'une superficie de ... *(hectares, ares ou centiares),* ce bois est d'un rapport nul. Le défrichement, suivi de l'utilisation d'engrais et amendements divers, permettrait de mettre le sol en état de rapporter.

Veuillez agréer, Monsieur le Directeur, l'expression de mes sentiments respectueux.

Demande de délivrance d'un extrait d'acte de naissance

Précisez si vous désirez un extrait d'acte de naissance sur papier timbré ou un simple bulletin de naissance (sur papier libre).

La formule est la même pour obtenir une expédition des divers actes de l'état civil (naissance, mariage, décès).

On se renseignera sur la somme qu'il est nécessaire d'acquitter en téléphonant au service de l'état civil.

Au maire de la commune de ...

Monsieur le Maire,

Je vous prie de vouloir bien me faire adresser un extrait de mon acte de naissance.

Je suis né le ..., à ...

Je joins à ma lettre une enveloppe timbrée pour le montant de cette expédition.

Veuillez agréer, Monsieur le Maire, avec mes remerciements, l'expression de ma parfaite considération.

Demandes de pièces d'état civil

Toutes les demandes de pièces d'état civil doivent être adressées à la mairie où l'acte a été dressé, quand il s'agit de communes de la France métropolitaine : on demande donc les extraits d'actes de naissance à la mairie du lieu de naissance, les extraits d'actes de mariage à la mairie où a eu lieu le mariage, etc.

Pour les actes dressés dans les D.O.M.-T.O.M., la demande sera adressée au Ministère de l'Outre-Mer, 27, rue Oudinot, 75007 Paris, si le territoire est encore français.

C'est à cette même adresse que doivent être demandés les extraits des actes dressés avant 1960 dans les anciennes possessions françaises, devenues indépendantes.

Enfin, pour les actes dressés depuis 1960 dans ces mêmes possessions, ou pour tous ceux passés à l'étranger et enregistrés auprès d'un consulat français, il faut s'adresser au Ministère des Affaires étrangères, service de l'état civil, 11, rue Maison-Blanche à Nantes (44000).

Demande d'admission dans une maison de retraite

Au service social de votre mairie.

Madame, Monsieur,

J'ai l'honneur de solliciter mon admission à la maison de retraite de ...

Né à ..., le ..., j'ai été grièvement blessé dans un accident de la circulation le ... et amputé de la jambe gauche. Sans famille et plus que septuagénaire, je ne puis continuer à subsister avec la modeste pension que je perçois.

Veuillez me notifier les papiers que je dois fournir pour que ma demande aboutisse.

Je vous prie d'agréer, Madame, Monsieur, l'expression de mes salutations distinguées.

Plainte pour divagation d'animaux

Au maire de la commune de ...

Monsieur le Maire,

Mon proche voisin, M. ..., cultivateur à ..., canton de ..., arrondissement de ..., continue, au mépris des règlements et malgré mes observations répétées, à laisser divaguer ses *(chevaux, vaches, porcs, volailles, etc.)* sur ... *(mon terrain de ..., ma cour, mon jardin, etc.).*

Il s'ensuit pour moi un préjudice considérable, étant donné les déprédations commises par ces animaux ... *(explications)* et les accidents que leur présence risque de provoquer à tout instant.

Je vous prie donc, Monsieur le Maire, de bien vouloir user de votre autorité pour enjoindre M. ... d'observer dorénavant les lois et règlements concernant la divagation d'animaux.

Veuillez agréer, Monsieur le Maire, l'assurance de ma parfaite considération.

La même formule servira pour rédiger une plainte contre un propriétaire laissant en liberté des animaux reconnus dangereux (chiens méchants, etc.).

Plainte au sujet d'un voisinage insalubre

Au maire de la commune de ...

Monsieur le Maire,

Je tiens à vous signaler que mon voisin, M. ..., a installé dans ... *(sa cour, son jardin, sa remise, etc.)* une ... *(désignation de l'installation : teinturerie, porcherie, entreprise de ..., etc.)* qui exhale des odeurs insalubres *(ou* fumées délétères, *ou* émanations dangereuses pour les habitants, le cheptel, les récoltes, etc.*).*

Ses autres voisins et moi-même, nous nous sommes vainement plaints à lui de cet état de choses, mais il continue à nous incommoder, sans faire le moindre cas de nos légitimes protestations.

Je vous prie donc, Monsieur le Maire, de bien vouloir intervenir dans cette affaire, qui concerne la salubrité publique placée sous votre surveillance, et de mettre fin à une situation préjudiciable aux intérêts de vos administrés.

Veuillez agréer, Monsieur le Maire, mes respectueuses salutations.

Cette lettre peut être également envoyée à la Direction départementale de l'Équipement, service de l'Hygiène.

Demande d'un emploi de garde champêtre ou, plus généralement, d'employé municipal

Au maire de la commune de ...

Monsieur le Maire,

Ayant appris que l'emploi de ... allait se trouver vacant dans votre commune, j'ai l'honneur de vous proposer mes services.

Ancien sous-officier de carrière, retraité en ... avec le grade de ..., titulaire de ... *(indiquer les décorations, citations, actions d'éclat, etc.)*, je crois être capable d'assumer la responsabilité qui s'attache à l'emploi que je sollicite.

Je joins à cette demande ... *(détail des pièces, certificats, attestations, etc., qui accompagnent la lettre)*.

Dans l'espoir d'une décision favorable, je vous prie d'agréer, Monsieur le Maire, l'expression de mes sentiments respectueusement dévoués.

Demande d'une attestation favorable

Au maire de la commune de ...

Monsieur le Maire,

J'ai l'honneur de solliciter de votre bienveillance une attestation qui vient de m'être demandée.

Fixé à ... depuis ... ans, je viens de soumettre ma candidature à un emploi de ... qui va se trouver vacant chez M. ..., à ...

J'ai habité votre commune pendant onze ans et je sais, Monsieur le Maire, que vous me connaissez, ainsi que ma famille.

Consentiriez-vous, dans ces conditions, à m'envoyer une attestation que je pourrais joindre au dossier que je vais soumettre à M. ... ?

Vous exprimant à l'avance ma sincère gratitude, je vous prie d'agréer, Monsieur le Maire, l'assurance de mes respectueuses salutations.

Demande de secours

Au directeur départemental
de l'Action sanitaire et sociale.

Monsieur le Directeur,

J'ai l'honneur de solliciter un secours en raison de ma situation personnelle *(détailler)*.

Avec l'espoir que ma requête sera favorablement accueilie, je vous prie d'agréer, Monsieur le Directeur, l'assurance de mes sentiments respectueux.

Demande d'une pension de réversion

> Cette lettre est à adresser à la Caisse d'Assurance Vieillesse de la Sécurité sociale ou à celle dont dépend un régime particulier (commerçant, agriculteur...) ou à votre Caisse de Retraite complémentaire.

Messieurs,

Mon conjoint étant décédé le ..., je souhaiterais connaître les formalités à accomplir pour me permettre de bénéficier de la pension de réversion.

Veuillez agréer, Messieurs, l'expression de mes sentiments distingués.

Réclamation adressée au Médiateur de la République

> À l'image de l'*ombudsman* suédois, un Médiateur de la République a vu le jour en France en 1973. Entre autres fonctions, il a celle de régler à l'amiable les différends survenus entre le citoyen et l'Administration. Le recours au Médiateur est gratuit. La réclamation doit être déposée à la mairie du domicile, qui transmettra par voie parlementaire.

À Monsieur le Médiateur de la République.

Monsieur,

Le différend qui m'oppose à l'administration des Impôts me paraît relever d'une grande injustice et c'est pourquoi j'ai recours à votre autorité pour tenter d'y mettre un terme.

(exposé clair et précis)

Ne vous semble-t-il pas qu'il y a là un abus dont je suis la victime ?

J'aimerais avoir votre avis sur cette affaire et, s'il m'est favorable, espérer que vous voudrez bien vous charger de la résoudre au mieux de mes intérêts.

Croyez, Monsieur le Médiateur de la République, à l'expression de ma haute considération.

CHAPITRE XIV

LETTRES AUX MAGISTRATS

Comme toutes les lettres officielles, les lettres adressées à des magistrats seront écrites sur papier blanc, format 21 × 29,7 (feuille double) encre indifférente. Le papier « ministre » (feuille double) n'est pas strictement indispensable, mais il est toujours préférable de l'adopter.

Toute lettre écrite à un magistrat doit comporter, au début comme à la fin, le titre de son destinataire : Monsieur le Premier Président de la cour d'appel, Monsieur le Président (de chambre), Monsieur le Conseiller, Monsieur le Procureur général (près la cour d'appel), Monsieur l'Avocat général (près la cour d'appel), Monsieur le Président du Tribunal de grande instance, Monsieur le Procureur de la République (près le Tribunal de grande instance), Monsieur le Substitut, Monsieur le Juge, Monsieur le Président du Tribunal d'instance.

Soignées dans le fond et la forme, les lettres destinées à des magistrats doivent être rédigées en termes déférents.

Demande d'un extrait de casier judiciaire

Au Greffier en chef du Tribunal du lieu de naissance.

Monsieur le Greffier en chef,

Je vous prie de bien vouloir me délivrer l'extrait de mon casier judiciaire.

Mon état civil est le suivant : ...

Je joins à ma demande une enveloppe timbrée.

Veuillez agréer, Monsieur le Greffier en chef, l'expression de mes salutations distinguées.

> La délivrance d'un extrait de casier judiciaire est gratuite.

Demande d'aide judiciaire

Très généralement, les avocats se chargent de solliciter pour leur client le bénéfice de l'Aide judiciaire (A.J.).

La demande doit être formulée sur papier libre auprès du Procureur de la République, qui adresse un dossier à compléter.

Les deux cas figurent dans notre modèle de lettre.

Monsieur le Procureur de la République,

Désirant intenter un procès et disposant de ressources limitées,

ou

Une action judiciaire ayant été introduite à mon encontre devant le Tribunal d'instance *(ou* de grande instance*)* — dossier n° ... —
je souhaiterais bénéficier de l'Aide judiciaire.

Je vous serais reconnaissant de bien vouloir m'indiquer les formalités à remplir ainsi que les pièces à fournir.

Je vous prie d'agréer, Monsieur le Procureur de la République, l'expression de mes sentiments très respectueux.

Opposition à un jugement

Pour interjeter appel d'un jugement, la procédure varie selon la nature civile ou pénale du jugement. Pour tous renseignements, adressez-vous au *Bureau des avocats* (consultation gratuite), qui se tient dans chaque tribunal, ou au *Juge de l'accueil.*

Dans les deux cas, il est obligatoire d'envoyer une lettre recommandée avec accusé de réception, le cachet de la poste servant à prouver que l'intéressé a bien formulé son opposition, ou son appel, dans les délais (variables suivant les juridictions) qui sont fixés par la loi.

Au Procureur de la République de ...

Monsieur le Procureur de la République,

Je viens de recevoir notification d'un jugement rendu contre moi par défaut le ..., qui m'a condamné à une peine de quinze jours d'emprisonnement pour ... *(motif de la condamnation).*

Cette notification m'a été faite le ...

Par la présente lettre, j'ai l'honneur de vous informer que je forme opposition à cette décision et demande, en conséquence, à être de nouveau convoqué afin de pouvoir faire valoir mes moyens de défense.

Avec mes remerciements, je vous prie d'agréer, Monsieur le Procureur de la République, l'expression de mes sentiments très respectueux.

Plainte pour vol

À Monsieur le Procureur de la République
près le Tribunal de grande instance de ...

Monsieur le Procureur de la République,

J'ai l'honneur de porter à votre connaissance les faits suivants :

La nuit dernière à une heure que je ne puis fixer, des malfaiteurs se sont introduits par effraction dans le magasin de ... que j'exploite à ... Ils ont fracturé ... et emporté ... *(détail des déprédations commises et des valeurs, marchandises ou objets soustraits).*

Je porte plainte pour les faits ci-dessus indiqués, me réservant de me porter partie civile par la suite, et vous prie, Monsieur le Procureur de la République, de vouloir bien prescrire immédiatement toutes enquêtes et mesures nécessaires.

Veuillez agréer, Monsieur le Procureur de la République, l'expression de mes sentiments respectueux.

Plainte pour vol commis par un salarié

> Ces deux types de plainte peuvent être également déposés au Commissariat de police ou à la Gendarmerie (si vous habitez à la campagne).
>
> Dans tous les cas, le délai maximum est de 48 heures pour déclarer tout sinistre, ou dommage.

Au Procureur de la République
près le Tribunal de grande instance de ...

Monsieur le Procureur de la République,

J'ai l'honneur de porter à votre connaissance les faits suivants :

Le ..., j'ai pris à mon service en qualité de ... le nommé ..., demeurant à ...

Peu de temps après, je constatais la disparition de diverses marchandises. J'établis alors une surveillance qui me permit, le ..., de surprendre le nommé ... en flagrant délit de vol.

Les marchandises détournées par lui à mon préjudice étaient, je crois, revendues à un certain ..., de ...

Je porte plainte contre ces deux individus et vous prie d'ordonner les poursuites prévues par la loi.

Veuillez agréer, Monsieur le Procureur de la République, l'expression de mes respectueux sentiments.

Lettre à l'assureur

Selon les circonstances du vol, elle se fera dans les mêmes termes que l'un des deux modèles précédents.

Là aussi, le délai maximum est de 48 heures pour déclarer tout sinistre ou dommage.

Plainte portée pour faillite frauduleuse

Au Procureur de la République
près le Tribunal de ...

Monsieur le Procureur de la République,

M. T..., garagiste, demeurant à ..., rue ..., a été mis en règlement judiciaire *(ou* en liquidation de biens*)* par le jugement du Tribunal de commerce de ..., en date du ...

Il résulte des renseignements que j'ai recueillis auprès de plusieurs personnes parfaitement honorables que M. T... a détourné de son atelier et de son magasin diverses pièces d'outillage de grand prix, un stock important d'accessoires et de pièces détachées, ainsi qu'un lot de pneus neufs.

M. T..., par ces agissements, se propose de réaliser des profits clandestins, tout en frustrant ses créanciers de ce qui doit leur revenir.

Je puis indiquer le lieu où il a entreposé les marchandises ainsi soustraites et produire les témoins qui attesteront la réalité de ce que j'avance.

Créancier de M. T..., je crois devoir porter ces faits à votre connaissance, vous priant en même temps de vouloir bien recevoir ma plainte contre le susnommé et lui donner la suite qu'elle comporte.

Veuillez agréer, Monsieur le Procureur de la République, l'expression de mes respectueux sentiments.

> La plainte contre un failli peut également être portée auprès du Juge d'instruction, dans les mêmes termes.

Désistement de plainte

Au Procureur de la République de ...

Monsieur le Procureur de la République,

M. ..., industriel, demeurant à ..., déclare se désister purement et simplement de la plainte par lui formée entre les mains du Procureur de la République de ... contre M. ..., son employé.

Et demande que sa plainte soit considérée comme nulle et de nul effet.

Retirer une plainte n'entraîne pas obligatoirement l'arrêt des poursuites.

Demande de modification d'une pension alimentaire

Au Président du Tribunal de grande instance
Section affaires matrimoniales.

Monsieur le Président,

J'ai l'honneur de solliciter une réduction de la pension alimentaire que je verse à ... dont j'ai divorcé il y a ... ans et à laquelle le tribunal de ... a confié la garde de nos deux enfants *(prénoms et âges)*.

À l'époque du jugement, je gagnais ... francs nets par mois. Or, depuis ... semaines, je suis au chômage et ne dispose plus que de ... francs mensuels.

Je souhaiterais, en conséquence, que le montant de cette pension soit — provisoirement, je l'espère — réduit à ... francs.

Dans l'attente de votre réponse, je vous prie d'agréer, Monsieur le Président, l'expression de ma haute considération.

P.J. — Copie de la décision de divorce
— Copie de l'acte d'état civil
— Fiche familiale d'état civil
— Copie du dernier avis d'imposition fiscale
— Copie des 3 derniers bulletins de l'ASSEDIC.

CHAPITRE XV

LETTRES AUX AVOCATS ET OFFICIERS MINISTÉRIELS

Il est parfaitement correct d'appeler un avocat « Monsieur ». L'usage veut cependant que les avocats, tout comme les avoués, notaires et huissiers, fassent l'objet d'une formule d'adresse particulière.

Chacun d'eux, lorsqu'on lui écrit, est appelé *Maître*, ou *Cher Maître*, voire, si l'on connaît bien l'intéressé, *Mon cher Maître* ou *Cher Maître et ami.* Sur les enveloppes, on fera précéder son nom du mot *Maître*, en évitant l'abréviation Me.

Pour un avocat, on mentionnera *Avocat à la cour d'appel* au-dessous de son nom. S'il a été bâtonnier à un moment quelconque de sa carrière, on devra l'appeler, toute sa vie, *Monsieur le Bâtonnier*.

En ce qui concerne les femmes, l'usage veut que l'on ne dise plus « avocate », mais *avocat. Maître* est naturellement le titre employé.

La charge d'avoué n'existe plus, sauf à la cour d'appel. Les avoués sont alors les correspondants des avocats.

Demande de désignation d'un avocat d'office

Au Bâtonnier près le tribunal de ...

Monsieur le Bâtonnier,

Poursuivi pour ... *(indiquer la nature du délit)* et cité à comparaître le ... devant le tribunal ... de ..., j'ai l'honneur de vous prier de vouloir bien me faire désigner un avocat d'office qui présentera ma défense, mes moyens ne me permettant pas de m'adresser moi-même à un avocat.

Dans l'espoir que vous consentirez à accueillir favorablement ma demande, je vous prie d'agréer, Monsieur le Bâtonnier, l'expression de mes respectueux sentiments.

À un avocat, pour le charger d'une affaire

Maître, *(ou* Cher Maître,*)*

Notre ami commun P. S... me communique votre nom, m'assurant que je ne saurais mieux faire que de vous prier de me représenter dans un procès que je vais être amené à soutenir contre un concurrent déloyal.

Avant de prendre toute décision quant à la procédure à entamer, j'aimerais avoir avec vous une consultation à ce sujet. Voudriez-vous avoir l'obligeance de me fixer un rendez-vous ? Je puis me rendre libre aux jour et heure qui vous conviendront le mieux.

Je vous prie d'agréer, Maître *(ou* Cher Maître*)*, l'expression de ma parfaite considération.

Autre lettre sur le même sujet

Maître,

Accusé de ... *(nature du délit)*, je dois comparaître le ... devant le tribunal correctionnel de ... Je me sentirais pleinement rassuré si vous consentiez à vous charger de ma défense.

Voici précisément de quoi il s'agit : *(exposé précis et détaillé des faits).*

Ainsi que vous le voyez, je suis innocent du délit qui m'est reproché, et les témoignages de ... et de ... l'établiront aisément.

Si vous consentez à me prêter en l'occurrence votre précieux concours, je vous enverrai aussitôt le dossier que j'ai réuni sur cette affaire.

Une prompte réponse m'obligerait fort. J'aimerais être fixé, en même temps, sur le montant approximatif des honoraires qui vous seraient dus.

Veuillez agréer, Maître, l'expression de mes sentiments distingués.

À un avocat, pour le remercier

Mon cher Maître,

Comment vous dire toute ma reconnaissance ? Le jugement prononcé hier par le tribunal de ... me remplit de satisfaction et je n'ignore pas que je dois, avant tout, à votre talent, ainsi qu'au zèle éclairé que vous n'avez cessé de déployer à mon bénéfice.

Encore une fois, tous mes remerciements, mon cher Maître. J'espère que j'aurai bientôt l'occasion de vous les présenter de vive voix, lors de mon prochain passage à ...

Veuillez trouver ci-inclus un chèque de ... francs, représentant un complément d'honoraires, et agréer, mon cher Maître, l'expression de mes sentiments les meilleurs.

Les notaires ont pour mission de recevoir tous les actes et contrats auxquels les parties doivent ou veulent faire donner le caractère parfaitement authentique qui est attaché aux actes de l'autorité publique.

Ils interviennent dans la plupart des actes civils et sont seuls compétents pour les règlements des successions.

Demande de rendez-vous à un notaire pour une affaire

Maître,

J'ai été sollicité par une personne de mes relations, qui me demande de la commanditer pour une opération commerciale qu'elle se propose d'entreprendre.

Plutôt ignorant en matière d'affaires, j'aimerais discuter avec vous des modalités possibles de cette commandite, ainsi que du contrat dont elle ferait éventuellement l'objet.

Voudriez-vous me fixer un rendez-vous, un jour de la semaine prochaine (jeudi excepté) ?

Je vous en remercie à l'avance et vous prie de bien vouloir agréer, Maître, l'expression de ma considération distinguée.

Lettre d'un héritier à un notaire pour formalités de succession

Maître,

J'ai le regret de vous informer que je viens de perdre mon ... *(indication du degré de parenté),* M. ... *(nom, prénoms et domicile),* décédé à ..., le ...

À ma connaissance, le défunt n'a laissé aucun testament et je crois être son seul héritier. Sa fortune se composait de ... *(énonciation aussi détaillée que possible de l'actif et du passif).*

Je vous adresse sous ce pli une expédition de l'acte de décès de M. ..., ainsi que tous les papiers trouvés en son domicile, vous priant de m'indiquer les formalités à remplir.

À votre disposition pour vous envoyer toutes les autres pièces qui pourraient être nécessaires, j'aimerais aussi savoir quel sera le montant des droits d'enregistrement et quelle somme je dois vous adresser à titre de provision pour vos frais.

Je vous prie d'agréer, Maître, avec mes remerciements, l'expression de ma considération distinguée.

Dans la correspondance officielle, il est d'usage d'indiquer en bas et à gauche de la lettre le nombre et la teneur des pièces jointes.

À un notaire, pour accepter une succession sous bénéfice d'inventaire

Maître,

Comme suite à votre lettre du ..., par laquelle vous m'avez informé que ma tante, Mlle ..., qui vient de mourir, m'avait institué son légataire universel, je crois utile de vous faire savoir mon intention de n'accepter cette succession que sous bénéfice d'inventaire.

Veuillez agréer, Maître, l'expression de mes sentiments distingués.

À un huissier, pour le charger de poursuites

Maître,

Je vous prie de trouver ci-inclus le billet protesté signé par M. ..., ainsi qu'un pouvoir de poursuite.

Je compte que vous voudrez bien vous occuper activement de cette affaire et procéder, par toutes les voies de droit, au recouvrement de la somme qui m'est due.

Toutefois, au cas où vous constateriez que mon débiteur est absolument insolvable, je vous demanderais de ne pas engager de poursuites qui n'auraient d'autre effet que d'entraîner pour moi des frais inutiles.

Veuillez agréer, Maître, l'expression de mes sentiments distingués.

Vous vous adresserez à l'huissier dont dépend le lieu de la poursuite.

Demande de pièces à un greffier

Adressez votre lettre à Monsieur le Greffier en chef et spécifiez s'il s'agit d'une affaire civile ou pénale.

En matière civile, le ministère d'un avocat est obligatoire ; ce dernier reçoit toujours une copie de la décision.

En matière pénale, la personne poursuivie reçoit obligatoirement la décision.

L'accès au dossier n'est possible que dans la mesure où un avocat intervient.

En revanche, vous pouvez demander copie d'une décision qui vous intéresse. Pour cela, il faut joindre un timbre fiscal de 60 francs (en 1996) à la lettre.

Monsieur le Greffier en chef,

Vous serait-il possible de m'adresser la copie du jugement rendu le ... en matière civile ? Cette affaire opposait X.../Y...

À cette fin, vous trouverez ci-joint un timbre fiscal de ... francs.

Je vous prie d'agréer, Monsieur le Greffier en chef, l'expression de mes sentiments distingués.

Demande de permis de visite

Au Juge d'instruction.

Monsieur le Juge,

En vertu d'un mandat de dépôt décerné le ... contre lui, X..., inculpé de ..., a été écroué à la Maison d'arrêt de ...

Je sollicite de votre part l'obtention d'un permis de visite.

Veuillez agréer, Monsieur le Juge, l'expression de mes sentiments déférents.

Pour demander une réduction de peine

Au Juge d'Application des Peines.

Monsieur le Juge d'Application des peines,

Ayant été condamné le ... par le Tribunal correctionnel de ... à 9 ans d'emprisonnement, j'ai, à ce jour, effectué 3 ans de cette peine.

Aussi, je sollicite de votre bienveillance une réduction de peine pour bonne conduite.

Espérant que ma requête sera accueillie favorablement, je vous prie d'agréer, Monsieur le Juge d'Application des peines, l'expression de mes sentiments respectueux.

> Une réduction de peine exceptionnelle peut être demandée pour l'obtention d'un examen professionnel, scolaire, universitaire.

Requête pour apposition de scellés au domicile d'un débiteur décédé

Au Président du Tribunal d'instance.

Monsieur le Président,

Le soussigné a l'honneur de vous exposer qu'il est créancier, pour la somme de Fr ..., de M. ..., décédé le ..., à son domicile de ..., rue de ..., n° ...

Pour sauvegarder ses intérêts, le soussigné vous prie donc de vouloir bien faire apposer les scellés sur les biens meubles et immeubles de M. ... lors de l'inventaire qui va en être fait.

Il vous prie d'agréer, Monsieur le Président, l'expression de ses respectueux sentiments.

Requête pour être envoyé en possession d'un legs

On s'adresse au Procureur de la République, mais il faut auparavant passer obligatoirement par un avocat.

SIXIÈME PARTIE

LA CORRESPONDANCE COMMERCIALE

CHAPITRE XVI

CONSEILS ET PRINCIPES GÉNÉRAUX

LA PRÉSENTATION. — La lettre commerciale la mieux rédigée demeurera à peu près sans effet si sa présentation est négligée.

Le papier à lettres et ses mentions

Le papier blanc de format « commercial » (21 × 29,7) est évidemment celui qui convient le mieux. Choisissez-le de belle qualité, demandez à votre fournisseur un papier qui ait « de la main », et adoptez pour l'en-tête un procédé de reproduction soigné. Souvenez-vous qu'une impression en deux couleurs (noir et rouge, par exemple) sera toujours d'un heureux effet.

Veillez bien à ce que toutes les mentions utiles figurent sur votre papier à lettre commercial : numéro d'inscription au registre du commerce, numéro de téléphone, numéro de votre compte courant postal, adresse détaillée et complète, indication précise de l'activité exercée, nature de la société, capital social, code Siret, code A.P.E., n° de télex, etc.

Les paragraphes

On retrouve ici les règles générales exposées en début d'ouvrage : entrée en matière, exposé du sujet, conclusion et formule de politesse.

Votre lettre doit comporter autant de parties que de questions traitées et non un nombre fixe de paragraphes. Pourquoi trois ou quatre obligatoirement ?

Si la lettre est courte, vous pouvez diviser un des paragraphes de l'exposé en plusieurs alinéas. Si elle est longue, il est préférable de taper la suite au dos.

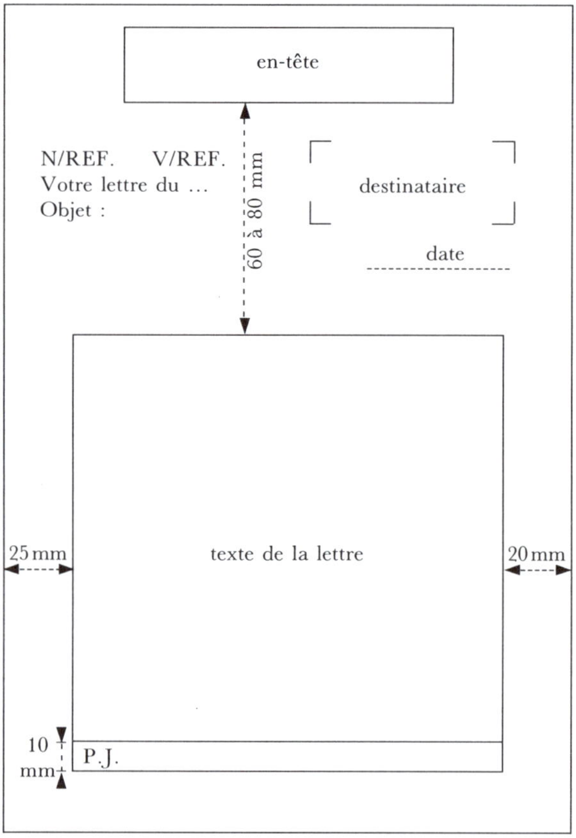

Les références et la formule d'accusé de réception

Le papier à lettres commerciales comporte un emplacement réservé aux références du correspondant. Il sera ainsi inutile de les mentionner dans l'entrée en matière, ce qui rendra celle-ci plus courte et plus directe. Par exemple :

Monsieur le Directeur,

Nous avons bien reçu votre lettre du 26 août qui a retenu toute notre attention.

Vous voudrez bien nous excuser pour le retard apporté à l'envoi du compte rendu des journées d'études des 26, 27 et 28 mai, etc.

On peut supprimer le premier paragraphe sans dommage.

Les références elles-mêmes ne sont pas toujours indispensables. Tout dépend de la taille de l'entreprise à laquelle vous vous adressez.

Si vous répondez à la centrale d'achats d'un grand magasin, il est évident que *toutes* les références sont à rappeler. Mais si vous écrivez au directeur d'une petite entreprise, que vous connaissez bien, la date de sa propre lettre lui importe beaucoup moins que ce que vous avez à lui dire. Vous n'écrivez pas à un archiviste.

Les alinéas

On peut commencer un nouveau paragraphe :

- *en alinéa*, quand la première ligne est en retrait par rapport aux suivantes ;
- *au fer*, quand la première ligne n'a pas de blanc au début. Dans ce cas, il faut laisser du blanc entre les paragraphes ; autrement, on les distinguerait mal.

Les énumérations

Dans une lettre commerciale, il arrive souvent que l'on divise un exposé en plusieurs parties. Voici comment il faut procéder pour ne pas s'embrouiller.

— Pour les divisions simples, on emploie : 1°, 2°, 3°...

— Pour les subdivisions : a, b, c...

— Pour les doubles subdivisions : A, B, C...

— Pour les triples subdivisions : I, II, III, IV...

Les voici présentées schématiquement :

énumération simple	**avec subdivision**	**à double subdivision**	**à triple subdivision**
1°	1°	A	I ....
2°	a)	1°	A ....
3°	b)	a)	1° ......
....	c)	b)	a) .....
	2°	2°	b) .....
	a)	B	2° ......
	b)	1°	B ....
	....	....	....
			II ....
			....

De la méthode

Apposez sur vos lettres l'étiquette *pièces jointes*.

Toutes les fois que cette précaution s'impose, numérotez les feuillets d'une même lettre et gardez vos copies classées dans des chemises, dossiers, cartons, etc.

Répondez aussi rapidement que possible à toutes les lettres. Ayez un répertoire, ou livre d'adresses, soigneusement tenu à jour et n'oubliez jamais que l'enveloppe de vos lettres doit comporter l'adresse exacte, précise et détaillée de vos correspondants, si vous ne voulez pas risquer de graves mécomptes.

Le micro-ordinateur a transformé le répertoire commercial : les noms et adresses sont mis en mémoire sur disquettes, ce qui permet une mise à jour aisée (ajouts ou suppressions).

La dactylographie : le traitement de texte

Les travaux de dactylographie d'ordre administratif et commercial se sont considérablement transformés avec l'essor de la micro-informatique.

La machine à écrire manuelle a fait place à la machine électrique, puis électronique, à son tour remplacée dans la plupart des bureaux par le micro-ordinateur, lui-même présent aujourd'hui chez nombre de particuliers.

La programmation d'un « micro » s'effectue sur un « disque dur » qui y est incorporé. Les informations sont inscrites sur disques souples ou « disquettes ».

Les logiciels de traitement de texte permettent un grand choix dans la mise en page. Une fois celle-ci arrêtée, les marges, alinéas, interlignes, caractères sont programmés, ce qui simplifie considérablement le travail de dactylographie.

L'imprimante sort la lettre et ses copies en autant d'exemplaires désirés.

Le style

Nos conseils *pour bien écrire,* exposés dans les premières pages de ce livre, sont évidemment applicables, dans leur ensemble, à la correspondance commerciale. Mais cette dernière, qui ne tolère aucune fantaisie, comporte en outre ses lois et ses principes.

Seulement voilà : ces lois et ces principes évoluent, et on l'ignore trop souvent.

Pourquoi les lettres, dites d'affaires, sont-elles si lourdes, si négatives parfois, si difficiles à comprendre ? On peut y voir plusieurs raisons :

— on s'enferme dans de pseudo-règles ;

— on imite les autres qui, eux-mêmes, ont recopié leurs aînés ;

— on confond tradition et routine avec présent et communication ;

— on est imprégné des « jargons » actuels, dans lesquels chaque spécialiste s'enferme, qu'il soit économiste, psychologue, médecin ou informaticien ;

— on a pris l'habitude d'écrire une langue qu'on ne parle pas ;

— on souffre d'un manque de précision et les mots que l'on emploie traduisent mal notre pensée ;

— on soumet le fond à la forme, sans remettre celle-ci en question ;

— on n'ose pas exprimer simplement des idées claires et, de ce fait, les idées sont noyées dans un style confus...

Toute « littérature » doit être bannie. Il ne s'agit pas, en effet, de provoquer l'admiration du lecteur, mais tout simplement de le persuader, de le convaincre, de l'amener à faire l'acquisition de l'article qu'on lui propose ou, plus simplement, de lui fixer un rendez-vous...

Est-ce à dire que la correspondance commerciale doive toujours présenter un caractère figé, stéréotypé, de la plus rebutante sécheresse ? Assurément non. Elle doit au contraire affecter une grande souplesse, une infinie variété de ton et d'expression, afin de s'adapter parfaitement à chaque circonstance particulière.

La lettre commerciale, ennemie de tout « délayage », est forcément limitée dans son étendue. Elle doit être brève, mais compréhensible, ramassée, mais complète ; sa concision ne doit pas nuire à sa clarté, ni son formalisme obligé à son efficacité. Elle doit entrer immédiatement dans le vif du sujet, sans brutalité comme sans périphrase inutile :

Après l'inventaire de notre stock, effectué en septembre dernier, nous avons décidé de proposer à notre clientèle un lot d'articles qui ...

Ne vous noyez pas dans les adverbes, les clichés, les phrases qui n'en finissent plus, les formules abstraites, les adjectifs substantivés, les phrases au passif. Le plus souvent, ce sont les choses qui semblent « nous agir » puisque ce sont des objets et non des personnes que nous plaçons comme sujet du verbe (style cher à l'Administration).

Exemple :

« Ces dossiers ont fait l'objet d'une étude de notre chef du contentieux. »

Notre chef du contentieux a étudié ces dossiers.

C'est la même idée, mais, dans la deuxième tournure, le sujet représente un homme et non une abstraction.

Chassez les mots et expressions qui alourdissent le style comme : cependant, disons, effectivement, en conséquence, en effet, enfin, en quelque sorte, en tout état de cause, néanmoins, par ailleurs, personnellement, pour ma part personnelle... (Bien sûr, il arrive qu'ils soient nécessaires : ne les employez que dans ce cas.)

L'usage du « franglais » est prohibé lorsqu'il existe des termes équivalents dans notre langue et ce dans les conditions prévues par le décret relatif à l'enrichissement de la langue française *(décret du 25 mars 1983).*

Évitez le jargon professionnel dont voici un modèle à ne pas imiter :

... « Nous avons besoin d'un spécialiste en promotion intense et accélérée des ventes, ouvert aux méthodes up to date de marketing motivationnel, expert en conception affective et prometteur de résultats probants, expansifs... »

L'orthographe des noms propres

Souvenez-vous que l'orthographe des noms propres est particulièrement importante dans la correspondance commerciale. On peut très bien manquer une affaire pour avoir estropié le nom de son correspondant ! S'il s'agit d'un nom ou d'un prénom étranger mal orthographié, l'erreur peut tourner au drame dans le cas où le nom maltraité a, dans la langue de son titulaire, un sens grossier ou insultant.

Notez encore que le nom complet du destinataire d'une lettre commerciale comporte, outre le nom de famille, le prénom de l'intéressé. Si vous n'écrivez pas le prénom en entier, indiquez toujours l'initiale : pour certains patronymes très répandus, deux prénoms (ou deux initiales) peuvent être indispensables. S'ils habitent une grande ville, M. Guérin, M. Garnier seront pratiquement introuvables, en cas d'adresse inexacte. M. Jean Guérin ou M. Pierre Garnier n'offriront pas beaucoup plus de ressources. En revanche, on arrivera toujours à découvrir M. Jean-Hervé Guérin, ou M. Pierre-Henri Garnier. L'état civil n'est pas un mythe et ses dispositions légales ont évidemment leur utilité : à vous de savoir les mettre à profit.

« Je » ou « nous » ?

Il n'y a aucune règle qui vous oblige à employer l'un plutôt que l'autre. Cela dépend du contexte : c'est une question de bon sens.

Si vous écrivez au nom de votre entreprise, « nous » s'impose. Si vous prenez vos responsabilités et répondez personnellement (surtout si vous signez vous-même la lettre), le « je » s'impose. Mais vous pouvez parfaitement utiliser les deux si la logique vous conduit à le faire.

L'entrée en matière

Il y a un ensemble de formules creuses, traditionnellement consacrées par l'usage, qu'un correspondancier moderne aura soin de proscrire une fois pour toutes :

— « Nous avons l'honneur de vous informer... »

— « En réponse à votre honorée du... »

— « En mains votre estimée du... »

— « Nous nous permettons de vous faire savoir que... »

— « Compte tenu de nos bonnes relations commerciales... »

— « Nous vous serions très obligés de bien vouloir... »

De pareilles phrases de début ne devraient plus se lire aujourd'hui. En affaire, il faut vivre avec son temps et secouer la routine.

Dans le même souci de simplification, on supprimera le plus souvent « j'ai bien reçu votre lettre du ... ». À quoi bon ? Si vous y répondez, c'est que vous l'avez reçue. Nous avons d'ailleurs vu plus haut que les références indiquent sa date de réception. Si vous tenez néanmoins à rappeler celle-ci en début de lettre, vous pourrez user des formules suivantes :

Monsieur,

C'est avec plaisir que nous avons pris note de la commande qui fait l'objet de votre lettre du ...

ou encore :

Monsieur,

Nous fabriquons toujours les mandrins pneumatiques modèle X... dont nous entretient votre lettre du ... Si vous voulez bien consulter notre catalogue général, que nous vous adressons sous pli séparé, et vous reporter à la liste des pièces, page 71.

Le corps de la lettre

Le correspondant une fois « accroché » (c'est le terme de métier) par l'entrée en matière, il ne reste plus qu'à profiter de l'intérêt qu'on vient d'éveiller chez lui pour présenter l'argumentation qui constitue l'essentiel de la lettre.

On développera brièvement l'exposé nécessaire. Des faits, des précisions aisément contrôlables, quelques arguments sélectionnés particulièrement à l'intention du correspondant auquel on s'adresse : voilà ce que doit contenir toute lettre commerciale bien conçue.

La démonstration achevée, il ne reste plus qu'à conclure.

La conclusion

La conclusion d'une lettre commerciale doit être courtoisement péremptoire lorsqu'il s'agit d'emporter l'adhésion du destinataire :

Vous n'avez pu manquer de constater, Monsieur, quel intérêt présenterait pour votre firme l'adoption du procédé dont nous vous avons prouvé ci-dessus les multiples avantages. Nous sommes donc persuadés que vous nous confirmerez votre accord par un prochain courrier, ce dont nous vous remercions à l'avance.

Les formules de politesse

Il en est des formules de politesse comme de l'entrée en matière : la plupart d'entre elles, consacrées par l'usage, sont à ce point ressassées qu'on ne les lit même plus. Les « civilités empressées » et les « toujours dévoués à vos ordres » trouvent de moins en moins leur place dans la correspondance commerciale.

Les formules classiques, toujours en usage — *l'expression de nos sentiments distingués, l'expression de nos salutations empressées, l'assurance de notre meilleure considération...* — sont réservées à la correspondance administrative ou à des relations d'affaires que l'on connaît peu.

La tendance moderne consiste à serrer, à abréger : *Votre bien dévoué, Bien à vous, Avec mon meilleur souvenir, Avec mon fidèle souvenir, Très attentivement...* sont aujourd'hui des formules couramment employées.

Dans le même esprit, les lettres adressées à un fidèle client, à un fournisseur de longue date et, d'une façon générale, à tout correspondant avec lequel on entretient de bonnes et amicales relations, peuvent se permettre des formules dont certaines sont empruntées aux Anglais, gens pratiques, comme l'on sait :

— *Respectueusement vôtre.*

— *Sincèrement vôtre.*

— *Cordialement à vous.*

La salutation finale ne doit pas être une formule « omnibus » ; il faut avoir soin d'employer, en toute circonstance, celle qui convient le mieux au destinataire de la lettre.

Bornons-nous seulement à proscrire les tournures creuses, sans signification véritable, et celles dont le genre suranné donnerait à notre correspondance un ton vieillot, fort nuisible à ce dynamisme qu'il est indispensable de manifester, à notre époque, dans les relations commerciales.

Quelques exemples (bons et... mauvais)

Pour illustrer d'une manière vivante ces conseils, voici les lettres qui vous montreront ce qu'il faut éviter : les longueurs, la redondance, la confusion, la répétition, sans pour autant tomber dans la concision américaine dont vous lirez plus loin un exemple savoureux.

- *1er exemple :* la lettre trop longue

Lettre d'un client

Centre d'Enseignement supérieur
de ...
Votre facture n° ...
Objet : ...

Messieurs,

Nous ne pouvons accepter votre facture, car nous avons reçu deux fois la commande passée par lettre n° ... du ..., puis rappelée en raison de son retard, par lettre n° ... du ...

Le nombre de nos élèves n'augmentant pas en cours d'année, vous comprendrez que le fait de recevoir le double des exemplaires de l'ouvrage commandé nous pose un problème.

Souhaitant que vous le résolviez en annulant votre seconde facture et en faisant reprendre les exemplaires dont nous n'avons pas l'usage, nous vous prions de croire, Messieurs, à l'assurance de nos sentiments distingués.

Réponse de l'éditeur

Messieurs,

Nous nous référons à votre lettre du ... n° ... qui a retenu toute notre attention.

Nous vous prions de lire, ci-dessous, les renseignements suivants :

— Le ..., vous nous avez transmis une commande n° ... qui mentionnait entre autres 15 exemplaires de l'ouvrage *(titre)*.

— Lors de notre bordereau de réponse n° ... du ..., nous vous avons fait savoir que ce titre serait disponible sous peu (8 jours) et que votre ordre était par conséquent en suspens.

— Ces ouvrages vous ont été adressés le 24 janvier.

— Le 27 janvier, vous nous avez transmis une seconde commande n° ... sur laquelle étaient mentionnés 15 exemplaires du titre précité ; ils vous ont été expédiés le 30 janvier.

Par conséquent, nous espérons que vous ne tiendrez pas rigueur à nos services du fait qu'ils n'aient pas trouvé le bordereau du ... auquel vous faites allusion dans le premier paragraphe de votre courrier du ...

Nous vous demandons de bien vouloir conserver ces ouvrages pour la vente et, si celle-ci ne s'effectuait pas d'ici le mois de juin 199., nous ne manquerions pas d'entreprendre les démarches nécessaires afin de vous permettre de renvoyer les invendus.

Nous vous prions d'agréer, Messieurs, nos sentiments distingués.

Que c'est long et filandreux !

Si vous avez bien lu nos conseils, vous devriez pouvoir écrire sans peine la lettre que voici :

Notre modèle : clarté et concision

Madame, Monsieur,

Il est exact que nous avons pris votre rappel du ... pour une nouvelle commande.

Dans le cas où vous ne pourriez pas écouler les 15 exemplaires supplémentaires auprès de vos élèves, vous serait-il possible de les conserver jusqu'au mois de juin prochain ? Nous ferons alors le nécessaire pour vous permettre de nous renvoyer les invendus.

Merci vivement de votre compréhension.

Courtoisement vôtre.

Plus courte, plus directe, plus facile à lire, c'est aussi une lettre plus facile à écrire !

- *2e exemple :* la phrase trop longue.

Essayez de lire cette phrase à haute voix sans reprendre votre souffle :

Cette situation résulte de la pratique par l'entreprise de techniques de gestion et de marketing modernes, d'un investissement marketing de plus de 10 millions de francs au total pour les deux dernières années, de la disponibilité d'une force de vente importante et bien formée ainsi que d'un réseau de distribution de grossistes qui dessert efficacement et complètement le détail.

Notre modèle : la bonne longueur

L'entreprise a su pratiquer des méthodes de gestion et de marketing modernes. Ses investissements commerciaux se sont élevés à plus de 10 millions de francs pour les deux dernières années. Elle dispose d'une force de vente, etc.

Le procédé est simple, il consiste à couper cette grande période en petites phrases courtes, en remplaçant le substantif (résulte de la pratique, la disponibilité...) par le verbe équivalent (pratiquer, disposer...). Un sujet, un verbe, un complément et tout ceci entre deux points : ce n'est pas de la littérature (la grande phrase précédente n'en était pas non plus !), mais tout le monde peut écrire ainsi et tout le monde comprend. C'est le but de la communication écrite.

- *3e exemple :* le juste milieu

À la française

15 décembre 199.

Cher Monsieur,

Laissez-moi vous exprimer toute ma reconnaissance pour la gentillesse avec laquelle vous m'avez reçu lors de ma récente visite.

J'ai tout particulièrement apprécié l'esprit que vous avez su développer au sein de votre équipe, à laquelle j'adresse également tous mes remerciements.

Je ne manquerai pas d'accueillir soit vous-même, soit l'un de vos collaborateurs si cela pouvait vous être agréable, et je compte sur vous pour que vous m'en fassiez part.

Je profite de cette occasion pour vous offrir tous mes vœux et vous prie d'agréer, Cher Monsieur, l'expression de mes sentiments distingués.

À l'américaine

Dear Roger,

May this letter express my appreciation for the courtesies extended to me during my recent visit. I wish I may have a chance to reciprocate on some other occasion.

Best wishes. Your very sincerely

Traduction : Cher Roger,

Sachez combien j'ai été sensible à la qualité de votre accueil lors de ma dernière visite. À charge de revanche.

Meilleurs vœux. Cordialement

Notre modèle : le juste milieu

Cher ami,

Je garde, grâce à votre accueil et à celui de votre si sympathique équipe, un excellent souvenir de ma visite à ...

Parmi les vœux que je vous adresse en cette fin d'année, je forme celui de vous revoir bientôt, mais cette fois à ... où j'aurai le plus grand plaisir à vous rendre votre invitation.

Bien à vous.

CHAPITRE XVII

EMPLOYEURS ET EMPLOYÉS CONTRATS DE TRAVAIL JURIDICTION PRUD'HOMALE

La lettre de candidature

Si l'employeur demande que la candidature soit présentée par écrit, votre lettre sera brève, claire et concise, le style châtié, la présentation élégante, l'orthographe parfaite : toutes qualités qui constituent de précieuses indications pour le destinataire.

Le papier doit être blanc, comme l'enveloppe (doublée, de préférence). Il ne faut pas joindre de timbre pour la réponse.

Cette lettre sera accompagnée d'un C.V. (curriculum vitae) obligatoirement dactylographié aujourd'hui par micro-ordinateur.

Monsieur,

C'est sur les conseils de X..., qui a travaillé longtemps dans votre entreprise, que je me permets de vous écrire.

Vous recherchez, je crois, des rédacteurs à temps complet pour votre revue *(titre)*.

Si le curriculum vitae que je joins à cette lettre vous paraît suffisamment étayer ma candidature pour me fixer un rendez-vous, j'aurai plaisir à vous rencontrer au jour et à l'heure que vous souhaitez.

Dans cet espoir, je vous prie d'agréer, Monsieur, l'expression de mes sentiments distingués.

Lettre de candidature spontanée

Monsieur le Directeur,

Au cours de mes déplacements à l'étranger, j'ai pu constater le développement de votre firme et la qualité de ses produits, ce qui m'incite à exprimer un vœu : faire partie de votre groupe technique.

J'ai dix ans d'expérience dans le domaine qui est le sien et des compétences qui ne demandent qu'à être éprouvées.

Je serais heureux d'en parler avec vous.

Dans l'attente de votre réponse, je vous prie d'agréer, Monsieur le Directeur, l'expression de ma considération distinguée.

P.J. — un C.V.

Curriculum vitae

ÉTAT CIVIL
Nom : DURAND
Prénom : Geneviève
Date et lieu de naissance : 20 août 1970 à Marseille
Nationalité : française
Situation familiale : célibataire
Adresse : 39, rue Descartes, 13006 Marseille. Tél. : 04.91.47.13.21

FORMATION UNIVERSITAIRE
1991 : Licence d'histoire-géographie
Langues étrangères : anglais - espagnol (courants)

EXPÉRIENCES PROFESSIONNELLES
1992-1996 : Rédactrice aux Éditions X... pour leur revue ...
Articles pour diverses revues (photocopies jointes).
1991-1992 : Maître-auxiliaire dans l'enseignement secondaire (cours d'histoire et géographie, de la 6e à la terminale)

ACTIVITÉS (sports, associations, etc.)

Demande d'emploi d'un comptable

Messieurs,

J'ai l'honneur de présenter ma candidature à l'emploi de comptable, actuellement vacant dans vos bureaux.

Âgé de 31 ans (je suis né à ..., le ...), j'ai fait mes études à l'école de ..., puis à ... . Titulaire du ..., j'ai été garçon de bureau, puis débitant-facturier aux Établissements ..., à ...

En ..., après mon service militaire effectué au ... régiment de ..., à ..., j'ai été engagé en qualité d'aide-comptable par la Société ..., à ... J'ai obtenu en ... mon diplôme de chef-comptable et serais désireux d'améliorer ma situation actuelle.

Je suis marié et père de trois enfants.

Je joins à cette lettre des copies certifiées de mes diplômes, titres et références.

Dans l'espoir que ma demande retiendra votre bienveillante attention, je vous prie d'agréer, Messieurs, l'expression de mes sentiments distingués.

Demande d'emploi d'un commis

Monsieur le Directeur,

Suite à l'annonce parue dans *(titre du journal et date de parution),* je prends la liberté de vous offrir mes services, au cas où l'emploi de commis dont il est fait mention serait encore vacant.

Âgé de 26 ans, titulaire du ..., je possède de bonnes notions d'anglais et de comptabilité. Depuis mon retour du service militaire en ..., j'ai été employé en qualité de correspondancier par les Établissements ..., à ..., qui pourront vous fournir à mon sujet tous les renseignements nécessaires.

Dans l'espoir d'une réponse favorable, je vous prie d'agréer, Monsieur le Directeur, l'expression de mes sentiments distingués.

Demande d'emploi d'une secrétaire

Monsieur,

Comme suite à l'annonce parue dans ... de ce jour, je me permets de poser ma candidature au poste de secrétaire que vous proposez.

Âgée de 24 ans, célibataire, je suis titulaire du B.T.S. de secrétariat délivré par l'école ... Je parle couramment et j'écris sans faute l'allemand et l'espagnol.

Je maîtrise parfaitement la micro-informatique (Word et Excel). Je suis actuellement secrétaire de direction aux Établissements ..., à ...

Mon salaire étant de ... francs par mois, je serais désireuse de trouver une situation qui soit mieux rétribuée et plus en rapport avec mes capacités.

Si ma proposition pouvait retenir votre attention, je vous serais très reconnaissante de vouloir bien me convoquer, afin que je puisse vous soumettre mes certificats, diplômes et références.

J'accepterais volontiers, en cas de besoin, d'effectuer un essai probatoire.

Je vous prie d'agréer, Monsieur, l'expression de mes sentiments distingués.

Demande d'un emploi de gardien de nuit

Monsieur le Directeur,

J'apprends par mon voisin M. ..., négociant à ..., qu'un emploi de gardien de nuit va se trouver vacant, à la fin de ce mois, dans votre hôtel.

J'ai l'honneur de solliciter ce poste.

Âgé de ... ans, j'ai été de ... à ... gardien de nuit aux Établissements ..., à ... À cette date, le transfert des Établissements ... à ... m'a contraint à abandonner mon emploi, la santé de ma femme exigeant que je continue à séjourner à ...

Je joins à ma demande toutes les pièces et certificats que je crois utiles, me réservant, Monsieur le Directeur, de vous fournir de vive voix toutes précisions complémentaires si vous voulez bien, ainsi que je l'espère, me convoquer.

Veuillez agréer, Monsieur le Directeur, l'expression de mes salutations distinguées.

Demande de stage en entreprise

Au Directeur des Ressources humaines

Monsieur le Directeur,

Étudiant en 2e année de l'Institut d'Études politiques de Lyon, je désirerais effectuer un stage de deux mois dans votre entreprise.

Le domaine de l'édition m'a toujours captivé et j'ai le sentiment que je pourrais rendre d'assez bons services dans le secteur où il vous plairait de m'accueillir.

Espérant que ma demande rencontrera un écho favorable, je vous prie d'agréer, Monsieur le Directeur, l'expression de mon profond respect.

> La lettre manuscrite qui accompagne le C.V. est souvent soumise à un examen graphologique. À moins qu'elle ne soit illisible, ne cherchez pas à « améliorer » votre écriture. Restez vous-même.

Demande de congé parental

Recommandée avec A.R.

Monsieur le Directeur,

Mon congé de maternité s'achevant le ..., je désirerais bénéficier d'un congé parental d'éducation, conformément à l'article L. 122-28-1 du Code du Travail.

Vous voudrez donc bien suspendre mon contrat de travail pour une durée de un an à partir du ... *(1er jour suivant la fin du congé de maternité).*

Selon les dispositions légales, je réintégrerai mon poste ou un poste équivalent à la fin de cette période, après vous en avoir avisé par lettre recommandée au plus tard un mois avant la fin de ce congé parental.

Dans l'attente de votre accord, je vous prie d'agréer, Monsieur le Directeur, l'expression de mes sentiments les meilleurs.

Demande de congé individuel de formation

Monsieur,

J'ai l'honneur de solliciter un congé individuel de formation, comme m'y autorise la loi du ...

Ce stage est organisé par ... et se déroulera du ... au ...

Il me permettra de mettre à jour mes connaissances dans le domaine de ... et de rendre ainsi profitables à l'entreprise ces nouveaux acquis.

Dans l'attente de votre acceptation, je vous prie d'agréer, Monsieur, l'expression de mes meilleurs sentiments.

Demande de congé pour création d'entreprise

Recommandée avec A.R.

Monsieur le Directeur,

J'ai l'honneur de solliciter un congé d'un an durant lequel je compte me consacrer à la création d'une entreprise.

Mes congés annuels étant prévus du ... au ..., ce congé sans solde prendrait effet à partir du ... prochain.

Dans l'espoir d'une réponse favorable, je vous prie d'agréer, Monsieur le Directeur, l'expression de ma vive considération.

> Ce type de congé, comme le congé sabbatique, doit être demandé 3 mois avant la date prévue. Dans certains cas, il peut être prolongé d'un an. Le congé sabbatique est de 6 mois minimum à 11 mois maximum. Quelle que soit la nature du congé sans solde, sa demande peut être refusée si l'entreprise emploie moins de 200 salariés.

Demande de renseignements sur un employé

Madame, Monsieur,

M. G... P..., qui aurait été employé dans vos Établissements du ... au ..., vient de poser sa candidature à un poste de chef de groupe, vacant dans ma maison.

L'emploi qu'il sollicite est assez important pour que je sois soucieux de ne le confier qu'à une personne présentant toutes les garanties morales et toutes les capacités professionnelles nécessaires. Je vous serais donc très reconnaissant de vouloir bien me fournir sur cette personne les renseignements que vous pourrez me donner à titre confidentiel.

Je vous remercie à l'avance de votre complaisance et vous prie d'agréer, Madame, Monsieur, l'expression de mes sentiments distingués.

Engagement d'un employé à l'essai

Monsieur,

Comme suite à nos différents entretiens et à votre visite de ce jour, nous avons le plaisir de vous engager à compter du ..., en qualité de ... au coefficient ... de la convention collective de ..., à laquelle notre société est rattachée.

Votre rémunération est fixée à ...

La période d'essai est de ... mois au cours de laquelle les parties auront la possibilité de se séparer sans respecter de délai de préavis *(ou* en respectant un délai de préavis de *...).*

Pour la bonne règle, vous voudrez bien nous renvoyer, sous pli confidentiel, un exemplaire de la présente lettre, revêtue de votre signature précédée de la mention « lu et approuvé ».

Veuillez agréer, Monsieur, nos sincères salutations.

Accord d'un employé sur les modalités d'un engagement à l'essai

Madame, Monsieur,

J'ai l'honneur de vous accuser réception de votre lettre du ..., dont je vous remercie et sur les termes de laquelle je vous donne ici mon accord : vous trouverez ci-joint un exemplaire de cette lettre, signé et approuvé.

En espérant que mon travail vous donnera toute satisfaction, je vous prie d'agréer, Madame, Monsieur, l'expression de ma respectueuse considération.

Lettre-contrat précisant des conditions d'emploi

Monsieur,

Comme suite à nos divers entretiens, nous croyons utile de vous préciser ci-après les conditions dans lesquelles nous pourrions faire appel à votre collaboration.

Le poste dont nous avons parlé est un emploi d'*inspecteur des ventes.*

L'inspecteur des ventes a pour attributions principales :

1° de surveiller et de contrôler l'expédition des commandes ;

2° de vérifier périodiquement (et au moins une fois par trimestre) le bon fonctionnement de nos succursales de Lille, Strasbourg, Marseille, Bordeaux, Dijon et Rouen ;

3° de visiter éventuellement notre clientèle dans ces diverses localités, pour s'assurer du passage régulier des représentants, recouvrer les créances, présenter et faire connaître les articles nouveaux, etc. ;

4° de dresser des statistiques trimestrielles de vente et de rendement pour les dépositaires et les représentants ;

5° de transmettre à la Direction, sous forme de rapports hebdomadaires, un détail de ses activités, avec toutes remarques, réclamations ou suggestions utiles.

Outre son salaire mensuel fixe de ... F, l'inspecteur des ventes bénéficie des avantages suivants :

— voiture fournie ;

— indemnité forfaitaire de ... F par jour pour frais d'hôtel et repas ;

— remboursement sur justification de tous frais accessoires (essence, garage, pourboires, gratifications, frais de représentation divers).

Si ces conditions vous conviennent, nous vous demandons de nous confirmer votre accord par écrit, en reprenant point par point les termes de notre lettre.

Veuillez agréer, Monsieur, nos salutations distinguées.

Pour demander une augmentation
Lettre n° 1

Monsieur le Directeur,

Voici cinq ans que j'exerce les fonctions de ... sans avoir jamais encouru le moindre reproche. Je puis, sans fausse modestie, affirmer que les diverses tâches qui m'ont été confiées ont toutes été menées à bien.

Fort de cette double constatation, je me permets, Monsieur le Directeur, de vous prier de bien vouloir reconsidérer mon salaire qui n'a jamais encore été augmenté en dehors des ajustements périodiques dus au coût de la vie.

Je fais pleinement confiance à votre jugement et me tiens à votre disposition pour toute précision que vous jugeriez opportun de me demander.

Veuillez croire, Monsieur le Directeur à l'expression de mes sentiments dévoués *(si c'est un homme qui écrit)*, à l'expression de ma considération distinguée *(si c'est une femme)*.

Lettre n° 2

Monsieur le Directeur,

Lorsque vous m'avez engagé, il était entendu qu'au bout de quatre mois, vous reconsidéreriez le montant de mes appointements si cette période d'essai se montrait concluante.

Je tiens pour acquis que vous êtes satisfait de mon travail puisque voici le cinquième mois écoulé et qu'aucun incident n'est venu jeter une ombre sur des activités qui m'intéressent au plus haut point.

Puis-je vous demander, Monsieur le Directeur, de bien vouloir prendre en compte ce dont nous étions convenus lors de mon entrée dans votre maison ?

Je vous en remercie par avance et vous prie de croire, Monsieur le Directeur, à l'expression de mes meilleures salutations.

Offres de service d'un représentant

Madame, Monsieur,

Représentant spécialisé dans ... *(indiquer la nature de la spécialisation),* je visite depuis plus de vingt ans les commerçants de ... *(mentionner la région prospectée)* pour les Établissements ...

Il me serait agréable de représenter également votre firme pour ... *(énumération des articles).* Connu de tous les commerçants de ma région et favorablement accueilli partout, je suis persuadé qu'il me serait possible d'augmenter considérablement le chiffre d'affaires réalisé par votre firme dans cette partie de la France.

Je viens à Paris tous les trois mois. Mon prochain passage aura lieu du 4 au 10 mai. Si ma proposition vous intéresse, je vous serais reconnaissant de vouloir bien me fixer un rendez-vous au cours de cette période, en m'écrivant à mon adresse permanente, indiquée ci-dessus.

Veuillez agréer, Madame, Monsieur, l'expression de mes sentiments les meilleurs.

Lettre-contrat adressée à un représentant

Monsieur,

Comme suite à nos entretiens, nous vous informons que nous sommes disposés à vous confier, en exclusivité, la représentation et la diffusion de nos articles pour la région ..., c'est-à-dire pour les départements ... *(à énumérer).*

Vous devrez visiter les ... *(désignation des commerçants).*

Vous vous engagez à nous adresser les commandes recueillies par vous, chaque semaine au moins, par voie postale.

Vous vous interdisez de représenter, auprès des clients visés ci-dessus, des articles de même nature que les nôtres, et de représenter, même pour d'autres articles, une maison fabriquant par ailleurs les mêmes articles que les nôtres.

Vous percevrez des commissions :

— ... % sur le chiffre d'affaires hors taxe réalisé sur toutes les commandes directes.

— ... % sur le chiffre d'affaires hors taxe réalisé sur toutes les commandes indirectes passées directement à nos bureaux par les clients établis dans la région visitée par vous.

Ces commissions ne vous seront acquises et réglées qu'une fois les opérations de ventes terminées, c'est-à-dire après règlement par les clients du montant des articles dont ils vous auront passé commande.

Pour vos frais de déplacements, nous vous assurons :

— une indemnité forfaitaire de ... frs par jour de travail effectif pour vos frais de nourriture et de logement ;

— une indemnité de ... frs par kilomètre, sous réserve que vous nous adressiez votre itinéraire.

Pour les dispositions autres que celles énumérées ci-dessus, nous nous référons à l'Accord national interprofessionnel de 1995 et aux dispositions légales.

Espérant que notre collaboration s'avérera fructueuse, nous vous prions d'agréer, Monsieur, l'expression de nos sentiments les meilleurs.

Bulletin de salaire

L'employeur doit remettre au salarié, en même temps que chaque versement de salaire, une fiche de paye ou *bulletin de salaire* comportant un certain nombre de mentions obligatoires :

- Nom et adresse de l'employeur ou dénomination de l'établissement et son adresse.
- Référence de l'organisme auquel l'employeur verse les cotisations de Sécurité sociale ; le numéro sous lequel les cotisations sont versées ; pour les entreprises : le code A.P.E.
- Nom et emploi du salarié.
- Période et nombre d'heures auxquelles se rapportent les rémunérations versées en mentionnant séparément, le cas échéant, celles qui sont payées au taux normal et celles qui sont majorées pour heures supplémentaires (taux 25 ou 50 % et le nombre d'heures qui correspond).
- Nature et montant des diverses primes (primes d'ancienneté et de transport, par exemple).
- Le montant de la rémunération brute.
- La nature et le montant des diverses retenues (Sécurité sociale, ASSEDIC et Régime de Prévoyance).
- Le montant de la rémunération nette.
- La date de paiement de la rémunération.
- Dates du congé et le montant de l'indemnité correspondante.

Avertissement à un représentant négligent

Monsieur,

Comme suite à notre entretien du ..., nous avons le regret de vous infliger un avertissement.

Cette sanction est due à l'absence de visite des commerçants des villes ... pendant ... mois.

Cette omission a causé un grave préjudice à la société : les commandes ont baissé dans une très sensible proportion.

Nous espérons qu'il ne s'agit que d'un accident et nous vous prions d'agréer, Monsieur, nos salutations distinguées.

Toutes les lettres d'avertissement et de licenciement doivent être adressées en recommandé avec accusé de réception. Elles doivent toujours être précédées d'un entretien.

Avertissement à un employé

Monsieur,

Comme suite à notre entretien du ... nous avons le regret de vous infliger :

— un avertissement pour vos nombreux retards.

— une mise à pied de 3 jours (trois) pour votre retour tardif de congés payés.

Veuillez agréer, Monsieur, nos salutations distinguées.

Lorsque l'employeur envisage de prendre une sanction susceptible d'avoir une incidence immédiate ou non sur la présence dans l'entreprise, la carrière ou la rémunération du salarié, il doit convoquer celui-ci en lui indiquant l'objet de la convocation.

Au cours de l'entretien, le salarié peut se faire assister par une personne de son choix, appartenant au personnel de l'entreprise ; l'employeur indique le motif de la sanction envisagée et recueille les explications du salarié.

La sanction ne peut intervenir moins d'un jour franc ni plus d'un mois après le jour fixé pour l'entretien. Elle est motivée et notifiée à l'intéressé.

Lorsque l'agissement du salarié a rendu indispensable une mesure conservatoire de mise à pied à effet immédiat, aucune sanction définitive relative à cet agissement ne peut être prise sans que la procédure prévue à l'alinéa précédent ait été observée.

Convocation en vue d'un licenciement

Monsieur,

Nous vous prions de vous présenter au bureau de M. ... à *(adresse),* le ... à *(heure).*

Au cours de cet entretien, nous vous exposerons les motifs qui nous conduisent à envisager votre licenciement.

Nous vous rappelons que, conformément aux dispositions de l'article L. 122-14 du Code du travail, vous pouvez vous faire accompagner d'une personne appartenant au personnel de *(nom de l'entreprise)*.

Nous vous prions d'agréer, Monsieur, l'expression de nos sentiments distingués.

Licenciement pour suppression d'emploi (licenciement économique)

Monsieur,

Madame l'Inspecteur du travail ayant accordé votre licenciement pour motif économique, nous vous faisons connaître par la présente que celui-ci prendra effet à compter du ...

Votre préavis conventionnel est de ... mois, et nous vous dispensons de l'effectuer.

Vous recevrez par courrier séparé tous les documents se rapportant à la rupture de votre contrat de travail.

Veuillez agréer, Monsieur, l'expression de nos sentiments distingués.

Le Gérant

Témoignage de satisfaction à un ancien employé

Monsieur,

En réponse à votre lettre du ..., je précise bien volontiers que votre licenciement nous a été imposé par l'application, devenue indispensable, d'une mesure de compression du personnel.

Nous avons regretté de nous trouver dans l'obligation de renoncer à vos services, puisque votre travail, pendant toute la durée de votre présence dans nos établissements, n'avait cessé de nous donner entière satisfaction.

Si le certificat de travail qui vous a été délivré par mes soins ne comportait aucun témoignage de satisfaction, c'est que j'ai tenu à respecter la loi qui le veut ainsi, mais j'ai plaisir à vous fournir ce témoignage par la présente lettre.

Veuillez croire, Monsieur, à mes meilleurs sentiments.

Rupture de fait du contrat de travail pour inaptitude physique

Monsieur,

Vous avez été examiné par le Médecin du travail qui vous a déclaré inapte ... (*reprendre les motifs exacts du Médecin du travail*).

Nous avons examiné avec le Médecin du travail les possibilités de trouver un poste correspondant à ces définitions et, à notre grand regret, aucune solution n'est apparue.

Aucun emploi répondant à vos aptitudes n'étant disponible dans notre usine, nous sommes donc contraints de constater *la rupture de fait du contrat de travail*. Celui-ci prendra fin le ... au soir, date à laquelle vous serez rayé des effectifs de l'usine.

Veuillez agréer, Monsieur, l'expression de nos salutations distinguées.

Autre modèle

Je soussigné ...

Certifie que M. ...

a été employé par la Société ... :

— du ... au ... en qualité de ..., au coefficient hiérarchique ...

— du ... au ... en qualité de ..., au coefficient hiérarchique ...

— du ... au ... en qualité de ..., au coefficient hiérarchique ...

tels que définis par la Convention collective nationale.

Licenciement pour une cause réelle et sérieuse

> Dans un délai de 10 jours à compter de la date à laquelle il quitte effectivement son emploi, le salarié peut demander à l'employeur les motifs de son licenciement.
>
> Cette demande est formulée par lettre recommandée avec accusé de réception.
>
> L'employeur répond, par lettre recommandée avec accusé de réception au plus tard 10 jours après la présentation de la lettre du salarié.
>
> Il est tenu de fournir, à l'occasion de la rupture du contrat de travail (démission ou licenciement), un certificat de travail et un reçu pour solde de tout compte.

Monsieur,

Comme suite à notre entretien du ... nous avons le regret de vous faire connaître que nous avons décidé de procéder à votre licenciement.

Celui-ci prendra effet à compter du jour de la première présentation de la présente lettre.

Votre préavis est de … mois à compter du … (*ou* votre préavis, que nous vous dispensons d'effectuer … *ou* les conditions d'exécution de votre préavis, qui est de … mois, vous seront fixées par un prochain courrier. Ce préavis vous sera bien évidemment réglé).

Vous recevrez, par courrier séparé, tous les documents se rapportant à la rupture de votre contrat de travail.

Veuillez agréer, Monsieur, l'expression de nos salutations distinguées.

Licenciement d'un délégué syndical

Monsieur,

Suite à notre entretien du … et en application :

— d'une part de l'article L. 436-1 C.T. relatif au licenciement d'un membre titulaire du Comité d'établissement, nous avons saisi celui-ci du projet de licenciement vous concernant. Comme vous le savez, il a donné son assentiment lors de sa réunion du …

— d'autre part de l'article L. 412-5 C.T. relatif au licenciement d'un délégué syndical, nous avons sollicité l'autorisation de l'Inspecteur du travail. Nous avons reçu son avis conforme le …

Compte tenu de ces deux décisions favorables, nous avons le regret de vous faire connaître que nous avons décidé de procéder à votre licenciement. Ce dernier prendra effet à compter du jour de la première présentation de la présente lettre.

Vous trouverez ci-joint votre certificat de travail ainsi que le reçu pour solde de tout compte.

Licenciement pour faute grave

Dans le cas de licenciement pour faute grave, les indemnités de licenciement et de préavis ne sont pas versées ; seule l'est l'indemnité compensatrice de congés payés.

Dans le cas de faute lourde, aucune indemnité n'est versée.

Exemple de faute grave ou lourde (tout dépend du contexte dans lequel les événements se sont déroulés) : injure envers un supérieur hiérarchique ; coups et blessures ; vol ; etc.

Ces deux licenciements sont précédés d'une mise à pied du salarié.

Monsieur,

Suite à notre entretien du ..., nous avons le regret de vous licencier pour faute grave.

Ce licenciement prend effet immédiatement, et vous n'aurez donc plus à vous présenter à votre poste de travail.

Vous recevrez par courrier séparé tous les documents se rapportant à la rupture de votre contrat de travail.

Veuillez agréer, Monsieur, nos salutations distinguées.

Lettre de démission

Recommandée avec A.R.

Monsieur le Directeur,

Pour des raisons qui me sont personnelles et ne ressortissent en aucune façon au domaine professionnel, j'ai le regret de vous adresser par la présente ma démission qui prend effet à partir de ce jour.

Le(s) mois de préavis écoulé(s), je quitterai donc les Établissements ... en laissant, dans mon département, tout en bon ordre.

Quels que soient mes regrets, je vous prie de considérer que ma décision est irréversible.

Veuillez agréer, Monsieur le Directeur, l'expression de mon profond respect.

Date et signature

Certificat de travail

Rédigé sur papier libre, le certificat de travail n'est pas assujetti à la formalité de l'enregistrement.

La signature de l'employeur devra être légalisée par le maire de la commune.

L'employeur n'a pas le droit d'exprimer son mécontentement sur le certificat de travail. S'il veut, en revanche, exprimer sa satisfaction, il est libre de le faire, par lettre séparée, sous forme d'un témoignage de satisfaction adressé à l'intéressé.

Je soussigné certifie avoir employé M. ... en qualité de ..., du ... au ..., et qu'il a cessé son travail à cette dernière date, libre de tout engagement.

Date et signature

Reçu pour solde de tout compte

> Le reçu « pour solde de tout compte » n'est valable que s'il contient la mention du délai de forclusion de deux mois et s'il porte la mention « pour solde de tout compte » entièrement écrite de la main du salarié et suivie de sa signature. Il doit être établi en double exemplaire.

Je soussigné(e) ...
demeurant ...
reconnais avoir reçu de M. ...
la somme de
Frs ... pour solde de tout compte
en paiement des salaires, accessoires de salaire et de toutes indemnités quels qu'en soient la nature ou le montant qui m'étaient dus.

Le présent reçu pour solde de tout compte a été établi en double exemplaire dont un m'a été remis.

Le délai de forclusion est de deux mois (article L. 122.17 du Code du travail).

Date et signature de l'intéressé(e)

Lettre de dénonciation d'un reçu pour solde de tout compte

> Le salarié peut dénoncer le reçu pour solde de tout compte dans un délai de 2 mois, à compter de la date de signature, par lettre recommandée, et indiquer les éléments sur lesquels porte le désaccord. La citation de l'employeur devant le Conseil des prud'hommes dans un délai de 2 mois vaut dénonciation.

Monsieur,

Conformément aux dispositions légales, par la présente, je dénonce le reçu pour solde de tout compte.

La somme perçue ne représente nullement la totalité de ce qui m'est dû.

J'entends notamment me prévaloir des droits ci-après :

— indemnité compensatrice de vacances,

— indemnité de licenciement.

Veuillez agréer, Monsieur, mes salutations distinguées.

NOTE ANNEXE SUR LA JURIDICTION PRUD'HOMALE. — Les Conseils de prud'hommes, composés en nombre égal de représentants des salariés et des employeurs, élus pour quatre ans, jugent l'ensemble des différends nés des relations de travail.

Le salarié ou l'employeur peut assigner l'autre partie devant le Conseil des prud'hommes. Pour cela, il se rend au greffe du Conseil des prud'hommes et remplit une formule imprimée qui expose ses griefs ou revendications et introduit l'instance. Il devient ainsi *demandeur*. L'autre partie, *défendeur*, sera convoquée par le greffier du Conseil des prud'hommes devant le Bureau de conciliation.

L'audience de conciliation (qui n'est pas publique) a pour but, comme son nom l'indique, d'établir une entente, un règlement amiable, entre les deux parties. Employeur et employé y exposent librement leurs points de vue respectifs devant deux conseillers prud'hommes (un employeur et un salarié).

Si un accord intervient le différend est réglé et est consigné dans le procès-verbal de conciliation.

Si le compromis s'avère impossible, les conseillers prud'hommes constatent le désaccord, dressent un procès-verbal de non-conciliation et renvoient l'affaire devant le Bureau de jugement.

La date de l'audience peut être fixée lors de la conciliation et elle est alors indiquée aux deux parties ; dans le cas contraire, les deux parties sont convoquées à l'audience du Bureau de jugement par le greffier du Conseil des prud'hommes.

L'audience devant le Bureau de jugement est publique et celui-ci est composé de deux employeurs et de deux salariés.

La cause entendue, le Bureau de jugement prononce un jugement ou décide de procéder à une enquête, s'estimant insuffisamment informé. Cette enquête est diligentée par un ou deux conseillers rapporteurs.

Les parties peuvent toujours se faire assister d'un avocat.

Le jugement du Conseil des prud'hommes est susceptible d'appel quand le litige dépasse le taux de compétence en dernier ressort.

L'appel est formé par une déclaration que la partie fait, ou adresse par pli recommandé, au Secrétariat du Conseil des prud'hommes qui a rendu le jugement. L'affaire sera alors portée devant la Chambre sociale de la Cour d'appel, et éventuellement après devant la Cour de cassation, au moyen d'un pourvoi en cassation, s'il y a eu violation d'une règle de droit.

En revanche, lorsque le chiffre de la demande n'excède pas le taux de la compétence en dernier ressort, le Conseil statue en dernier ressort. Ses décisions sont susceptibles alors, directement, d'un pourvoi en cassation.

Le Conseil des prud'hommes peut statuer en référé, dans tous les cas d'urgence, et ainsi ordonner toutes les mesures qui ne se heurtent à aucune contestation sérieuse ou que justifie l'existence d'un différend, prescrire des mesures conservatoires, prévenir un dommage imminent, faire cesser un trouble manifestement illicite.

La demande en référé est formée soit par acte d'huissier, soit une demande faite directement au greffe du Conseil des prud'hommes.

CHAPITRE XVIII

LE COMMERCE
CRÉATION ET CESSION DE FIRMES
L'OFFRE ET LA DEMANDE, PUBLICITÉ
CIRCULAIRES ET CATALOGUES
CONDITIONS DE VENTE, « RELANCES »

Avis de création d'une affaire commerciale

Monsieur,

J'ai le plaisir de vous annoncer que je viens de créer à ... une maison de ... *(désignation du genre de commerce, de la spécialité, etc.)*, comblant ainsi une lacune maintes fois déplorée dans notre région.

Ancien directeur des Établissements ... *(références professionnelles du fondateur)*, j'ai réuni une équipe de spécialistes qualifiés pour ... *(exposé de l'activité commerciale de la nouvelle firme)*.

Dans mes ateliers et magasins, vous trouverez un outillage des plus modernes, comprenant notamment des ... *(détails essentiels concernant l'outillage, les machines, etc.)*.

Vous pouvez être assuré que j'apporterai tous mes soins à l'exécution des commandes que vous voudriez bien me confier. La documentation détaillée que je vous adresse par ailleurs vous permettra d'étudier les possibilités variées qui sont mises à votre disposition par l'organisation nouvelle que je viens de créer. Vous constaterez aussi, en consultant le tarif ci-joint, que je puis assurer, à des conditions particulièrement intéressantes pour vous, la fourniture *(ou* la fabrication, *ou* la pose, etc.*)* de ... *(énumération des marchandises, des articles ou des installations proposées)*.

Veuillez agréer, Monsieur, l'expression de mes sentiments dévoués.

Autre modèle

Monsieur et cher client,

J'ai l'honneur de vous informer que j'ai constitué, sous la raison sociale ..., une société ... *(en commandite simple, à responsabilité limitée, etc.),* qui poursuivra l'exploitation de ma ... *(désignation de la firme)* dont l'activité s'accroît constamment.

J'assumerai personnellement la direction de la société, dont M. ..., que vous connaissez, sera le gérant.

Persuadé que vous voudrez bien continuer à accorder à la société ... la confiance dont vous avez toujours honoré la firme quand elle s'appelait Maison ..., je vous prie d'agréer, Monsieur et cher client, avec mes remerciements anticipés, l'expression de mes sentiments les meilleurs.

Avis de cession de commerce

Monsieur,

J'ai l'honneur de vous informer par la présente que j'ai cédé mon ... *(désignation du commerce),* en date du ..., à M. ...

M. ..., qui était mon collaborateur *(ou* mon assistant, mon associé, mon principal employé, etc.*),* n'est certainement pas un inconnu pour vous, et je puis vous assurer qu'il apportera tous ses efforts à vous donner entière et complète satisfaction.

En vous remerciant de la confiance que vous m'avez toujours témoignée et que j'aurai plaisir à voir reportée sur mon successeur — qui la mérite à tous égards —, je vous prie d'agréer, Monsieur, l'expression de mes sentiments très distingués.

Lettre du successeur à la clientèle

Les lettres de ce genre peuvent faire l'objet de *circulaires.* Indispensable dans certains cas *(documentation sur certains articles ou produits nouveaux, notice concernant un mode d'emploi, etc.)* et pour certaines firmes *(affaires très importantes, à clientèle innombrable),* la circulaire ne peut convenir, sauf exception, aux petites et moyennes entreprises. Son caractère impersonnel, en effet, ne la rend admissible que dans les cas cités plus haut ; en outre, son aspect même lui vaut assez souvent de n'être parcourue que distraitement, voire jetée d'emblée dans la corbeille à papiers !

Aujourd'hui, les machines de bureau à *traitement de texte* ont résolu le problème : la lettre a tous les avantages de la circulaire en gardant le caractère personnalisé de la lettre dactylographiée.

Monsieur,

Ainsi qu'il vous en a lui-même avisé, M. ... m'a cédé le fonds de ... *(nature du commerce, de l'entreprise, etc.)* qu'il exploitait depuis ... ans, à ...

Voudrez-vous bien m'honorer de la confiance que vous accordiez à mon prédécesseur ? Je tiens à vous assurer ici que je m'efforcerai toujours de la mériter.

Veuillez agréer, Monsieur, l'expression de mes sentiments dévoués.

Avis d'un changement d'adresse

Monsieur et cher client,

Nous avons l'honneur de vous faire savoir que l'extension considérable de nos affaires nous amène à transférer notre ... *(siège social, atelier, magasin, bureau, etc.).*

À dater du ..., notre entreprise sera donc installée à ... Nous vous prions de vouloir bien noter cette nouvelle adresse, ainsi que notre nouveau numéro de téléphone : ... (lignes groupées).

Nous profitons de cette occasion pour vous signaler que cette installation va nous permettre d'améliorer encore la qualité de nos services. *(Exposé des améliorations : production plus considérable, plus rapide ou de meilleure qualité, livraisons plus promptes, stock plus important, assortiment plus varié d'articles, etc.)*

Veuillez agréer, Monsieur et cher client, l'expression de nos sentiments dévoués.

Avis de création d'une succursale

Monsieur,

Nous avons l'avantage de vous faire savoir que nous venons de créer à ... une succursale de nos établissements bordelais.

Le nouvel établissement, situé *(adresse),* est équipé de toute l'installation nécessaire pour ... *(détail de l'activité possible).* Il pourra répondre dans le plus bref délai à tous les besoins de notre clientèle du ... *(Nord, Sud-Ouest, etc.).* Ainsi, dans votre région même, notre maison sera toujours à votre disposition pour vous fournir sur place, sans frais supplémentaires et sans délais d'expédition et de routage, tous les ... que vous pouvez désirer.

Dans l'espoir que cette succursale, en vous donnant pleine satisfaction, vous permettra de nouer avec notre organisation des rapports plus étroits et plus fréquents, nous vous prions d'agréer, Monsieur, l'expression de nos sentiments les meilleurs.

N'oubliez pas d'indiquer en haut et à gauche votre nom et votre adresse et à droite la date du jour.

Avis de réouverture d'un établissement fermé

Monsieur,

Nous avons le grand plaisir de vous informer que nos ... *(bureaux, ateliers, magasins, usines, etc.),* complètement transformés et modernisés, viennent de reprendre leur activité.

Les événements de ... *(incendie, etc.)* ont entraîné pour nous une assez longue suspension d'activité. Nous l'avons mise à profit pour réorganiser nos ... *(magasins, ateliers, etc.)* suivant les derniers progrès de la technique.

Nous disposons maintenant d'une installation perfectionnée ; le nouvel outillage importé par nos soins nous permet d'assurer dorénavant ... *(détail des fabrications, réparations, installations, usinages, etc.)* aux meilleures conditions et dans le minimum de temps.

La documentation ci-jointe vous permettra d'ailleurs de constater la variété des ... *(articles, services, etc.)* que nous sommes heureux de mettre à votre disposition. Le tarif que nous y avons annexé vous montrera qu'il est de votre intérêt de faire appel à nous pour tout ce qui concerne ...

Restant à votre disposition pour vous adresser tous renseignements complémentaires sur ... *(fournitures, fabrication, etc.)* dont vous pourriez avoir particulièrement besoin, nous vous prions d'agréer, Monsieur, nos salutations les plus distinguées.

Avis de reprise d'une fabrication

Monsieur,

Nous sommes heureux de vous informer que le décret du ..., en rendant de nouveau possible l'importation du ... *(nom de la matière première),* nous a permis de reprendre la fabrication de notre ... *(nom de l'article, produit, etc.)* et de lui assurer cette qualité constante qui, depuis plus de ... ans, a consacré sa réputation.

Notre fabrication est encore limitée, mais nous nous efforcerons de satisfaire, dans les meilleurs délais, dès réception des commandes, tous les ordres que vous voudriez bien nous passer.

Veuillez nous croire toujours, Monsieur, vos sincèrement dévoués.

Avis de fabrication d'un nouvel article

Monsieur,

Nous sommes heureux de vous informer que nous venons de mettre au point, après de longues recherches effectuées dans nos laboratoires par une équipe de spécialistes, un ... *(nouvel article).*

Nous précisons que nous sommes à votre entière disposition, sur un simple appel téléphonique de votre part, pour vous envoyer l'un de nos collaborateurs qui vous fera la démonstration des résultats exceptionnels obtenus par l'utilisation du ... *(marque),* sans aucun frais ni engagement de votre part.

Veuillez agréer, Monsieur, l'expression de nos sentiments distingués.

Avis de création d'un rayon nouveau

Monsieur,

Vous comptez parmi nos plus anciens et nos plus fidèles clients. Vous savez que notre maison a toujours eu à cœur de fournir aux ... *(indication des commerçants visés)* tous les ... *(détail des articles ou services)* dont ils pouvaient avoir besoin dans l'exercice de leur ... *(profession, commerce, art, spécialité).*

Nous avons aujourd'hui le plaisir de vous informer que, soucieux de ne rien omettre de ce qui pourrait mieux servir les intérêts des clients et amis de notre firme, nous venons de créer un rayon de ... où nous avons réuni l'assortiment le plus complet de ... *(détail).* La liste ci-jointe vous fournira toutes précisions à cet égard.

Nous nous permettons d'attirer tout particulièrement votre attention sur les ... *(noms des articles ou produits),* numéros ..., ... et ..., de notre liste, qu'il était jusqu'à présent impossible de se procurer dans notre pays et dont nous sommes les dépositaires exclusifs pour la France.

En attendant vos ordres, nous vous prions d'agréer, Monsieur, nos salutations distinguées.

Proposition d'un article exclusif

Monsieur,

L'attention du public français se tourne de plus en plus, vous ne l'ignorez pas, vers les appareils et machines permettant le lavage du linge sans brassage, par simple diffusion des ondes sonores.

Ce système, ainsi que l'a récemment démontré un remarquable article de M. ..., paru dans le numéro d'août de notre *Bulletin syndical*, est le seul qui permette d'assurer un lavage efficace, tout en garantissant que le linge traité ne subira aucune usure.

Les appareils proposés jusqu'à présent au public français étaient fabriqués à l'étranger. Or, nous sommes heureux de vous proposer aujourd'hui une marque française, tout à fait compétitive. Il s'agit de ... dont nous venons de nous assurer le marché exclusif.

Nous avons également créé dans nos ateliers un service d'entretien et de dépannage gratuit de tous ces appareils ... *(énumération des appareils).*

Un simple coup d'œil à la documentation ci-jointe, et au tarif qui l'accompagne, vous permettra d'apprécier immédiatement l'importance que peut avoir notre proposition pour la satisfaction de votre clientèle et le développement de vos affaires.

Veuillez nous croire, Monsieur, vos tout dévoués.

Demande de matériel publicitaire

Madame, Monsieur,

Coiffeur à ..., j'ai signalé à M. ..., votre représentant, lors de son dernier passage dans notre ville, que de grandes fêtes allaient se dérouler chez nous, du ... au ..., à l'occasion du ... *(concours, festival, etc.).*

Pour favoriser le développement du commerce local et encourager les touristes à visiter ..., notre municipalité, en accord avec les différentes chambres syndicales, a décidé de nous demander à tous d'accomplir un gros effort pour la décoration de nos devantures et vitrines.

Ainsi que la plupart de mes collègues, j'ai déjà mis au point un ensemble décoratif et publicitaire que je crois assez heureux. Toutefois, le matériel dont je dispose étant relativement restreint, je vous serais très obligé s'il vous était possible de m'envoyer des articles publicitaires de votre marque que je pourrais utiliser à des fins décoratives.

Je vous remercie à l'avance et vous prie d'agréer, Madame, Monsieur, mes salutations distinguées.

Réponse

Monsieur et cher client,

Le représentant qui visite votre région, M. ..., nous avait en effet signalé l'imminence de l'important *(concours, festival, etc.)* qui va se dérouler dans votre ville et nous nous excusons vivement d'avoir retardé jusqu'à présent l'envoi du matériel que nous vous destinions.

Nous n'ignorons pas l'importance de vos salons, ni l'excellente impulsion que vous avez su donner à la vente et à la diffusion de nos produits. Aussi sommes-nous tout particulièrement heureux de vous adresser ce jour, par service rapide, port payé, un colis de 20 kilos dans lequel nous avons réuni pour vous les articles suivants :

1° Trois mille dépliants en couleurs concernant nos ... *(énumération des produits)* ;

2° Six grandes affiches polychromes pour décoration intérieure ou application sur vitrines ;

3° Quarante-cinq affichettes ;

4° Cent flacons-spécimens de notre *(marque du produit)*, pour être remis gracieusement à votre clientèle ;

5° Cent savonnettes-échantillons *(marque)*, parfums assortis ;

6° Cinq cents images amusantes, jeux à découper, mots croisés publicitaires, etc., destinés aux enfants ;

7° Trois savons et trois pulvérisateurs géants qui peuvent être utilisés en vitrine, juchés sur voitures, etc. ;

8° Trois mille prospectus illustrés en couleurs concernant notre émission publicitaire, diffusée chaque semaine par ... *(nom de la radio)*, de ... heures à ... ;

9° Six grandes banderoles sur calicot, pour apposition sur votre façade et, si possible, dans quelques emplacements judicieusement choisis de votre ville (tous frais éventuels à notre charge).

Nous prenons la liberté de joindre à notre envoi un coffret contenant un grand flacon de notre nouveau parfum ... *(nom)* dont nous prions Madame ... de vouloir bien accepter l'hommage.

Nous souhaitons à vos efforts le meilleur succès et nous vous signalons que la grande baisse publicitaire de 10 % sur tous nos articles, décidée par nous aux termes et conditions précisés dans notre lettre du ..., pourrait être heureusement appliquée, à notre avis, à l'occasion de cette manifestation.

Nous vous prions d'agréer, Monsieur et cher client, l'expression de nos sentiments bien cordialement dévoués.

Annonce d'un concours commercial

Monsieur et cher client,

Les excellentes relations commerciales qui se sont nouées, depuis longtemps déjà, entre votre maison et la nôtre vous auront montré combien vif était notre souci de travailler toujours en complet accord avec nos détaillants et dépositaires.

Nous avons pensé que l'approche des fêtes du Nouvel An nous fournissait l'occasion de faire une nouvelle tentative pour augmenter encore, en collaboration étroite, la vente et la diffusion de nos ... *(énumération des articles)*.

Nos services de publicité ont donc décidé la création d'un grand concours des vitrines, ouvert à tous les commerçants qui vendent nos produits. La documentation ci-incluse vous fournira tous renseignements explicites et toutes précisions détaillées sur ce concours.

Ainsi que vous le verrez, *plus de cinquante mille francs de prix* seront distribués entre les commerçants dont les étalages auront présenté la meilleure et la plus pittoresque utilisation de nos ... *(produits, articles, etc.)*.

Dix inspecteurs délégués par nous visiteront la France entière, du ... au ..., et un jury spécial désignera les gagnants, dont la liste sera dressée le ...

Afin de nous fournir toutes garanties utiles et tous les moyens de contrôle nécessaires, nous vous prions de nous adresser *avant le* ... une ou plusieurs photographies des vitrines, installations, etc., réalisées dans vos magasins en utilisant nos articles.

Nous vous disons « bonne chance ! », Monsieur et cher client, et vous prions de trouver ici l'expression de nos meilleurs sentiments.

Lettre à un client, à propos d'insertions publicitaires dans les journaux de sa région

Monsieur et cher client,

Toujours soucieuse, vous le savez, de soutenir autant qu'elle le peut l'effort accompli par les détaillants qui diffusent ses produits, notre maison s'impose, chaque année, de très gros sacrifices publicitaires. Nos grands placards, publiés périodiquement dans les quotidiens, les hebdomadaires et les revues féminines, nous assurent les meilleurs résultats ainsi que nos émissions radiophoniques hebdomadaires de … *(Europe n° 1, RTL, RMC, etc.).*

Nous ne négligeons nullement la presse de province, ainsi que vous avez eu maintes fois l'occasion de le constater. Cette année, justement, au moment de renouveler nos contrats avec certains organes de votre région, nous serions heureux de recueillir votre opinion sur la question. Nos services de publicité sont d'avis que les meilleurs quotidiens de votre région (envisagés au strict point de vue du rendement publicitaire) peuvent, dans l'ordre, être classés ainsi :

1° *Le Phare ;*

2° *La Liberté ;*

3° *L'Écho ;*

4° *Télé-France.*

Cette classification, par ordre d'efficacité, rencontre-t-elle votre approbation ? Dans le cas contraire, voudriez-vous nous indiquer la vôtre, et les motifs qui la justifient ? Pourriez-vous, enfin, nous indiquer quels sont les principaux arguments publicitaires sur lesquels il convient d'insister particulièrement dans chacun de ces journaux ?

Nous espérons vivement que vous ne nous tiendrez pas rigueur du petit travail que nous vous demandons là : nous sommes persuadés qu'il peut avoir des résultats particulièrement heureux pour nos intérêts communs.

Vous remerciant par avance des précieux renseignements que vous voudrez bien nous communiquer, nous vous prions de croire, Monsieur et cher client, à nos sentiments les plus cordialement dévoués.

Demande de catalogue

Madame, Monsieur,

Je vous serais reconnaissant de me faire savoir si votre catalogue général n'a pas fait l'objet, cette année, d'une réédition ?

J'ai bien reçu, le 8 janvier dernier, votre nouveau tarif, mais les catalogues que je possède et qui nous servent, à moi et à ma clientèle, pour rédiger nos commandes, remontent à l'année 199. et je n'y vois aucune mention concernant certaines fabrications nouvelles, comme les … et les … Auriez-vous l'obligeance de bien vouloir m'en adresser la dernière édition parue ?

Avec mes remerciements anticipés, je vous prie d'agréer, Madame, Monsieur, mes salutations distinguées.

Envoi de catalogue

Monsieur,

Nous avons le plaisir de vous informer que nous vous expédions ce jour, par colis franco domicile, 50 exemplaires de notre Nouveau Catalogue général.

Nous nous permettons d'attirer particulièrement votre attention sur les articles nouveaux (pages roses) et les conditions spéciales de remises consenties pour certains articles (Annexe A, feuille verte), ainsi que sur les bons de commande à découper qui figurent dans chaque exemplaire de ce catalogue.

Dans l'attente de vos ordres, dont nous vous remercions à l'avance et qui recevront tous nos soins, nous vous prions d'agréer, Monsieur, nos salutations distinguées.

Envoi de catalogue spécial

Monsieur et cher client,

Nous venions de vous expédier les exemplaires de notre Catalogue général quand notre imprimeur nous a livré la brochure-catalogue spéciale concernant le scooter ... *(marque)* sur lequel vous nous aviez demandé quelques précisions dans votre lettre du ...

Nous vous en adressons immédiatement cent exemplaires, persuadés que nos scooters ... intéresseront vivement votre clientèle. Ainsi que vous le verrez, ils sont de *10 à 30 % moins chers* que ceux proposés par des marques concurrentes telles que ...

Ils sont les seuls, en outre, à présenter les avantages suivants : ... *(exposé)*.

Nous attirons votre attention sur le crédit que nous accordons aux acquéreurs de ces scooters (feuille annexe jaune), et nous vous signalons que toutes nos livraisons peuvent être faites dès réception de la commande.

Dans l'attente de vos ordres, nous sommes toujours, Monsieur et cher client,

Très sincèrement vôtres,

Avis de hausse

Monsieur,

Vous n'ignorez pas quels efforts nous n'avons cessé de nous imposer, au cours de ces deux dernières années, pour maintenir inchangé le prix de nos ... *(désignation du ou des articles)*.

La hausse continue des matières premières *(énumérer lesquelles)* et les nouvelles charges qui viennent de frapper notre industrie, aux termes de la loi du ..., nous mettent aujourd'hui dans l'obligation d'appliquer, sur tous les articles *(ou* sur tels articles : *les citer)* de notre dernier tarif, une augmentation de 5 %.

Vous pouvez être assuré que cette hausse nous a été imposée à notre corps défendant et que nous ne nous sommes résignés à l'appliquer qu'afin de pouvoir continuer notre fabrication sans rien sacrifier de l'exceptionnelle qualité de nos articles.

Veuillez agréer, Monsieur, nos sincères salutations.

Avis de baisse

Monsieur,

Nous avons le plaisir de vous informer que tous les articles mentionnés en caractères gras sur le tarif ci-joint font l'objet, à ce jour, d'une baisse de 5 %.

La demande, considérable pour ces divers articles, et les améliorations qu'il nous a été possible d'apporter, après étude, au rythme de notre fabrication, nous permettent aujourd'hui d'appliquer une mesure qui rendra plus facile encore la vente par grosses quantités de ces articles.

Veuillez agréer, Monsieur, l'expression de nos sentiments les meilleurs.

Avis de solde

> Cette lettre est évidemment le type même de la *circulaire* (voir page 172) destinée à un très vaste public. À l'heure actuelle, on lui préfère généralement la publicité faite dans les journaux à fort tirage.

Monsieur,

Nous tenons à faire savoir à tous nos clients qu'une exceptionnelle occasion leur est offerte d'acquérir des vêtements de haute qualité à des prix absolument sans concurrence.

Du 5 au 20 mai, nous solderons un stock considérable d'imperméables, chaussures, chemises et vêtements de travail au prix de fabrique.

Une visite à nos magasins vous convaincra des économies que vous pourrez réaliser en profitant de cette offre.

Nos magasins sont ouverts sans interruption, de 8 heures à 19 heures, du lundi au samedi.

Dans l'attente de votre visite, nous vous prions d'agréer, Monsieur, nos sincères salutations.

Avis de passage d'un représentant

Monsieur,

J'ai l'honneur de vous informer que mon représentant pour votre région, M. ..., sera de passage chez vous, pour sa visite trimestrielle, entre le 18 et le 22 mai.

J'espère que vous voudrez bien lui réserver l'excellent accueil qu'il reçoit toujours chez vous et lui confier vos ordres, qui feront l'objet de mes soins les plus attentifs.

Vous en remerciant à l'avance, je vous prie d'agréer, Monsieur, mes salutations distinguées.

Cette fois encore, il s'agit d'un avis qui peut faire l'objet d'une *circulaire*. Mais on lui préfère aujourd'hui la lettre personnalisée, faite sur machine à traitement de textes (voir page 172).

Lorsqu'il appartient à une petite entreprise, le représentant écrira lui-même aux principaux commerçants avec lesquels il est habituellement en rapports d'affaires, pour les aviser de sa visite prochaine.

Lettre d'un représentant à un commerçant pour l'aviser de son passage prochain

Cher Monsieur,

J'ai le plaisir de vous faire savoir que je compte être à Nice, sauf imprévu, le 28 de ce mois.

Ma première visite sera pour vous, bien entendu, et j'aurai plaisir à vous soumettre les ... *(énumération des articles nouveaux)* dont je vous avais déjà parlé lors de mon dernier passage.

Je vous remettrai également le ... que vous recherchiez et que j'ai eu la chance de découvrir chez ...

Il ne fait guère chaud ici, et j'ai hâte de me retrouver dans votre jolie ville où vous avez la chance de vivre toute l'année !

Très cordialement à vous.

J. M...

P.-S. Je serai à Lyon le 11, et descendrai à l'hôtel Terminus. Si vous désirez que j'aille voir G... de votre part pour lui demander le coupon de Madame P..., un mot de vous à cette adresse, et j'y courrai sitôt arrivé.

LES « RELANCES »

Péjoratif dans le langage courant, le mot « relance » ne l'est pas dans le monde du commerce et des affaires où il est couramment utilisé. On appelle *relance* la lettre destinée à de nouveaux clients potentiels.

Une bonne *relance*, c'est l'évidence même, ne doit pas être rédigée de telle sorte qu'elle donne au client l'impression qu'on lui adresse un rappel à l'ordre. On se borne à reprendre les arguments déjà cités dans le premier message, en modifiant les conclusions que l'on en avait tirées dans le sens que l'on croit plus utile ou plus efficace (sans se contredire, toutefois !) ou, au contraire, on utilise des arguments nouveaux, des références non citées la première fois, des considérations juridiques, administratives, fiscales, etc.

Certains commerçants ne craignent pas de relancer ainsi, *de cinq à dix fois de suite,* les clients « en puissance ». Il faut naturellement procéder avec beaucoup de tact et d'ingéniosité, si l'on ne veut pas risquer d'importuner les correspondants. Un « truc » fréquemment employé par certains organismes commerciaux consiste à varier les relances successives adressées à une même firme, en adressant chaque lettre nouvelle à un nouveau personnage : directeur, administrateur, chef de la publicité, etc. Ce système s'emploie également de façon inverse, c'est-à-dire que chacune des « relances » successives peut être signée d'un nouvel expéditeur : directeur général, gérant, chef des ventes, directeur commercial, directeur technique, etc.

Relance (argument classique)

Monsieur,

Nous avons eu plaisir à vous adresser, le *(date)* dernier, le Catalogue général que vous nous demandiez dans votre lettre de la veille. Nous sommes persuadés qu'il vous aura permis de constater le grand intérêt que présentait pour vous la gamme de produits variés que nous sommes heureux de vous offrir. Les conditions de notre tarif ..., d'autre part, vous auront montré que l'on trouvait auprès de nous des conditions particulièrement étudiées.

Vérifiant vos fiches de commande, nous constatons pourtant que vous ne nous avez passé aucun ordre nouveau depuis cet envoi. Se pourrait-il que vous ne l'ayez pas reçu ? Dans ce cas, veuillez nous le faire savoir, et nous prendrons aussitôt toutes dispositions pour vous en adresser un autre exemplaire.

Désirez-vous, avant de passer votre commande, des renseignements complémentaires sur tel article de notre fabrication ? Là encore, nous vous serions reconnaissants de nous le signaler, afin que nous puissions aussitôt vous éclairer plus complètement sur ce point.

Vous connaissez notre firme et sa devise *(s'il y a lieu : la devise)*. Croyez bien qu'il s'agit là d'une véritable devise, et non d'un banal slogan publicitaire. Nous entendons vous donner entière satisfaction et nous espérons que vous nous fournirez l'occasion de le faire en nous écrivant très prochainement.

Dans cette attente, nous vous prions d'agréer, Monsieur, l'expression de nos sentiments distingués et dévoués.

Relance (argument juridique)

Monsieur,

Le décret du ..., portant réglementation de la ... *(vente, fabrication, etc.)* des ... *(articles ou produits en cause)* n'aura sans doute pas manqué de retenir toute votre attention.

Vous avez certainement remarqué que les propositions exprimées dans notre lettre du ... prévoyaient la difficulté née de la réglementation nouvelle et vous permettaient par avance d'appliquer celle-ci au mieux de vos intérêts commerciaux, puisque ... *(argumentation)*.

Notre équipe de techniciens spécialistes, comme vous le voyez, ne se laisse nullement prendre au dépourvu et s'attache au contraire, en toutes circonstances, à prévoir en temps utile les mesures qu'il importe de conseiller à notre clientèle.

Nous sommes donc persuadés que nous allons très prochainement recevoir un ordre de vous pour ... *(détail des articles, marchandises, etc., que l'on préconise)* et nous tenons à vous rappeler que l'exécution de vos commandes fera, comme d'ordinaire, l'objet de nos soins les plus attentifs.

Veuillez nous croire toujours, Monsieur, vos bien dévoués.

Relance (argument « mode »)

Monsieur,

Si vous voulez bien relire la lettre que nous avons eu le plaisir de vous adresser le ..., vous pourrez constater que nous avions prévu, dès cette date, que l'engouement du public se porterait, pour la saison qui vient, vers les ... *(désignation des articles)*.

La demande de ces articles est actuellement considérable, comme il fallait bien s'y attendre, mais nous avions pris toutes dispositions nécessaires en temps utile, tant pour la constitution de nos stocks de ... que pour la fabrication à cadence accélérée des ...

Nous pourrons donc satisfaire sans aucun retard l'ordre urgent que vous comptez certainement nous passer. Quelles que soient les quantités exigées par une firme aussi importante que la vôtre, nous vous confirmons ici notre engagement de vous les livrer par retour.

Relance (argument « actualité brûlante »)

Monsieur,

Le prix Nobel qui vient de couronner l'œuvre scientifique de ... nous vaut actuellement des commandes plus importantes que jamais de ..., l'excellente spécialité mise au point dans les laboratoires dirigés par ce grand savant pour lutter avec succès contre ...

Dès le ... *(date),* nous vous adressions sur cet intéressant produit une documentation dont nous sommes sûrs qu'elle vous aura vivement intéressé. Les tarifs que nous vous indiquions alors sont toujours valables, malgré la demande considérablement accrue.

Nous tenions à vous le signaler, persuadés que vous saurez profiter de ces conditions favorables pour nous passer sans plus attendre la commande qui s'impose afin de satisfaire votre nombreuse clientèle.

Veuillez agréer, Monsieur, l'expression de nos sentiments les meilleurs.

Relance (argument « saison »)

Monsieur et cher client,

Nous n'ignorons pas à quel point les négociants qui dirigent une firme aussi importante que la vôtre sont submergés de travail, en cette époque de l'année surtout.

C'est assurément ce surcroît d'occupations qui vous aura empêché de nous passer votre commande de ...

Étant donné que la vente de ce ... *(produit, article, aliment, etc.)* s'avère plus importante que jamais pendant la saison d'hiver, nous pensons vous être utile en vous précisant que l'offre exprimée par notre lettre du ... est toujours valable, sans modification d'aucune sorte.

À votre disposition pour vous livrer, par retour, la quantité nécessaire de ..., nous vous prions d'agréer, Monsieur et cher client, l'expression de nos sentiments les meilleurs.

CHAPITRE XIX

ACHAT ET VENTE, CONDITIONS DE VENTE APPELS D'OFFRES, MISE EN DÉPÔT LES COMMANDES ET LEUR EXÉCUTION

Les lettres, catalogues, prospectus, tarifs, insertions publicitaires, etc., indiquent au client éventuel quels articles ou produits il peut trouver chez tel fournisseur donné, et à quel prix ce fournisseur est disposé à les lui fournir. Mais ces renseignements, tout indispensables et précieux qu'ils soient, ne suffiront pas au client avisé pour lui permettre de passer commande.

Avant de signer son ordre, le client exige de connaître les conditions de vente pratiquées par le fournisseur de son choix. Elles sont habituellement imprimées sur le papier à lettres commercial du fournisseur ; sauf convention spéciale *(dérogation exceptionnelle, précisée par écrit),* les conditions ainsi portées à la connaissance du client sont obligatoirement acceptées par lui.

Si les conditions de vente ne figuraient pas sur son papier à lettres, le fournisseur pourrait, sur la demande de son client, les lui indiquer dans une lettre spéciale. L'exemple que nous donnons ici réunit les principales conditions habituelles, exprimées dans les termes utilisés d'ordinaire en pareille circonstance.

Lettre pour préciser des conditions de vente

Monsieur,

Comme suite à votre lettre du ..., nous vous communiquons ci-après nos conditions ordinaires de vente :

1° Sauf accord spécial, nos délais de livraison ne sont mentionnés qu'à titre indicatif et leur non-observation ne pourra donner lieu à des pénalités ou des dommages-intérêts ; ils commencent à courir à dater de l'acceptation par nous de la commande transmise ;

2° Notre matériel est garanti contre tout vice de construction pendant ... à compter du jour de l'expédition. Cette garantie comporte exclusivement le remplacement, effectué par nos soins, des pièces reconnues défectueuses et ne peut donner lieu au versement d'aucune indemnité pour retard, manque à gagner, ou tout préjudice quelconque. Elle cesserait entièrement de s'exercer au cas où le client procéderait lui-même, sans notre accord écrit, à des réparations, modifications ou remplacements d'un ou plusieurs organes de nos machines ;

3° Nos marchandises sont vendues et payables à ..., aux conditions suivantes *(détail des modalités de paiement, traites, domiciliation, échéance, etc.)* ;

4° Sauf accord spécial, nos emballages ne sont pas repris ;

5° En cas de livraison partielle d'une commande, la partie non livrée ne peut retarder le règlement prévu pour la partie livrée ;

6° Les marchandises voyagent aux risques et périls des destinataires ;

7° Toutes contestations ou tous litiges qui pourraient surgir seront portés devant le Tribunal de ..., seul compétent.

Nous espérons que ces conditions de vente rencontreront votre approbation et, dans l'attente de votre commande, nous vous prions de nous croire, Monsieur, vos sincèrement dévoués.

Les conditions de vente peuvent comporter d'autres clauses, suivant les exigences particulières à chaque négoce. Elles comportent parfois une clause spéciale, stipulant que les ordres passés au fournisseur ne seront considérés par lui comme valables qu'après acceptation écrite, signée de sa main.

Demande de dérogation à des conditions de vente

Messieurs,

Les articles que vous me proposez par votre lettre du ... répondent parfaitement à mes besoins, et vos conditions générales de vente me semblent satisfaisantes, sous réserve de quelques restrictions :

1° Si les marchandises doivent voyager à mes risques et périls (article 6), il vaut beaucoup mieux que je m'adresse à un fournisseur habitant dans ma propre ville, ce qui réduit pour moi au minimum les risques de détérioration, vol ou perte ;

2° En cas de litige, je ne puis songer à me rendre à ... pour plaider la cause devant le Tribunal de cette ville (article 7) ;

3° La non-observation des délais de livraison aurait pour mes affaires les plus graves conséquences (mon commerce est saisonnier), ce qui rend inacceptables pour moi les conditions de l'article 1er.

En résumé, je vous passerai ferme la commande projetée, si vous voulez bien :

— assumer vous-mêmes les risques et périls courus par les marchandises pendant le transport ;

— reconnaître, en cas de litige, la compétence du Tribunal de ... ;

— vous engager formellement à effectuer la livraison de ma commande le ... au plus tard, et ce, sans augmentation de prix sur le tarif actuel.

Si vous consentez à m'accorder ces dérogations, je vous prie de me donner votre accord en reproduisant tous les termes de la présente. Sans réponse de votre part sous ... *(indication du délai)*, je me verrai dans l'obligation de m'adresser à un autre fournisseur.

Croyez, Messieurs, à l'assurance de mes sentiments distingués.

Lettre de commande

Messieurs,

Votre lettre du ..., en me garantissant la dérogation que je souhaitais aux articles 1er, 6 et 7 de vos conditions générales de vente, me permet de vous confirmer aujourd'hui ma commande de ... *(énumération des machines, articles ou produits)*.

Il est entendu que la livraison devra m'être faite avant le ... De mon côté, je réglerai ma commande suivant les modalités précisées dans votre lettre du ..., c'est-à-dire ...

Veuillez agréer, Messieurs, mes salutations distinguées.

Accusé de réception d'une commande

Monsieur,

Nous vous remercions vivement de l'ordre que vous avez bien voulu nous confirmer par votre lettre du ...

Nous apporterons tous nos soins à l'exécution de cette commande qui vous sera expédiée, suivant vos instructions, en ... *(grande ou petite vitesse, service rapide, etc.)* et qui devrait vous parvenir au plus tard le ...

Nous espérons que cette première affaire traitée avec notre maison vous donnera entière satisfaction et qu'elle nous vaudra l'avantage d'entrer en relations suivies avec la vôtre.

Veuillez agréer, Monsieur, l'expression de nos sentiments sincèrement dévoués.

Refus d'une commande

Monsieur,

À notre grand regret, il nous est impossible de vous livrer les articles commandés par votre lettre du ... en vous garantissant, à six mois de date, les mêmes tarifs que ceux qui sont actuellement appliqués.

Les hausses très fréquentes des diverses matières premières utilisées pour nos fabrications, l'augmentation régulière des salaires et les menaces que constituent pour nous les nouvelles taxes dont l'application doit être prochainement décidée, — toutes ces raisons nous interdisent d'accepter votre commande aux conditions que vous nous indiquez.

Veuillez agréer, Monsieur, avec nos regrets réitérés, l'expression de notre considération très distinguée.

Confirmation d'un ordre passé à un représentant

Madame, Monsieur,

Notre représentant pour la région ..., M. ..., nous fait part de l'aimable accueil que vous avez bien voulu lui réserver et nous transmet votre commande du ..., dont nous vous remercions très sincèrement.

Nous vous livrerons donc, au plus tard le ... prochain, les articles ci-après : ... *(rappel de la commande).*

L'expédition, ainsi qu'il en a été convenu, vous sera faite par ... *(indiquer le mode d'expédition)*, en caisse de ..., franco de port et d'emballage.

Règlement à trente jours fin de mois, suivant nos conditions habituelles.

Nous vous renouvelons nos remerciements et vous prions, Madame, Monsieur, de nous croire toujours,

Vos bien sincèrement dévoués.

Lettre d'appel d'offres

Messieurs,

Désirant accroître et moderniser le matériel de mon imprimerie, je serais heureux de recevoir vos offres détaillées (catalogues, tarifs, conditions de règlement, etc.) concernant :

— 1 presse à retiration, encrage cylindrique et papier continu, marque ..., modèle ... ;

— 1 machine à retiration à grande vitesse, marque ..., modèle ... ;

— 2 pédales de ..., marque ... ;

— 6 casses métalliques à tirette, de ... *(dimensions)* ;

— 1 presse à épreuves, typo ...

J'espère que vos conditions me permettront de vous passer commande et je vous prie d'agréer, Messieurs, l'expression de ma considération distinguée.

Proposition en réponse à la précédente

Monsieur,

Nous nous empressons de vous adresser sous ce pli notre dernier catalogue, accompagné de notre tarif janvier 199.. Nous pouvons vous fournir la totalité du matériel que vous recherchez, c'est-à-dire *(énumération)* aux conditions suivantes : ... *(détail des prix).*

L'importance de votre maison nous étant connue, ainsi que l'excellente réputation dont elle jouit à tous égards, nous serions prêts à vous consentir, par dérogation exceptionnelle à l'article 3 de nos conditions générales de vente, reproduites ci-contre, un règlement de votre commande suivant ... *(mode de règlement proposé).*

Dans l'attente de vos ordres, nous vous prions d'agréer, Monsieur, l'expression de nos sentiments distingués.

Formule de soumission à une adjudication

Je soussigné, *(nom, prénoms, profession)*, demeurant à ..., rue ..., n° ..., après avoir pris connaissance du cahier des charges relatif à la fourniture de *(marchandise fournie)* pour les ... *(indications de l'organisme, du service public intéressé)*, me soumets et m'engage à assurer la fourniture des objets énumérés dans le *(numéro du lot, en toutes lettres)*, aux prix stipulés par l'état *B,* sous rabais de *(en toutes lettres)* par franc, et aux clauses et conditions du cahier des charges.

À ..., le ... 199.

Annulation de commande

Madame, Monsieur,

Le 9 août dernier, lors du passage de votre représentant, M. ..., nous lui avions remis un ordre pour la fourniture de 5 000 collerettes à vis, modèle T 829, destinées à nos appareils « Nerval-Suprême ». Or, notre Directeur général, à son retour de vacances, vient de nous aviser qu'il avait lui-même passé une importante commande de ces collerettes, la veille de son départ.

En conséquence, nous vous prions de bien vouloir annuler notre ordre du 9 août, pour cause de double emploi.

Veuillez agréer, Madame, Monsieur, l'expression de nos sentiments distingués.

Refus d'annulation d'un ordre

Messieurs,

Votre lettre du 3 courant, par laquelle vous nous demandez d'annuler l'ordre passé par vous, le 9 août, à notre représentant, nous a vivement surpris.

Vous savez, en effet, Messieurs, que les collerettes T 829 destinées aux appareils « Nerval-Suprême » ne sont pas fabriquées par notre firme, mais par les Établissements Scoop and Sons, de Sheffield (Angleterre). Sitôt en possession de votre ordre, nous avons passé aux susdits établissements un ordre ferme pour la quantité demandée par vous. Les marchandises nous ont été expédiées la semaine dernière et nous allons les recevoir d'un jour à l'autre.

Il nous est impossible de refuser l'envoi qui nous est fait, et nous ne pouvons songer à placer chez un autre de nos clients une aussi grosse quantité d'un tel article, dont l'utilisation répond à des exigences bien particulières.

En conséquence, nous nous trouvons dans l'obligation de vous aviser, à notre grand regret, que nous ne pouvons accepter l'annulation de votre ordre du 9 août.

Nous voulons espérer que ce regrettable incident ne nuira en aucune façon à nos bonnes et anciennes relations et nous vous prions d'agréer, Messieurs, nos sincères salutations.

Lettre-contrat pour la mise en dépôt d'articles chez un commerçant grossiste

Messieurs,

Comme suite à la correspondance précédemment échangée entre nous, nous vous confirmons que nous sommes disposés à vous confier en dépôt général nos ... *(indication des marchandises, articles ou produits)*, si vous voulez bien souscrire sans restriction ni réserve aux conditions ci-après :

1° Les articles qui vous sont confiés ne pourront être vendus que dans le territoire ... *(délimitation de la région, indication de la ville, du pays étranger, etc.)*, exclusivement ;

2° Le dépôt de nos articles chez vous n'implique nullement que nous renoncions aux ventes directes effectuées par nos soins aux clients de votre région. Nous nous engageons toutefois à ne fournir aucun grossiste de la région susdite sans avoir préalablement sollicité et obtenu votre accord ;

3° En aucun cas, vous ne pourrez dépasser la marge bénéficiaire de ... sur nos articles ;

4° Nous nous engageons à vous fournir les articles plus haut énumérés, en qualité conforme aux échantillons qui vous ont été remis, et dans les quantités demandées par vous, à titre de constitution de dépôt. Nous veillerons à effectuer les réassortiments nécessaires au fur et à mesure de vos besoins, pendant toute la durée de la présente convention. En cas de contingentement ou restriction de la production dus à des circonstances indépendantes de notre volonté, nous alimenterons le dépôt créé chez vous dans toute la mesure de nos possibilités, étant entendu que nous cesserons alors nos ventes directes aux clients de votre région ;

5° Toute vente effectuée par vos soins devra faire l'objet d'une facture mentionnant les nom et adresse de l'acheteur, la désignation des articles, la date de l'achat, la remise et le montant net à payer. Un double de cette facture, établi par vous, devra nous être adressé en même temps que l'inventaire trimestriel prévu au paragraphe ...

6° Les fournitures vous seront adressées par le moyen d'expédition le plus économique, les frais de port étant à votre charge : les marchandises voyagent à vos risques et périls, sauf dans le cas où vous pourriez prouver qu'une faute ou négligence caractérisée de notre part a entraîné leur détérioration ;

7° Nous vous accordons une remise de ... %, calculée sur le prix ... ;

8° Vous vous engagez à faire procéder à un inventaire trimestriel du stock de nos articles en dépôt dans vos magasins et à nous faire tenir, le ... du mois suivant chaque inventaire, un état portant montant des ventes effectuées, déduction faite de la remise qui vous est consentie, ledit état devant être accompagné des doubles de factures mentionnés au paragraphe ... Nous vous adresserons alors une facture dûment acquittée du montant total des ventes réalisées, étant entendu que vous vous engagez, de votre côté, à nous envoyer dans les huit jours ... *(indication du mode règlement : traite acceptée, domiciliée, etc.) ;*

9° Il est formellement entendu que nous nous réservons le droit de faire procéder, à tout moment et sans avertissement préalable, à la vérification du stock de dépôt constitué dans vos magasins ;

10° Le présent accord, conclu sans limitation de durée, prend effet à dater du jour où les parties l'ont revêtu de leur signature. La partie qui entendrait y mettre fin s'engage à en aviser l'autre, trois mois au moins à l'avance, par lettre recommandée ;

11° La présente convention se trouverait annulée de plein droit, sans donner lieu à aucune indemnité ou dédommagement d'aucune sorte :

— au cas où vous manqueriez à nous adresser les états de vente trimestriels prévus au paragraphe ... ;

— au cas où votre chiffre d'affaires trimestriel serait inférieur à ... ;

12° En cas de différend, contestation ou litige entre les parties, quelle qu'en puisse être la nature, le Tribunal de ... est seul compétent pour en connaître.

Nous pensons, Messieurs, que le projet ci-dessus rencontrera votre agrément et que nous recevrons bientôt votre accord, lequel devra reprendre, sans exception, tous les paragraphes de la présente.

Dans l'espoir de vous satisfaire, et comptant bien nouer avec vous des relations favorables à nos intérêts communs, nous vous prions de recevoir, Messieurs, l'assurance de notre considération distinguée.

Lettre concernant la mise en dépôt chez un détaillant

Monsieur,

Nous vous confirmons ci-après les modalités de l'accord conclu entre nous, au cours de notre entretien du ...

1° Vous acceptez de recevoir en dépôt ... *(quantité)* de notre ... *(indication de la marchandise, article ou produit)* et de les exposer en bonne place dans vos magasins ;

2° Les marchandises voyagent à nos risques et périls, port à notre charge ; sur votre demande, nous les installerons nous-mêmes, gracieusement, dans vos magasins et vitrines ;

3° À titre d'indemnité forfaitaire pour l'emplacement occupé dans vos locaux commerciaux par nos marchandises et pour l'exposition que vous en ferez, nous vous verserons mensuellement une somme de ... francs ;

4° Les articles de notre fabrication vendus par vous ne pourront l'être autrement qu'au prix marqué ;

5° Vous nous créditerez mensuellement des sommes encaissées par vous lors de ces ventes et nous vous adresserons, sous ... jours au plus tard, une commission de ... % sur le montant des ventes ainsi effectuées ;

6° La présente convention est valable pour ... mois à compter de la date de livraison des marchandises ; elle pourra se trouver renouvelée, de trois mois en trois mois, par tacite reconduction. À l'expiration de l'accord ainsi conclu entre nous, la reprise des marchandises demeurées en dépôt dans vos magasins sera faite par nos soins et à nos frais.

Veuillez agréer, Monsieur, nos salutations distinguées.

Reprise d'articles invendus

Monsieur,

Aux termes de la convention conclue entre nous le ..., j'ai fait mettre en dépôt dans vos magasins une certaine quantité d'articles que je jugeais devoir être d'un écoulement facile dans votre région.

En étudiant les états trimestriels de vente que vous m'avez adressés depuis la fin de l'année dernière, je constate que l'écoulement de la plupart de mes articles est assez satisfaisant, dans l'ensemble, sauf toutefois en ce qui concerne les ... *(désignation des articles)*, dont vous n'avez vendu que ... *(nombre ou quantité)* en seize mois.

Il semble donc que la demande de ces articles soit extrêmement faible dans votre région. Comme elle est considérable, en revanche, dans d'autres localités, je vous serais obligé de vouloir bien me retourner ces articles en port dû, à l'exception de deux ou trois objets de chaque catégorie, conservés par vous à titre d'échantillons ou de spécimens pour des ventes éventuelles.

Veuillez agréer, Monsieur, mes sincères salutations.

Annulation d'un contrat de dépôt

Recommandée

Monsieur,

Malgré les représentations réitérées que nous vous avons faites, notamment les ... *(dates de ces représentations)* de cette année, je constate que le chiffre des ventes réalisées par vous pour nos ... *(indication des articles)*, que nous vous avions confiés en dépôt, reste nettement inférieur au minimum de ... francs par mois stipulé dans notre convention du ... *(jour, mois, année)*, paragraphe ...

En conséquence, et conformément aux termes de ladite convention, même paragraphe, je vous avise que je considère notre accord comme annulé de plein droit, à compter du ...

Je vous prie de me faire savoir comment vous pouvez assurer le retour des articles de notre marque déposés chez vous. Si besoin est, M. ..., notre chef des ventes, se rendra auprès de vous pour étudier les conditions dans lesquelles ce retour pourrait s'effectuer.

Veuillez agréer, Monsieur, mes sincères salutations.

Ordre d'achat à un fournisseur

Madame, Monsieur,

Je vous prie de bien vouloir m'expédier d'urgence, et par service rapide :

— 25 kilos d'acier au tungstène, laminé surfin, type B5-623 (référence 81 de votre catalogue), au prix de ... francs, port en sus à ma charge.

Paiement comme à l'ordinaire, par traite à trente jours fin de mois, domiciliée à la Banque ... *(nom et adresse)*.

Veuillez agréer, Madame, Monsieur, mes salutations distinguées.

Ordre d'achat passé à un commissionnaire

Monsieur,

Veuillez acheter au mieux, pour mon compte :

— 2 pièces soie brochée, largeur 140, conforme à l'échantillon joint ;

— 2 pièces satinette noire, largeur 90 (même qualité que votre livraison du 8 écoulé) ;

— 1 pièce mouchoirs dames linon fin (article analogue à ceux fournis en janvier dernier).

Paiement par traite à trente jours fin de mois.

Veuillez agréer, Monsieur, mes salutations distinguées.

CHAPITRE XX

LIVRAISONS, TRANSPORTS ET EXPÉDITIONS RÉCLAMATIONS, REFUS ET RETOURS AVIS D'EXPÉDITION

Avis d'expédition

Monsieur,

Nous vous expédions ce jour, par colis postal franco domicile, les articles commandés par votre lettre du 16 mai.

Vous en souhaitant bonne réception, nous vous prions d'agréer, Monsieur, l'expression de nos sentiments dévoués.

Autre avis

Messieurs,

Nous vous informons que nous vous avons expédié hier, 8 octobre, en petite vitesse, port dû, les articles commandés par votre lettre du 6 courant :

— 6 chaises de jardin métal laqué modèle 4 ;

— 2 fauteuils métal chromé garnis toile rose ;

— 1 parasol à crémaillère, type « champignon », garni toile Arc-en-ciel, modèle n° 814.

En règlement de ces fournitures, qui voyagent à vos risques et périls, et suivant facture jointe, nous avons disposé sur vous à trois mois, conformément à vos instructions, et nous espérons que vous voudrez bien réserver bon accueil à la traite qui vous sera présentée le 15 juillet prochain.

Avec nos remerciements, nous vous prions d'agréer, Messieurs, l'expression de nos sentiments distingués.

> N'oubliez pas d'indiquer en haut et à gauche votre nom et votre adresse et à droite la date du jour.

Réclamation d'un destinataire à l'expéditeur

Recommandée

Monsieur,

Je vous ai passé commande, par ma lettre du ..., de ... (*quantité et indication des objets commandés*). Votre avis de livraison m'est parvenu le ..., et j'ai reçu votre envoi à mon domicile le ...

Conformément aux prescriptions d'usage, j'ai vérifié l'état extérieur de l'emballage avant d'accepter la livraison du colis. Cet état était parfaitement normal, sans la moindre trace de détérioration ou d'effraction.

À l'ouverture du colis, pourtant, j'ai constaté que ... *(exposé des détériorations).*

Un examen attentif de l'emballage intérieur m'a convaincu que ces détériorations graves étaient dues à votre négligence. Les précautions indispensables, en effet, n'avaient pas été prises lors de l'expédition, puisque ... *(détail des fautes commises : absence de coton, de sciure, de paille, etc.).*

En conséquence, j'estime que la responsabilité des dommages constatés vous est entièrement imputable. J'évalue le préjudice qui m'est ainsi causé à la somme de F ... et je vous prie de ... *(m'adresser ladite somme, en créditer mon compte, etc.).*

Je pense que vous ne songerez pas à contester le bien-fondé de ma réclamation et que vous prendrez d'urgence toutes mesures utiles pour me donner satisfaction, en m'accusant réception de la présente.

Veuillez agréer, Monsieur, mes sincères salutations.

> La réception des objets transportés éteint toute action pour avarie ou perte partielle, si le destinataire ne notifie pas sa réclamation *dans les trois jours*, par lettre recommandée ou par ministère d'huissier.

Réclamation à la S.N.C.F.
pour un colis avarié, fracturé ou détérioré

Recommandée

Au Chef de gare de ...

Monsieur,

J'ai l'honneur de vous informer qu'il m'est impossible d'accepter la livraison des ... *(colis, paquets, caisses, etc.)*, expédiés à mon adresse par ... et qui m'ont été présentés le ...

J'ai refusé la feuille de route qui accompagnait l'envoi, car ... *(exposé des avaries extérieures constatées).*

Attendu que ces colis voyageaient à mes risques et périls, je tiens à votre disposition la liste des objets qu'ils contenaient lors de leur expédition, ainsi que le montant de la perte que me fait subir leur détérioration pendant le transport. Je compte que vous voudrez bien faire le nécessaire pour que me soit versée l'indemnité qui m'est due.

Meilleures salutations.

Si la Compagnie, le voiturier, le transporteur, etc., refuse de donner satisfaction au destinataire d'un colis avarié, endommagé ou pillé à l'occasion de son transport, l'auteur de la réclamation peut s'adresser au tribunal de commerce, à fin de *nomination d'expert.*

Si l'expert ne peut obtenir un règlement amiable du litige entre les parties, il le signale dans un rapport qu'il adresse au tribunal et le destinataire peut alors assigner le transporteur en justice. *Cette assignation doit être faite devant le tribunal du lieu où la contestation s'est élevée.*

Demande d'indemnité au transporteur pour livraison retardée

Recommandée avec A.R.

Au Directeur de la Compagnie des transports ...

Monsieur le Directeur,

J'ai l'honneur de vous informer que j'ai reçu le ... un colis expédié le ... par ... et transporté par les soins de votre Compagnie.

En application des prescriptions du Code du commerce (article 105), j'ai fait toutes réserves en ce qui concerne mon acceptation formelle dudit colis.

Mes raisons sont les suivantes : ... *(exposé du préjudice causé au destinataire par le retard apporté dans le transport).*

J'estime, en conséquence, que votre Compagnie m'est redevable de F ..., à titre d'indemnité, et je compte que vous voudrez bien me faire tenir cette somme sous quinzaine.

Meilleures salutations.

Excuses de l'expéditeur pour un retard dans la livraison

Madame, Monsieur,

Nous avons l'honneur de vous faire savoir que nous vous expédions, ce jour, en grande vitesse, port dû, les cinquante pièces de ruban moiré, teintes assorties, référence n° 13 A, dont vous avez bien voulu nous passer commande par votre lettre du 9 courant.

Aux termes de votre commande, cette livraison devait vous être faite sous huitaine et nous n'avions pas manqué de le noter. Des difficultés de fabrication ayant surgi dans nos ateliers de Lyon, nous avons dû, malheureusement et à notre vif regret, surseoir jusqu'à présent à l'expédition de ces articles.

Nous voulons espérer que vous ne nous tiendrez pas rigueur de ce retard aussi exceptionnel qu'involontaire, et que nos bonnes relations commerciales ne souffriront pas d'un incident dont nous nous efforcerons désormais qu'il se reproduise.

Veuillez agréer, Madame, Monsieur, l'assurance de nos sentiments bien sincèrement dévoués.

Refus d'une commande pour livraison trop tardive

Messieurs,

Nous avons le regret de vous informer qu'il nous est impossible d'accepter la commande que nous vous avions passée par notre lettre du ..., le colis nous ayant été présenté aujourd'hui seulement, soit avec un retard de vingt-six jours.

Ainsi que nous vous le précisions dans notre lettre de commande, ces articles devaient nous être fournis sous quinzaine, sous peine d'annulation.

Nous vous retournons donc votre colis en port dû et annulons votre facture n° ...

Veuillez agréer, Messieurs, nos sincères salutations.

Refus de marchandises de mauvaise qualité

Messieurs,

Les deux pièces de ... que vous m'annonciez par votre avis d'expédition du 29 courant m'ont été livrées hier, mais j'ai constaté, dès leur mise en perce, que le vin qu'elles contenaient était impropre à la consommation : ce vin, annoncé par vous comme « supérieur », est en effet du vin piqué.

Il va de soi que je ne saurais le proposer à ma clientèle. Je tiens donc ces deux pièces à votre disposition, vous priant de me faire connaître au plus tôt quelle destination je dois leur faire prendre.

Veuillez agréer, Messieurs, mes salutations distinguées.

Refus d'articles non conformes à l'échantillon

Monsieur,

Je vous ai commandé, le ... dernier, 20 kilos de poudre ... (*marque*), destinée à stimuler la ponte des volailles d'élevage.

L'échantillon que vous m'aviez adressé peu de temps avant, sur ma demande, m'avait paru satisfaisant. J'avais pu constater, notamment, que votre produit ne contenait pas de déchets de viande boucanée ou séchée. C'était là, pour moi, un détail de grande importance, car mon expérience m'a prouvé que les déchets de cette nature se retrouvaient parfois, à peine transformés, dans les œufs des volatiles. J'ai donc pris bien soin de préciser, dans ma lettre de commande, que j'entendais avoir livraison d'un produit *rigoureusement conforme à l'échantillon soumis*.

Or, les 20 kilos de ... reçus ce jour contiennent une très importante proportion de déchets animaux non broyés, dont certains atteignent la taille d'une noisette. La poudre livrée ne m'est donc d'aucune utilité et je suis étonné de voir une maison aussi importante que la vôtre recourir à de tels procédés.

Je vous réexpédie votre envoi en port dû et vous prie, dans ces conditions, de considérer mon ordre du ... comme nul et non avenu.

Veuillez agréer, Monsieur, mes sincères salutations.

Refus d'un envoi fait contre remboursement

Monsieur,

Le facteur m'a présenté ce jour un colis expédié par vos soins contre remboursement.

Ce colis contenait évidemment la montre que je vous avais commandée par ma lettre du .., mais je n'ai pu faire autrement que de la refuser.

Vous annonciez en effet, dans votre catalogue, que les montres fournies par vous ne seraient payées qu'*après réception et complète satisfaction*. Comment pourrais-je savoir si je suis satisfait de l'article fourni tant que je n'ai pas pu l'examiner ? Et comment pourrais-je l'examiner avant d'en effectuer le règlement, puisqu'il me faut acquitter le prix de l'objet avant de pouvoir ouvrir le paquet qui le contient ?

J'annule donc ma commande par la présente, non sans vous signaler, puisque j'en ai malheureusement l'occasion, quel préjudice des agissements comme les vôtres peuvent causer à des intérêts commerciaux bien compris.

Agréez, Monsieur, mes salutations.

Réclamation pour retard dans la livraison

Messieurs,

J'ai l'honneur de vous rappeler ma lettre du ... et la demande que je vous transmettais à cette date.

Il était entendu que l'expédition des articles commandés devait m'être faite *au plus tard sous quinzaine*. Or, plus de trois semaines se sont écoulées et je n'ai toujours rien reçu.

Je compte sur vous pour faire diligence afin que cette livraison soit effectuée au plus vite.

Veuillez agréer, Messieurs, l'expression de ma considération distinguée.

Réclamation plus pressante

Recommandée

Messieurs,

Je m'étonne vivement de n'avoir toujours rien reçu de votre maison, malgré ma réclamation du ... courant au sujet de la commande que je vous ai passée le ...

J'ai absolument besoin des articles commandés, pour l'aménagement du magasin de charcuterie que je viens de créer à ... Chaque jour de retard supplémentaire me cause un préjudice considérable et je compte absolument sur votre diligence pour me donner satisfaction dès réception de cette lettre.

Veuillez agréer, Messieurs, l'expression de mes sentiments distingués.

Demande d'indemnité pour retard dans la livraison
Menaces de poursuites

Messieurs,

Je tiens à rappeler ici la correspondance échangée entre nous :

1° Ma lettre de commande du 15 mars, demandant livraison sous quinzaine au plus tard ;

2° Votre lettre du 20 mars, par laquelle vous déclariez accepter ma commande et vous engager à me la livrer dans le délai fixé ;

3° Ma réclamation du 11 avril ;

4° Ma réclamation (pli recommandé) du 23 avril ;

5° Votre tardive réponse du 2 mai.

À propos de cette dernière lettre, j'ai le regret de vous préciser que je ne suis nullement satisfait des banales excuses qui m'y sont exprimées. Je vous rappelle les termes mêmes de la réclamation que je vous adressais, par lettre recommandée, le 23 avril : « chaque jour de retard supplémentaire me cause un préjudice considérable ». Voilà, pour moi, ce qui compte ! Toutes vos excuses, malheureusement, ne pourront rien y changer.

En conséquence, je fais auprès de vous par la présente une dernière tentative pour obtenir satisfaction. Avant de vous notifier par lettre recommandée mon refus de votre livraison et ma décision de vous assigner devant la juridiction compétente, je vous donne trois jours encore pour me faire savoir si vous vous engagez formellement à m'expédier sur-le-champ les articles commandés ainsi que le montant de l'indemnité que vous êtes disposés à me verser en réparation amiable du préjudice que m'a causé la non-observation de vos engagements.

Sans réponse de votre part le ..., je prendrai toutes dispositions utiles.

Veuillez agréer, Messieurs, mes salutations.

Lettre pour solliciter l'avis d'un avocat

Mon cher Maître,

Comme suite à notre conversation du 30 écoulé, j'ai l'honneur de vous transmettre sous ce même pli le dossier complet des pièces concernant mes tractations avec les Établissements ... Vous y trouverez toutes les lettres qui m'ont été adressées par cette firme, ainsi que les doubles de ma propre correspondance.

Je vous rappelle que le matériel commandé le 16 mars ne m'a toujours pas été livré ; je viens seulement de recevoir des Établissements ... un avis d'expédition. La commande, au mieux, ne me parviendra donc pas avant le 8 ou le 10 de ce mois, c'est-à-dire avec un retard de plus de 90 jours.

Dois-je refuser la livraison ? Dans ce cas, il me faudrait commander ailleurs et risquer ainsi, peut-être, une nouvelle perte de temps. À dire vrai, et pour en finir avec cette affaire qui n'a que trop duré, je préférerais accepter la livraison, pour tardive qu'elle soit. Toutefois :

— J'entends bien ne rien faire sans votre avis, afin de ne pas risquer de compromettre ma position ;

— Je tiens absolument, au cas où j'accepterais la livraison du matériel enfin expédié, à obtenir des Établissements ... une indemnité importante pour réparation du préjudice qui m'a été causé dans l'exercice de ma profession pour ces 90 jours de retard.

D'avance, je m'en remets à vous et j'agirai à l'égard des Établissements ... comme vous me conseillerez de le faire.

Croyez, mon cher Maître, à l'expression de mes sentiments les meilleurs.

Demande de prix de transport

Monsieur le Directeur,

Je vous prie de bien vouloir me faire connaître les prix, délais et conditions diverses pour le transport, par les camions de votre Compagnie, de ... *(désignation des objets transportés ou de leur volume).*

Le prix indiqué doit comprendre chargement et déchargement (rez-de-chaussée), au départ comme à l'arrivée ainsi que le montant de l'assurance pendant le transport. Veuillez également m'indiquer le ou les itinéraires proposés.

Vous remerciant à l'avance d'une prompte réponse, je vous prie d'agréer, Monsieur le Directeur, mes salutations distinguées.

Demande de prix à une compagnie de transports aériens

Monsieur le Directeur,

L'accroissement de notre commerce avec le ... *(nom du pays)* nous amène à envisager l'acheminement par avion des colis envoyés par notre firme à destination de ce pays.

Nos articles (incassables et ininflammables) sont enfermés dans des boîtes de carton pesant de 3 à 5 kilogrammes l'une. Bien que n'étant pas particulièrement fragiles, ces petits colis demandent à être manipulés avec soin. Le poids total de nos envois mensuels destinés au ... est d'environ deux tonnes et ils sont tous expédiés à destination de ... *(ville),* où leur répartition dans l'ensemble du territoire est confiée aux bons soins de notre agent local.

Auriez-vous l'obligeance d'étudier la question et de nous faire une proposition détaillée, comportant un chiffrage précis ?

D'avance, nous vous en remercions, et nous vous prions d'agréer, Monsieur le Directeur, l'expression de notre considération distinguée.

Demande de wagons à la S.N.C.F.

Au Chef de gare principal de ...

Monsieur,

J'ai l'honneur de vous faire savoir que j'attends, le 11 septembre, cinquante tonnes de paddy, embarquées pour moi sur le cargo mixte ... *(nom du cargo).*

Le déchargement devant s'effectuer sitôt le cargo à quai, je vous prie de bien vouloir mettre à ma disposition, dès le 12, à 7 heures du matin, cinq wagons de dix tonnes au tarif n° ... de Marseille à Paris-Batignolles.

Je vous prie d'agréer, Monsieur, l'expression de ma considération distinguée.

Demande de prix à une compagnie de navigation

Messieurs,

Nous vous serions obligés de vouloir bien nous faire savoir à quelles dates et à quelles conditions vous pourriez accepter de transporter pour nous :

1° Vingt tonnes d'outillage (en caisses de 150 kilos) de Bordeaux à Abidjan (Côte d'Ivoire), tous frais de chargement, déchargement et transbordement compris ;

2° Cinq tonnes de produits pharmaceutiques (en fûts métalliques de 250 kilos) de Bordeaux à Casablanca (Maroc), tous frais compris, comme ci-dessus.

Comptant sur une prompte réponse, nous vous prions d'agréer, Messieurs, l'expression de notre considération distinguée.

> Les règles établies par le Code civil (articles 1782 à 1786) et le Code de commerce (articles 96 à 108) en matière de transports s'appliquent à tous les transports effectués par terre et par voie fluviale, quel que soit le véhicule employé. Les transports maritimes et aériens, au contraire, sont soumis à une législation spéciale sur laquelle on aura soin de recueillir tous les renseignements nécessaires.

CHAPITRE XXI

FACTURATION RÈGLEMENT ET COMPTABILITÉ

Envoi d'un relevé de compte

Monsieur,

Nous vous prions de trouver ci-inclus le relevé de votre compte annuel, arrêté au ...

Ainsi que vous le verrez, ce compte établit un solde de F ..., en notre faveur.

Après vérification, vous voudrez bien nous donner votre accord sur ce solde, que nous vous prions de régler à votre convenance *(indiquer, s'il y a lieu, les modalités précises de règlement)*.

Veuillez nous croire, Monsieur, vos sincèrement dévoués.

Demande de règlement de marchandises livrées

Monsieur,

Je vous prie de vouloir bien trouver ci-inclus le bordereau des livraisons qui vous ont été faites au cours du trimestre écoulé, avec échéances habituelles de ...

Je compte que vous aurez l'obligeance de m'adresser ces sommes dès que possible, car j'aimerais pouvoir les remettre à ma banque avant le ...

Avec mes remerciements, je vous prie d'agréer, Monsieur, mes salutations distinguées.

Réponse à la précédente lettre

Monsieur,

Comme suite à votre lettre du ..., contenant le bordereau des expéditions que vous m'avez faites au cours du ... ème trimestre 199., je vous confirme mon accord pour la somme de F ... à votre crédit.

Veuillez trouver ci-inclus, en couverture, une traite de F ... à vue, et six traites dont détail suit :

F	(*montant*)	au	*(date d'échéance)*
F	(,,)	au	(,, ,,)
F	(,,)	au	(,, ,,)
F	(,,)	au	(,, ,,)
F	(,,)	au	(,, ,,)
F	(,,)	au	(,, ,,)

— soit, au total, la somme de .... francs dont je vous prie de m'accuser réception, comme d'usage, par avis de crédit.

Recevez, Monsieur, mes sincères salutations.

Envoi d'un compte de vente

Messieurs,

Comme suite à notre conversation téléphonique d'hier, nous vous prions de trouver ci-joint le compte détaillé des ventes effectuées pour votre compte et par nos soins, au cours de la période ...

Nous vous prions de vouloir bien nous couvrir, comme d'usage, et sous bénéfice de l'escompte habituel, de la somme de F ..., montant de ce compte, par traite à ... *(indication de l'échéance)*.

Espérant que notre activité vous donne satisfaction et que les opérations traitées par nous rencontrent votre pleine approbation, nous vous prions d'agréer, Messieurs, l'expression de nos sentiments dévoués.

Avis de traite

Messieurs,

Nous avons l'honneur de vous faire savoir que nous prenons la liberté, pour nous couvrir du montant de notre facture du ..., de tirer sur votre caisse une traite *(à vue, à échéance, du ... etc.)* de F ..., à laquelle nous comptons que vous voudrez bien réserver bon accueil.

Veuillez nous croire, Messieurs, vos sincèrement dévoués.

Envoi de traites pour acceptation

Monsieur,

Comme suite à votre lettre du ..., je vous prie de vouloir bien trouver ci-joint :

— doubles de mes factures n° 813, du 15 mars, et n° 1140, du 4 avril, d'un montant total de F ... ;

— 1 traite n° 231, à ... *(date d'échéance),* de F ... ;

— 1 traite n° 232, à ... *(date d'échéance),* de F ...

ces deux traites représentant au total le montant des factures susdites.

Vous priant de me retourner ces traites dûment revêtues de votre acceptation, ce dont je vous remercie à l'avance, je vous prie d'agréer, Monsieur, l'expression de mes sentiments dévoués.

Demande de renouvellement de traite

Messieurs,

Nous avons le regret de vous informer que les ... *(exposé des raisons ou prétextes invoqués : lenteur des rentrées d'argent, sinistre récent, situation économique défavorable, effets de la morte-saison, etc.)* nous mettent dans l'impossibilité d'honorer votre traite n° ... de F ..., payable le ...

Pour la première fois et à titre exceptionnel, nous vous demandons de vouloir bien retirer cette traite de la circulation, pour la remplacer par deux autres, l'une de F ..., à ... *(date d'échéance)*, l'autre de F ..., à ... *(date d'échéance).*

Nous espérons que vous consentirez à nous accorder ces facilités, compte tenu des difficultés exceptionnelles signalées plus haut et des bonnes relations d'affaires qui existent entre nos deux firmes.

Avec nos remerciements, nous vous prions d'agréer, Messieurs, l'expression de nos sentiments distingués.

Réponse à la précédente

Messieurs,

Nous regrettons vivement de ne pouvoir vous rendre le service que vous nous demandez par votre lettre du ...

En effet, les rentrées d'argent se font également très difficiles chez nous, et nous avons nous-mêmes compté sur la somme fournie par la traite tirée sur votre caisse pour faire face à nos échéances du ...

Toujours soucieux, néanmoins, d'être agréables à nos plus anciens clients dans toute la mesure possible, nous vous proposons de repousser au ... l'échéance de la traite qui nous occupe, à condition que ... *(exposé des avantages demandés en contrepartie du service consenti).*

S'il nous était impossible de nous entendre sur ce dernier point, nous serions dans l'obligation, à notre grand regret, de prendre toutes dispositions utiles pour obtenir le paiement de notre traite à l'échéance initialement prévue.

Veuillez agréer, Messieurs, nos salutations distinguées.

Demande de renouvellement d'un billet à ordre

Monsieur,

Les frais imprévus qu'a entraînés pour moi l'accident survenu dans mon atelier *(description de l'accident)* font que je me trouve, à mon grand regret, dans l'impossibilité de payer à son échéance du ..., le billet de F ... que j'ai souscrit à votre ordre le ...

Je vous demande donc, à titre tout à fait exceptionnel, de vouloir bien me renouveler ce billet pour ... *(durée du renouvellement sollicité)*.

Dans l'espoir que vous consentirez à me rendre ce service, je vous prie d'agréer, Monsieur, l'expression de mes sentiments les meilleurs.

Demande de fonds pour honorer une traite

Monsieur,

J'ai le grand regret de vous faire savoir que je suis actuellement dans l'impossibilité de faire honneur à votre traite de F ..., à échéance du ...

Je vous demande donc de repousser au ... *(date)* l'échéance de cette traite, ou encore de me faire tenir, moyennant l'intérêt habituel de ... %, les fonds nécessaires pour y faire face.

Vous savez comment je gère mon commerce et vous n'ignorez pas que j'ai toujours fait en sorte, jusqu'à présent, de tenir mes engagements ; mais ... *(exposé des raisons ou motifs particuliers)* m'obligent à solliciter de vous cette marque de complaisance exceptionnelle.

Avec mes remerciements anticipés, je vous prie d'agréer, Monsieur, l'expression de toute ma gratitude.

Lettre de procuration adressée à une banque

Je soussigné ...., né le .... à ....,
de nationalité française *(ou autre)*, demeurant ....,
donne, par la présente, procuration à M. ....,
né le .... à ...., de nationalité française *(ou autre)*,
sans profession *(ou indiquer laquelle)*, demeurant ....,
pour toutes opérations bancaires à l'agence ....
de la Banque X.

Et ce pour une durée de ... mois.

Bon pour pouvoir :

Fait à ..., le ...

Signature du mandant

J'accepte le pouvoir ci-dessus.
Lu et approuvé.

Signature du mandataire

Accusé de réception d'un chèque

Monsieur,

J'ai l'honneur de vous accuser réception de votre lettre du ... et du chèque n° ..., de F ... qui s'y trouvait joint, en règlement de ma facture du ...

Je vous prie de trouver ci-inclus le relevé acquitté de votre compte.

Veuillez agréer, Monsieur, l'expression de mes sentiments tout dévoués.

Réclamation pour une erreur de facturation

Madame, Monsieur,

Vérifiant votre facture du ..., reçue ce jour, je constate que vous calculez les huit rames de papier sulfurisé que j'ai commandées le ... sur la base de F ... le kilo.

J'ai dans mon dossier le double de l'ordre que j'ai passé pour ce papier à votre représentant, M. ..., et le prix qui y est mentionné est de F ... le kilo.

Comptant que vous voudrez bien éviter le retour de pareilles erreurs et me faire tenir au plus tôt facture rectifiée ou note d'avoir, je vous prie d'agréer, Madame, Monsieur, mes sincères salutations.

Réclamation pour retard dans des paiements

Messieurs,

Balançant nos écritures en fin d'exercice, nous constatons que votre compte accuse un solde débiteur de F ... correspondant au montant total de nos factures des 8 février et 13 mars derniers, dont le règlement aurait dû être effectué par vos soins au plus tard le ...

Nous vous avisons donc par la présente que nous disposons à vue sur votre caisse de F ...

Veuillez agréer, Messieurs, l'assurance de nos sentiments dévoués.

Rappel d'une facture impayée

Monsieur,

Je vous prie de vouloir bien m'adresser le plus tôt possible la somme de F ..., montant de ma facture n° ..., du ...

Veuillez agréer, Monsieur, mes salutations distinguées.

Deuxième rappel pour le même motif

Monsieur,

Je suis surpris que vous ne m'ayez pas adressé la somme de F ..., montant de ma facture n° ..., du ..., à propos de laquelle je vous ai déjà écrit, le ...

Comptant que vous voudrez bien faire le nécessaire sans plus tarder, je vous prie d'agréer, Monsieur, mes salutations distinguées.

Troisième lettre (mise en demeure)

Recommandée avec A.R.

Monsieur,

Malgré les lettres que je vous ai adressées à ce sujet les ... et ... derniers, vous ne m'avez toujours pas réglé la somme de F ..., montant de ma facture impayée n° ..., du ...

Très surpris de voir mes lettres demeurer sans réponse comme sans effet, j'ai le regret de vous METTRE EN DEMEURE de vous acquitter de cette somme sous 48 heures.

Veuillez agréer, Monsieur, mes salutations distinguées.

Avis de poursuites pour défaut de paiement

Recommandée avec A.R.

Monsieur,

Sans réponse à mes lettres des ..., ainsi qu'à la mise en demeure du ..., afin d'obtenir d'urgence le règlement de ma facture n° ... du ..., d'un montant de F ..., j'ai le regret de vous prévenir que je vais être obligé de prendre toutes dispositions utiles pour obtenir le paiement de ce qui m'est dû.

Les bonnes relations que nous entretenions depuis assez longtemps font que je suis peiné de me voir obligé de recourir à des mesures dont je me suis efforcé de retarder jusqu'ici l'application.

Je tiens néanmoins à vous aviser que, sauf règlement intégral de ma facture avant le ..., je transmettrai le dossier de cette créance à mon service de contentieux, qui en poursuivra le règlement par toutes les voies de droit.

Espérant encore que vous ferez en sorte de m'éviter l'usage d'un pareil recours, je vous prie d'agréer, Monsieur, mes sincères salutations.

On trouvera, page 244, un exemple de pouvoir spécial permettant de représenter un tiers à une faillite ou à une liquidation judiciaire.

Demande de renseignements sur la solvabilité d'une firme

Madame, Monsieur,

Les Établissements ... viennent de nous passer un ordre fort important, pour le règlement duquel ils nous prient de leur consentir des conditions tout à fait exceptionnelles.

Avant d'accepter une aussi grosse commande conditionnée par des exigences si particulières, nous prenons la liberté de solliciter, à titre rigoureusement confidentiel, les renseignements qu'il vous serait possible de nous communiquer sur l'honorabilité de cette firme, son ancienneté, le genre d'affaires qu'elle traite et la valeur que l'on peut accorder aux engagements qu'elle souscrit d'ordinaire.

Bien entendu, les renseignements que vous nous communiqueriez à titre confraternel ne sauraient en aucune matière engager votre responsabilité.

Vous remerciant à l'avance, et tout à votre disposition pour la réciprocité qui s'impose en pareille circonstance, nous vous prions d'agréer, Madame, Monsieur, l'expression de nos sentiments très distingués.

Réponse à la précédente

Messieurs,

En réponse à votre lettre du ..., nous avons le plaisir de vous informer que ... *(nom de la firme)* est une entreprise des plus sérieuses, fort honorablement connue sur la place de ... *(localité)* depuis sa fondation *(date)*.

Les Établissements ..., fondés par M. ... *(qualités),* repris à sa mort *(date)* par son fils *(nom et qualités),* sont aujourd'hui placés, depuis *(date),* sous la direction de *(nom et qualités)*.

M. ... a poursuivi des travaux *(nature de ces travaux)* dont les résultats se sont avérés des plus heureux sur le plan financier. L'essor pris par les Établissements ... se poursuit donc dans d'excellentes conditions et le sérieux des affaires traitées par eux, ainsi que la régularité dont ils ont toujours fait preuve dans leurs paiements depuis plus d'un demi-siècle, devraient vous permettre, à notre avis, de leur accorder sans risques le crédit qu'ils vous ont demandé.

Nous vous adressons ces renseignements sous les réserves d'usage et sans qu'ils puissent engager notre garantie, vous priant d'agréer, Messieurs, l'expression de notre considération distinguée.

Réponse défavorable à une demande de renseignements

Strictement confidentiel

Messieurs,

Comme suite à votre lettre du ..., nous sommes au regret de devoir vous informer que les Établissements ... nous paraissent actuellement dans une situation délicate.

À la mort de M. ..., son fondateur, la maison est passée aux mains de son neveu, M. ..., dont les initiatives semblent ne pas avoir été des plus heureuses. Quoi qu'il en soit, les Établissements ... éprouvent de sérieuses difficultés financières depuis plus d'un an.

Vous transmettant les renseignements ci-dessus sous les réserves d'usage et sans qu'ils puissent engager notre responsabilité ni sous-entendre notre garantie, nous vous prions d'agréer, Messieurs, nos salutations distinguées.

Annonce d'une suspension de paiements

Monsieur,

C'est avec infiniment de regret que je me vois dans la nécessité de suspendre mes paiements à compter de ce jour.

Les faillites nombreuses survenues parmi ma clientèle, les pénibles effets d'une concurrence souvent peu difficile sur le choix des moyens et les difficultés de toute nature que rencontrent actuellement les entreprises comme la mienne m'obligent à déposer mon bilan.

Je fais établir actuellement la balance de mes écritures et je compte qu'il me sera possible de convoquer mes créanciers le ... afin de leur soumettre un bilan exact et précis. J'espère que vous voudrez bien considérer la présente comme une convocation et y répondre par votre présence au jour dit, sauf avis contraire.

L'actif est important, ce qui me permet d'espérer que je me trouverai en mesure d'honorer tous mes engagements si l'on veut m'accorder des délais suffisants.

Veuillez agréer, Monsieur, l'expression de mes sentiments distingués.

Opposition à un chèque

Recommandée avec A.R.
Au Directeur de votre banque

Monsieur le Directeur,

Suite à l'entretien téléphonique de ... *(jour)* à ... *(heure),* je vous confirme que je fais opposition au chèque n° ..., d'un montant de ... francs et établi le ... *(date)* au nom de ...

Veuillez agréer, Monsieur le Directeur, l'expression de mes meilleurs sentiments.

N.B. Mon n° de compte : ...

Lettre d'un failli pour faire part de sa réhabilitation

Monsieur,

Déclaré en faillite par jugement du Tribunal de commerce de ..., prononcé le ..., j'avais pu obtenir de mes créanciers un concordat, aux termes duquel remise m'était faite de 35 % des sommes dues par moi, le solde devant être acquitté au moyen de versements effectués annuellement, suivant mes possibilités.

Mes efforts soutenus m'ont permis de désintéresser tous mes créanciers, en remboursant intégralement le montant de mon passif, capital et intérêts.

En conséquence, le Tribunal de ... a promulgué en ma faveur, le ..., un arrêt portant réhabilitation, dont j'ai l'honneur de vous adresser ci-joint une copie.

Vous remerciant une nouvelle fois du bienveillant appui que vous n'avez pas hésité à m'apporter au moment du dépôt de mon bilan, je vous prie d'agréer, Monsieur, avec ma gratitude, l'expression de ma considération distinguée.

Formule de dispense de protêt

Je déclare par la présente dispenser expressément la Banque ... de protêt ou dénonciation de protêt, pour tous les effets de commerce que je lui ai remis ou lui remettrai pour escompte ou encaissement, et qui lui ont été retournés, ou pourraient lui être retournés impayés lors de leur échéance.

À ..., le ...

Ordre de virement bancaire

Messieurs,

Je vous prie de vouloir bien faire virer la somme de F ... au crédit du compte n° ... de M. ... à l'agence ... de votre société, en débitant mon compte n° ... de ce montant.

Veuillez agréer, Messieurs, mes salutations distinguées.

Envoi d'effets à une banque pour encaissement

Messieurs,

Veuillez trouver sous ce pli :

— F .... en un chèque sur Niort ;

— F .... en un chèque sur Paris ;

— F .... en un chèque sur Rouen ;

— F .... sur une traite sur Roubaix, au 15 avril prochain ;

soit au total : F .... que je vous prie de vouloir bien encaisser pour en créditer mon compte n° ... dans votre Établissement.

Veuillez agréer, Messieurs, mes salutations distinguées.

Ordre d'achat de valeurs passé à une banque

Messieurs,

Veuillez acheter pour mon compte, à la date du ... et au meilleur cours :

— 10 Shell français ;

— 25 Chartered ;

— 5 Royal Dutch 1/10e.

Vous voudrez bien garder ces valeurs à mon dépôt et débiter mon compte n° ... du montant de l'achat augmenté des frais.

Veuillez agréer, Messieurs, mes salutations distinguées.

Ordre de vente de valeurs

Messieurs,

Je vous prie de vendre pour mon compte, au meilleur cours et à la date de votre choix, mais avant le 8 courant, les valeurs suivantes qui figurent à mon dépôt dans votre établissement :

— 50 Union Corporation ;

— 10 Air Liquide ;

— 20 Crédit commercial de France ;

— 10 Havraise péninsulaire.

Une mention spéciale pour ces dernières valeurs (Havraise péninsulaire) : ne les vendez pas si leur cours tombait au-dessous de 65 pendant la période envisagée.

Je vous adresse ci-joint les récépissés, dûment datés et signés, concernant ces différentes valeurs. Je vous prie de m'aviser lorsque l'opération aura été réalisée et d'en porter le montant au crédit de mon compte n° ...

Veuillez agréer, Messieurs, l'expression de mes sentiments distingués.

Remise d'effets à l'escompte

Messieurs,

Nous vous adressons ci-inclus, en vous priant de les négocier au mieux, les traites dont l'énumération suit :

— F ...., sur Castaing-Moreau, Paris, au 15 mai ;

— F ...., sur Garnier et Cie, Lyon, au 15 juin.

Nous vous prions de présenter à l'acceptation ces deux traites, dûment endossées à votre ordre.

Veuillez noter que la dispense de protêt signée par nous et déposée entre vos mains ne s'applique pas aux traites que nous vous adressons aujourd'hui. En cas de défaut de paiement à leur échéance, nous vous prions donc d'intervenir pour notre compte et de faire protester en temps utile.

Veuillez créditer votre compte courant n° ... du montant net de cette remise.

Nous vous prions d'agréer, Messieurs, l'expression de notre considération distinguée.

Réclamation à une banque pour un relevé de compte erroné

Messieurs,

Vérifiant le relevé trimestriel de notre compte courant n° ..., arrêté au ... dernier, nous avons la surprise de constater qu'il ne fait pas mention de la remise par nos soins à vos guichets, le ... dernier, d'un chèque de F ..., sur ...

Nous vous prions donc de nous renseigner au plus tôt à cet égard et de nous adresser un relevé rectificatif, s'il y a lieu.

Veuillez agréer, Messieurs, nos salutations distinguées.

Demande de lettre de crédit à une banque

Messieurs,

Je vous prie de vouloir bien m'adresser une lettre de crédit de F ... établie au nom de ... *(nom et adresse),* sur vos agences ou vos correspondants de ... *(indiquer les villes désirées).* Cette lettre de crédit devra être valable du ... au ...

Il est entendu que je suis responsable envers vous de cette somme de ... F *(écrire aussi la somme en toutes lettres),* dont vous débiterez mon compte, au fur et à mesure de la réception des reçus signés par M. ...

Veuillez agréer, Messieurs, mes salutations distinguées.

Nous croyons inutile de donner ici un modèle de lettre de crédit ; on pourra se le procurer sur simple demande dans tout établissement de banque.

Les traveller's cheques et les cartes de crédit sont utilisés plus volontiers par les voyageurs se rendant en pays étranger.

SEPTIÈME PARTIE

LES ACTES SOUS SEING PRIVÉ

CHAPITRE XXII

DÉFINITION, PRESCRIPTIONS LÉGALES

On appelle *acte sous seing privé* tout contrat souscrit par les intéressés (ou *parties*) sous leur seule signature, sans intervention d'un officier public.

L'acte sous seing privé s'oppose donc à l'*acte authentique*, rédigé et conservé par un notaire.

On peut rédiger sous seing privé tous les actes et contrats, sauf :

— les contrats de mariage ;

— les donations entre vifs (voir page 247) ;

— les constitutions d'hypothèques et mainlevées d'inscriptions hypothécaires ;

— les cessions de brevets d'invention ;

— les testaments mystiques, authentiques et privilégiés (voir page 247).

Les actes sous seing privé doivent, en principe, être établis sur papier timbré, sauf les testaments et les effets de commerce ou quittances, qui sont soumis seulement à l'apposition du timbre proportionnel.

Les *actes synallagmatiques* (c'est-à-dire ceux par lesquels plusieurs personnes s'engagent réciproquement : baux, contrats de vente, etc.) doivent être faits en autant d'originaux qu'il y a de parties représentant un intérêt distinct (Code civil, article 1325), plus un exemplaire destiné à l'enregistrement.

L'enregistrement n'est pas obligatoire, mais c'est une formalité qui constitue une précaution utile pour donner *date certaine* aux actes sous seing privé qu'on pourrait être ultérieurement amené à produire en justice.

Pour faire enregistrer un contrat quelconque, il suffit d'en déposer un exemplaire chez le receveur de l'Enregistrement et d'acquitter un droit d'enregistrement variable, calculé sur la valeur de l'objet mentionné dans l'acte. Par la suite, si l'une des parties en cause venait à perdre son exemplaire personnel du contrat souscrit, elle pourrait en obtenir une copie aux bureaux de l'Enregistrement.

Sauf pour les testaments olographes (voir page 247) et les billets ou promesses par lesquels l'une des parties s'engage à payer une certaine somme à l'autre, la rédaction des actes sous seing privé n'est nullement assujettie à l'emploi d'une terminologie particulière. Chacun peut les rédiger comme il l'entend et y faire figurer les clauses qu'il veut. Remarquons toutefois qu'il est prudent de ne pas faire preuve de fantaisie dans la rédaction de ces contrats, car toute convention qui s'écarterait trop de la norme consacrée par l'usage pourrait donner lieu à des chicanes, contestations et procès.

Toute personne considérée comme légalement capable peut souscrire un acte quelconque. Les *mineurs*, les *prodigues* et les *interdits* sont, sauf exception, *incapables* par définition. C'est donc leur représentant légal *(tuteur, tuteur légal, conseil judiciaire, etc.)* qui signera le contrat en leur lieu et place, en indiquant sa qualité, et en mentionnant la décision de justice qui l'a investi de ses fonctions spéciales.

CHAPITRE XXIII

ACHAT ET VENTE DE TOUS BIENS

La vente est une convention aux termes de laquelle l'une des parties s'oblige à livrer une chose que l'autre s'engage à payer (Code civil, article 1582). Toute vente suppose un *objet existant* ; que cet objet vienne à disparaître avant la signature du contrat et la vente, automatiquement, devient nulle (Code civil, article 1601).

Le vendeur doit livrer la chose vendue à son acquéreur *dans l'état où elle se trouve et se comporte au jour de la vente*, sans qu'il lui soit permis de la modifier en aucune façon. Il doit *procurer à l'acheteur une possession utile* (Code civil, article 1641) et il ne peut exciper de son ignorance des défauts de la chose vendue qui la rendraient impropre à l'usage (vices rédhibitoires, maladies du bétail, etc.). Le vendeur doit encore *garantir à l'acheteur la possession paisible de la chose* (Code civil, article 1625), ce qui l'oblige à seconder utilement son acquéreur en cas de revendication ou contestation, à l'indemniser du préjudice qui pourrait lui être causé par une décision de justice entraînant son éviction des locaux achetés, etc.

Exemple de contrat de vente de meubles

Entre les soussignés,

M. ... *(nom, prénoms, profession et domicile du vendeur),*

d'une part,

et M. ... *(nom, prénoms, profession et domicile de l'acheteur),*

d'autre part.

Il a été convenu et arrêté ce qui suit :

M. ... *(vendeur)* vend par les présentes à M. ... *(acheteur)*, qui accepte, les meubles ci-après désignés : ... *(état détaillé des meubles vendus),* lesquels meubles lui ont été livrés ce jour *(ou bien :* lui seront livrés le ... à ...*)* moyennant la somme de ..., payée comptant, dont quittance.

Fait en ... exemplaires, à ..., le ... (*date en toutes lettres*).

Lu et approuvé, *(Signature du vendeur).*	Lu et approuvé, *(Signature de l'acheteur).*

Vente de meubles avec paiement différé

Au cas où les objets cédés ne sont pas réglés au comptant, on modifie la formule finale du contrat, suivant les conditions particulières qui sont consenties :

Ces meubles ont été livrés ce jour à M. ... qui a versé le tiers de cette somme. M. ... (*acheteur*) s'engage à payer le solde en ... mensualités de ... francs, le 15 de chaque mois, la première à échéance du ..., sans intérêts.

Lors de chacun des versements mensuels, M. ... (*vendeur*) fournira à M. ... (*acheteur*) une quittance de son versement libellée comme suit : Reçu de M. ..., demeurant à ..., rue ..., n° ..., la somme de F ..., acompte mensuel convenu sur l'achat de meubles effectué par lui le ...

(Signature du vendeur).

... Lesdits meubles ont été livrés ce jour à M. ..., qui s'engage à payer la somme de ..., dans le délai d'un an à compter de ce jour.

... Lesquels meubles M. ... (*acheteur*) s'engage à faire enlever et transporter à ses frais avant le ..., moyennant la somme de ..., payable avant tout enlèvement.

Promesse de vente d'immeuble (dite « compromis »)

Entre les soussignés,

M. ... *(nom, prénoms, profession et domicile),*

d'une part,

et M. ... *(nom, prénoms, profession et domicile),*

d'autre part.

Il a été convenu et arrêté ce qui suit :

M. ... s'engage par les présentes à vendre à M. ..., qui accepte, une maison sise à ... *(désignation de l'emplacement exact, avec toutes indications utiles : localité, rue et numéro, département, commune, canton, lieudit, etc.),* tenant d'un côté à M. ... *(nom du propriétaire de l'immeuble contigu)* par un mur *(mitoyen ou non, en totalité ou en partie, etc.)* ;

D'autre côté à M. ... *(indiquer ici tous les autres voisins dont la propriété borne l'immeuble vendu, avec, dans chaque cas, toutes précisions utiles).*

Ladite maison construite en ... *(matériaux),* couverte d'un toit de ... *(ardoises, tuiles, etc.)* et comprenant : ... *(description détaillée et complète : superficie, cours et jardins, plantations, nombre d'étages et de pièces, escaliers, salles de bains, aménagements divers).*

Ainsi d'ailleurs que lesdits lieux s'étendent, se poursuivent et se comportent, avec toutes leurs dépendances, sans aucune exception ni réserve, et sans qu'il soit besoin d'en faire description plus détaillée, le preneur déclarant les parfaitement connaître pour les avoir vus et visités.

Ledit immeuble appartient au vendeur qui l'avait acquis de ... *(historique de la propriété au cours des trente années qui précèdent : biens achetés, échangés, recueillis par succession, etc. ; indication des actes successifs et de leurs dates).* Les actes seront passés avant le ...

Il est donc convenu que M. ... *(vendeur)* cède à son tour à M. ... *(acheteur),* avec la garantie du vendeur, la pleine et entière propriété dudit immeuble à compter du ...

La vente est faite moyennant le prix de ... que M. ... *(acheteur)* s'engage à payer dans un délai de ... pendant lequel il remplira les formalités de transcription et purge.

Dès le paiement intégral du prix ci-dessus fixé, M. ... *(vendeur)* remettra à M. ... *(acheteur)* les titres de propriété de l'immeuble. M. ... *(acheteur)* pourra cependant percevoir les loyers afférents aux locaux loués dans ledit immeuble à partir... *(de ce jour,* ou *de telle date déterminée).*

Fait en ... exemplaires, à ..., le ... (*date en toutes lettres*).

Lu et approuvé, — Lu et approuvé,

(Signature du vendeur). — *(Signature de l'acheteur).*

PURGE DES HYPOTHÈQUES. — Le premier paiement stipulé dans un acte de cette nature ne doit pas avoir lieu avant un délai assez long, afin que l'acheteur ait le temps de faire procéder à la *purge des hypothèques.*

Cette formalité (dont l'accomplissement exige l'assistance d'un avoué) consiste à faire les démarches nécessaires pour que l'immeuble ne soit plus grevé d'hypothèques légales.

CHARGES ET CONDITIONS. — La formule de contrat précédemment indiquée peut être l'objet d'adjonctions nombreuses, portant notamment sur les *charges et conditions imposées à l'acheteur* (acceptation de prendre les locaux dans l'état où ils se trouvent, renonciation à toute indemnité pour vétusté ou réparations indispensables, acceptation de servitudes, paiement des contributions et charges, acquittement des droits et frais de timbre et d'enregistrement, engagement d'entretenir aux lieu et place du vendeur l'assurance contre l'incendie contractée par lui, etc.). De son côté, le vendeur s'engage habituellement à rapporter mainlevée des hypothèques ou privilèges antérieurs à la vente dont il doit fournir les certificats de radiation, etc.

Vente d'un terrain

Entre les soussignés,

M. ... *(nom, prénoms, profession et domicile du vendeur),*

d'une part,

et M. ... *(nom, prénoms, profession et domicile de l'acheteur),*

d'autre part.

Il a été convenu ce qui suit :

M. ... *(vendeur)* cède et vend à M. ... *(acheteur),* qui accepte, une pièce de terre en nature de prairie, de la contenance de ... hectares ... ares environ *(ou* ... mètres carrés environ*)*, sis à ..., bordée au nord par R..., au sud par le ru de ..., à l'est par la voie ferrée du chemin de fer de ..., à l'ouest par le chemin vicinal ordinaire de ... à ...

Ladite pièce de terre avait été acquise par ... *(vendeur)* à R..., par acte de vente passé devant Me ..., notaire à ..., le ..., moyennant le prix de... *(somme en toutes lettres),* qui a été payé, après toutes formalités de transcription et de purge d'hypothèques régulièrement remplies.

M. ... *(acheteur)* déclarant connaître suffisamment la pièce de terre sus-désignée, M. ... *(vendeur)* ne garantit ni sa contenance exacte, ni les revenus qu'elle peut produire.

La vente est faite moyennant le prix de ... *(somme en toutes lettres)* que M. ... *(acheteur)* s'engage à payer dans un délai de ..., pendant lequel il pourra, s'il le désire, remplir les formalités de la transcription et de la purge.

Les titres de propriété seront remis à M. ... *(acheteur)* dès le paiement intégral du prix fixé. M. ... *(acheteur)* aura le droit de percevoir les revenus afférents à ladite pièce de terre à compter du ...

Fait en ... exemplaires, à ..., le ... *(date en toutes lettres).*

Lu et approuvé, | Lu et approuvé,

(Signature du vendeur). | *(Signature de l'acheteur).*

ACHAT ET VENTE D'UN FONDS DE COMMERCE. — Le Code de commerce, dont l'article 1er définit les commerçants (« les personnes qui exercent des actes de commerce et en font profession habituelle »), est muet sur les fonds de commerce, ainsi d'ailleurs que le Code civil.

Le fonds de commerce n'en existe pas moins, composé d'éléments *incorporels* (clientèle, nom commercial, marque de fabrique, enseigne, droit au bail, etc.) et *corporels* (matériel, marchandises, mobilier commercial). Le *droit au bail,* parmi tous ces éléments, est bien souvent, à l'heure actuelle, celui qui possède le plus de valeur.

Les transactions concernant les fonds de commerce se font d'ordinaire par l'intermédiaire de courtiers ou agents d'affaires, dits *mandataires en fonds de commerce* et couramment appelés *marchands de fonds.*

Le marchand de fonds est responsable devant l'acheteur et le vendeur de fonds (loi du 29 juin 1935). Sa rémunération consiste en une commission (généralement de 10 %) versée par le vendeur et qui ne doit être payée que si la vente a été conclue.

Les marchands de biens sont groupés par spécialités, suivant le genre de commerces dont ils s'occupent plus particulièrement.

L'acheteur éventuel d'un fonds de commerce s'adressera à un marchand de fonds connu et solvable, sans négliger pour autant de requérir l'assistance d'un *conseil juridique.*

L'acte de vente d'un fonds de commerce doit énoncer un certain nombre de mentions obligatoires, telles que l'indication du chiffre d'affaires des trois dernières années, des bénéfices de ces mêmes années, etc. L'omission des mentions légales pourrait entraîner la nullité de l'acte (voir page 221).

Lettre d'un vendeur à un marchand de fonds

Monsieur,

Je vous prie de négocier la cession du fonds de commerce de … que j'exploite à …, rue …, n° …

Le prix minimum exigé par moi est de F …

Vous trouverez dans le dossier ci-joint toutes pièces utiles concernant mon fonds de commerce.

Votre commission, fixée à … *(maximum 10 %)* du prix indiqué ci-dessus, vous sera payée le jour où l'acquéreur me versera ce prix (la totalité en étant exigible au comptant).

Le mandat que je vous donne par la présente expirera le … Il ne vous donne nullement le droit de traiter en mes lieu et place, votre activité devant se borner à me mettre en rapport avec les acquéreurs possibles.

Il est entendu, en outre, que vous vous engagez à ne me présenter comme acquéreurs éventuels que des personnes connues et notoirement solvables.

Veuillez agréer, Monsieur, l'assurance de ma considération distinguée.

Lettre d'un acheteur possible à un marchand de fonds

Monsieur,

Désirant acquérir éventuellement un fonds de commerce de … dans la ville *(ou* la région, *ou* la rue*)* de …, si possible situé près … *(du centre, de la gare, du port, etc.),* je vous prie de me faire savoir si vous pouvez m'indiquer une affaire de ce genre.

Je vous précise que je cherche un fonds *(ancien ou non, en plein essor ou « tombé », etc.)* dont le prix, que je souhaiterais payable par termes, ne devrait pas dépasser F … Pour les marchandises … *(importance du stock souhaité, refus d'un stock très ancien, etc.).*

Au cas où je parviendrais à traiter par votre intermédiaire, il est entendu que votre commission vous serait payée, comme d'usage, par le vendeur.

J'attends vos propositions et suis prêt à vous accompagner pour visiter les fonds que vous pourriez me signaler.

Veuillez agréer, Monsieur, mes salutations distinguées.

Lettre du vendeur à l'acquéreur éventuel de son fonds

14 pièces jointes.

Monsieur,

Je suis disposé à vous céder mon fonds de commerce de … situé à …, rue …, n° …, aux conditions suivantes :

1° Prix : F ..., payable à raison de F ... à la signature du compromis, F ... à la signature de l'acte définitif, et le solde (F ...) par billets de fonds à échéance trimestrielle.

2° Charges et conditions habituelles, frais et droits acquittés par vous, prise de possession fixée au jour de la signature de l'acte définitif.

3° Je me réserverais, bien entendu, le privilège de vendeur, action résolutoire et nantissement, en garantie des ... F qui me resteraient dus.

Veuillez trouver sous ce pli :

— l'état descriptif et estimatif du matériel et des marchandises ;

— mon titre de propriété ;

— le bail des locaux occupés ;

— la feuille d'inscription au Registre du commerce ;

— les polices d'assurances ;

— le bordereau délivré par le percepteur ;

— un état récapitulatif du chiffre d'affaires réalisé par moi au cours des cinq dernières années, ainsi que tous documents afférant aux frais généraux et impôts.

Espérant que ma proposition rencontrera votre agrément, je vous prie d'agréer, Monsieur, l'expression de mes sentiments distingués.

Lettre donnant option sur la vente d'un fonds de commerce

Monsieur,

Faisant droit bien volontiers à la demande que vous m'exprimez par votre lettre du ..., j'ai l'honneur de vous préciser que je vous donne aux conditions stipulées dans ma lettre du ..., et ce jusqu'au ..., date fixée pour la signature du compromis, la préférence à tout autre acheteur qui pourrait m'être envoyé pour l'acquisition de mon fonds de commerce.

Veuillez agréer, Monsieur, l'expression de mes sentiments distingués.

Acceptation d'achat d'un fonds de commerce

Monsieur,

Après étude du dossier que vous avez bien voulu me confier, je vous informe que je suis à votre disposition pour rédiger avec vous le compromis de vente.

Sous réserve de la signature de ce compromis, et sauf imprévu, j'accepte de me rendre acquéreur de votre fonds de ..., sis à ..., rue ..., n° ..., au prix de F ..., payable comme suit : *(rappel des modalités de paiement).*

La prise de possession aura lieu le jour de la signature de l'acte définitif dans l'étude de Me ..., notaire à ..., étant entendu que cette signature ne saurait être repoussée au-delà du ..., dernier délai.

Veuillez agréer, Monsieur, l'expression de mes sentiments distingués.

Formule d'acte de vente d'un fonds de commerce

Entre les soussignés,

M. ... *(nom, prénoms, profession et domicile du vendeur),*

d'une part,

et M. ... *(nom, prénoms, profession et domicile de l'acheteur),*

d'autre part.

Il a été convenu ce qui suit :

M. ... *(vendeur)* cède et vend par les présentes avec toutes les garanties de droit à M. ... *(acheteur),* qui accepte la pleine et entière propriété, à partir du ..., du fonds de commerce de ... *(nature du commerce)* qu'il exploite à ..., rue ..., n° ..., et qui comprend : *(détails des éléments corporels et incorporels : clientèle, matériel, marchandises, marque de fabrique, etc.).*

Ainsi d'ailleurs que le tout s'étend, se poursuit et se comporte sans aucune exception ni réserve, l'acquéreur déclarant le parfaitement connaître pour l'avoir vu et visité.

M. ... *(vendeur)* indique ici qu'il est propriétaire dudit fonds, pour l'avoir acquis de M. ..., le ..., par acte ..., pour le prix de F ..., se décomposant comme suit : F ... pour les éléments incorporels ; F ... pour le matériel et les marchandises.

Il précise que le fonds n'est actuellement grevé d'aucun privilège ni nantissement.

Il indique qu'il a réalisé au cours des trois dernières années les bénéfices et les chiffres d'affaires suivants : ... F ... F ... ; ... F ... F ... ; ... F ... F ...

En outre, M. ... *(vendeur)* cède et transporte par les présentes à M. ... *(acheteur),* qui accepte, pour le temps qui en reste à courir à compter du ..., date fixée pour l'entrée en jouissance, le bail concernant les lieux où est présentement installé le fonds de commerce dont il s'agit, et dont copie a été remise à l'instant à M. ... *(acheteur),* qui le reconnaît. Ledit bail avait été consenti à M. ... *(vendeur)* par M. ... *(nom, prénoms, profession et domicile du bailleur)* pour une durée de ... années, commençant le ... et finissant le ..., moyennant le versement annuel de F ..., payables en termes égaux, outre les charges et conditions portées.

M. ... *(acheteur)* s'engage à ce sujet à :

1° Exécuter toutes les clauses et conditions que comporte ledit bail ;

2° Payer en l'acquit de M. ... *(vendeur)* à M. ... *(bailleur)* le montant des loyers convenus, le premier paiement devant être effectué le ... et les autres aux époques indiquées audit bail, et ce jusqu'à son expiration, de telle sorte que M. ... *(vendeur)* ne puisse être inquiété ni recherché à leur propos.

La présente vente est faite moyennant la somme principale de F ..., savoir :

— F ... pour le fonds de commerce ;

— et F ... pour le matériel d'exploitation ci-énoncé.

M. ... *(acheteur)* s'engage à s'acquitter de cette somme comme il suit :
— F ... comptant, le ... ;
— F ... le ...

En ce qui concerne le prix des marchandises, il est entendu que M. ... *(acheteur)* paiera comptant la somme de F ..., le solde, soit F ..., devant être réglé ... *(préciser les modalités de règlement dans le détail).*

Fait en ... exemplaires, à ..., le ... *(date en toutes lettres).*

La partie soussignée affirme, sous les peines édictées par l'article 8 de la loi du 18 avril 1918, que le présent acte exprime l'intégralité du prix.

Lu et approuvé, certifié sincère et véritable,

Signature du vendeur.

La partie soussignée affirme, sous les peines édictées par l'article 8 de la loi du 18 avril 1918, que le présent acte exprime l'intégralité du prix.

Lu et approuvé, certifié sincère et véritable,

Signature de l'acheteur.

Ces mentions (depuis « La partie soussignée »... jusqu'à la fin de l'acte) doivent être *écrites à la main* par chacune des parties.

L'acte de vente souscrit à l'occasion de la cession d'un fonds de commerce comporte encore, la plupart du temps, des clauses particulières concernant la *publicité* qui doit être donnée à la transaction dans un journal d'annonces légales, la *purge des hypothèques*, les charges et *conditions* spéciales acceptées par l'acheteur et le vendeur, etc. L'acte mentionne encore le *privilège du vendeur* et son *droit de nantissement.*

PRIVILÈGE DU VENDEUR. — Le privilège permet au vendeur qui a accepté de l'acheteur des *billets de fonds* d'être garanti du solde à percevoir, avant tous créanciers, *même en cas de faillite.*

Pour bénéficier de cette garantie exceptionnelle, le vendeur doit :

1° Faire constater la vente par un acte enregistré ;

2° Faire inscrire le privilège au greffe du Tribunal de commerce dans les quinze jours qui suivent la signature de l'acte.

Le vendeur peut également obtenir la *résolution de la vente pour défaut d'exécution* (Code civil, article 1184), mais seulement s'il est fait mention de cette réserve dans l'acte et si ladite mention figure également dans l'inscription du greffe.

NANTISSEMENT. — Aux termes de l'article 8 de la loi du 7 mars 1909, les fonds de commerce peuvent faire l'objet de nantissements.

Contrairement à ce que l'on croit volontiers, le nantissement ne permet pas au créancier-gagiste de « reprendre son fonds », c'est-à-dire de se le faire attribuer en paiement. Le nantissement porte seulement sur la clientèle, le droit au bail et l'achalandage ; éventuellement, il peut concerner aussi, moyennant mention spéciale, le matériel, l'outillage, les marques de fabrique.

Nécessairement exprimé dans l'acte, et enregistré, le nantissement doit être inscrit au greffe du Tribunal de commerce dans le délai de quinze jours, tout comme le privilège. Il n'est pas opposable en cas de faillite.

Voici d'ailleurs un résumé des formalités qu'il est nécessaire d'accomplir après la vente d'un fonds de commerce.

FORMALITÉS NÉCESSAIRES APRÈS LA VENTE D'UN FONDS DE COMMERCE

1° Enregistrement (délai : un mois).

2° Première insertion dans un journal d'annonces légales (délai : quinze jours).

3° Deuxième insertion (doit être faite du 8e au 15e jour après la première).

4° Insertion dans le *Bulletin du Registre du commerce.*

5° Réquisition d'un état des inscriptions de privilège de vendeur ou de nantissement.

6° Inscription, au greffe du Tribunal de commerce, du privilège de vendeur, privilège de nantissement (sous quinze jours), réserve d'action résolutoire et dépôt de bordereaux.

7° Signification de la vente au bailleur (s'il n'a pas déjà accepté, par un acte quelconque, la cession de bail au nouveau locataire).

8° Signification de la vente aux Compagnies d'assurances qu'elle intéresse.

9° Radiation du vendeur au Registre du commerce ; inscription du nouveau propriétaire du fonds.

10° Déclaration de la vente aux services du Chiffre d'affaires, des Allocations familiales, de la Sécurité sociale, à l'inspecteur des Contributions directes et, si besoin est, au Syndicat professionnel.

11° Transfert des contrats d'eau, gaz, électricité, téléphone.

CHAPITRE XXIV

LA LOCATION : BAUX, RENOUVELLEMENT ENTRETIEN DES LOCAUX

Le louage, ou *location,* est un contrat par lequel l'une des parties donne à l'autre la jouissance d'une chose qui lui appartient pendant un certain temps et moyennant un prix fixé (Code civil, article 1709).

Les baux de location d'une maison, d'un appartement ou d'un local commercial *(baux à loyer),* ainsi que ceux qui concernent les exploitations rurales *(baux à ferme),* sont généralement rédigés par les notaires. Ils doivent être enregistrés.

De simples « engagements de location » peuvent en tenir lieu.

Acte de location d'un immeuble (bail à loyer)

Entre les soussignés,

M. ... *(nom, prénoms, profession et domicile),* propriétaire *(ou* locataire principal*)* des lieux ci-après désignés,

d'une part,

et M. ... *(nom, prénoms, profession et domicile du nouveau locataire),*

d'autre part,

Il est convenu ce qui suit :

M. ... *(propriétaire)* loue par les présentes à M. ..., qui accepte, et ce pour une durée de ... années entières et consécutives qui commenceront le ... pour finir le ... *(ou bien :* ... pour trois, six ou neuf années entières et consécutives au choix respectif des parties, qui commenceront à courir le ...*)* les lieux ci-après désignés : ... *(description aussi complète que possible des lieux loués : maison, appartement, etc., en précisant l'étage, le nombre de pièces, les jardins, cours, remises ou garages, etc.).*

Ainsi d'ailleurs que lesdits lieux s'étendent, se poursuivent et se comportent, avec toutes leurs dépendances, sans aucune exception ni réserve, et sans qu'il soit besoin d'en faire désignation plus détaillée, le preneur déclarant les bien et parfaitement connaître pour les avoirs vus et visités.

M. ... *(locataire)* s'oblige par les présentes à remplir les conditions suivantes :

1° Garnir les lieux loués de meubles ou objets mobiliers d'une valeur suffisante pour garantir le paiement des loyers ;

2° Occuper les lieux bourgeoisement, sans y exercer aucune industrie ni commerce ;

3° Les entretenir de toutes réparations locatives et les rendre, à la fin du présent bail, conformes à l'état des lieux qui en sera dressé, en double exemplaire, aux frais du preneur et contradictoirement avec lui par ... *(l'architecte, le gérant, etc.)* du bailleur lors de l'entrée en jouissance *(ou bien :* ... dans la quinzaine, dans le mois, etc., qui suivra l'entrée en jouissance) ;

4° Acquitter exactement et ponctuellement les contributions qui peuvent lui incomber, satisfaire à toutes les charges ;

5° Souffrir toutes les grosses réparations auxquelles il pourrait être nécessaire de procéder, tant que durera le présent bail, et sans pouvoir prétendre pour cela à une diminution de loyer, ni à aucun dommages-intérêts, à condition que lesdits travaux n'excèdent pas une durée de ... *(ou bien :* ... quelle que soit la durée desdits travaux) ;

6° Ne pas céder son droit au présent bail, ni sous-louer tout ou partie sans le consentement exprès et par écrit du bailleur, et, dans ce cas, sans demeurer débiteur, solidairement avec le cessionnaire ou sous-locataire, du montant des loyers et de l'entière exécution du présent bail pendant toute sa durée ;

7° S'assurer contre les risques d'incendie auprès d'une compagnie notoirement solvable et justifier de ladite assurance sur toute demande du bailleur ;

8° Supporter tous les frais du présent bail.

Le présent bail est consenti moyennant un loyer annuel de ... francs, que M. ... *(locataire)* s'oblige à payer au bailleur *(ou bien :* ... au porteur de ses titres et pouvoirs, à M. ..., gérant de l'immeuble, etc.) en quatre termes égaux, les 1er janvier, avril, juillet et octobre de chaque année, le premier paiement devant être effectué le ... et les autres de trois mois en trois mois jusqu'à expiration du bail, étant expressément convenu qu'à défaut de paiement d'un seul terme à son échéance, et huit jours après *(ou* quinze jours, *ou* un mois) un simple commandement demeuré sans effet, le présent bail sera résilié de plein droit, sans préjudice de tous dépens, dommages et intérêts.

Et M. ... *(locataire)* a remis à l'instant à M. ... *(propriétaire, gérant, etc.),* qui le reconnaît, la somme de F ... pour ... mois d'avance du loyer ci-dessus indiqué, laquelle somme est uniquement imputable sur les droits de jouissances des ... derniers mois du présent bail et sera acquise de plein droit au bailleur ou à ses ayants droit à titre d'indemnité, en cas de résiliation anticipée du fait de M. ... *(locataire),* dont quittance.

Fait en ... exemplaires, à ..., le ... *(date en toutes lettres).*

Lu et approuvé,	Lu et approuvé,
(Signature du vendeur).	*(Signature de l'acheteur).*

État des lieux

On appelle *état des lieux* un acte, passé entre propriétaire et locataire, contenant une description aussi exacte que possible des lieux loués et de l'état dans lequel ils se trouvent au moment de l'entrée en jouissance.

L'état des lieux peut être dressé par le propriétaire lui-même, en présence du locataire, ou par un architecte, un gérant, etc., dûment mandaté pour cela par le bailleur.

Sauf convention contraire, les frais entraînés par l'établissement de l'état des lieux sont habituellement supportés solidairement par le propriétaire et le locataire qui en acquittent chacun la moitié.

Assez fréquemment, le locataire s'engage, dans l'acte de location, à rendre les lieux loués, à l'expiration de son bail, dans l'état même où il les a trouvés lors de l'entrée en jouissance.

Pour la location des maisons ou appartements meublés, l'état des lieux se trouve toujours augmenté d'un inventaire précis, détaillé et complet de tous les meubles, objets, linge, bibelots, etc., qui garnissent les locaux loués. Vérifié et collationné par le locataire à son entrée en jouissance, cet inventaire l'est aussi par le propriétaire quand la location prend fin.

Échanges

La loi autorise l'échange des locaux d'habitation « en vue d'une meilleure utilisation familiale ». Chaque coéchangiste doit avertir son propriétaire par lettre recommandée avec accusé de réception ; le propriétaire qui entend s'opposer à l'échange doit saisir la juridiction compétente dans un délai de quinze jours.

Notification d'échange

Recommandée

Monsieur,

J'ai l'honneur de vous informer que j'entends échanger l'appartement que j'occupe dans votre immeuble avec celui de Mme ... *(nom et adresse),* dont le propriétaire est la Société ..., rue ...

Cet échange réalisera la meilleure utilisation familiale aux termes de la loi, puisque j'irai avec ma femme et mes deux enfants occuper l'appartement de cinq pièces de la rue ..., tandis que Mme ..., qui est seule, occupera mon logement de deux pièces.

Veuillez agréer, Monsieur, mes salutations distinguées.

Bail concernant une ferme

Entre les soussignés,

M. ... *(nom, prénoms, profession et domicile),* propriétaire des lieux ci-après désignés,

d'une part,

et M. ... *(nom, prénoms, profession et domicile),*

d'autre part,

Il est convenu ce qui suit :

M. ... *(propriétaire)* afferme par les présentes à M. ... *(locataire),* et ce pour ... années consécutives, qui commenceront le ... et finiront le ..., les biens ci-après désignés : ... *(désignation des bâtiments : habitation, écuries, granges, caves, etc. ; désignation des terrains, prés, bois, vignes, plantations ou cultures).*

Le présent bail est fait moyennant la somme annuelle de F ... que le preneur s'engage à payer chaque année en ... versements égaux, dont le premier le ... prochain, le deuxième le ..., pour être ainsi continué, de terme en terme, jusqu'à l'expiration du bail.

Ledit bail est consenti aux clauses et conditions suivantes :

1° Le premier s'oblige à tenir ladite ferme constamment garnie de meubles, grains, fourrages, bestiaux et tous objets d'exploitation représentant une valeur suffisante pour garantir le paiement des fermages ;

2° Il sera tenu d'effectuer à ses frais toutes réparations locatives (dont ramonage des cheminées, vidange des fosses d'aisance, curage des puits et mares) et devra rendre les lieux, à l'expiration du présent bail, conformes à l'état qui en sera dressé entre les parties avant l'entrée en jouissance ; il devra également souffrir, sans aucune indemnité ou diminution de loyer, les grosses réparations que pourraient exiger lesdits bâtiments, et ce quelle qu'en soit la durée ;

3° Il labourera, fumera et ensemencera les terres arables, fauchera les prés en saison convenable, le tout aussi fréquemment qu'il sera nécessaire ;

4° Il convertira toutes les pailles en fumier pour l'engrais des terres, sans pouvoir en vendre ou distraire aucune portion, et laissera sur place, en fin de bail, toutes celles qui resteront ;

5° Il entretiendra, soignera, taillera les arbres fruitiers et les vignes, remplaçant à ses frais les arbres ou pieds en cas de mort, toutes les fois qu'il sera nécessaire ;

6° Il entreprendra tous travaux utiles pour maintenir les lieux loués en bon état de production : entretien des clôtures, plantation et taillage des haies, vidange et curage des fosses d'écoulement, etc., selon que besoin sera ;

7° Il acquittera l'impôt foncier pendant toute la durée du présent bail, ainsi que toutes les charges annexées aux présentes ;

8° Ledit bail expiré, il rendra les cultures en bon état, ainsi que tous ustensiles, instruments ou machines ;

9° Il prendra à son compte tous risques de grêle, inondation, gelée, épidémie, stérilité ou tous autres, sans jamais pouvoir prétendre de ce fait à une diminution quelconque du loyer et des charges ;

10° Il s'assurera contre les risques d'incendie auprès d'une Compagnie notoirement solvable et justifiera de l'entretien de ladite assurance à toute réquisition du bailleur ;

11° Il est expressément entendu, au surplus, qu'il ne pourra céder ni transporter son droit au présent bail sans le consentement exprès et par écrit du bailleur.

Fait en … exemplaires, à …, le … *(date en toutes lettres).*

Lu et approuvé,
(Signature du locataire).

Lu et approuvé,
(Signature du propriétaire).

Acte de cession de bail

Entre les soussignés,

M. … *(nom, prénoms, profession et domicile du cédant),*

d'une part,

et M. … *(nom, prénoms, profession et domicile du cessionnaire),*

d'autre part.

Il a été convenu et arrêté ce qui suit :

M. … *(cédant)* cède et transporte par les présentes à M. …, qui accepte, le droit au bail qui lui a été consenti par M. … *(propriétaire)* suivant acte sous seing privé souscrit le … et enregistré le …, et ce pour le temps qui en reste à courir à compter du …

Ledit bail concernant … *(désignation des locaux loués avec description précise et détaillée),* sis à …, rue …, n° …, et dont copie a été remise ce jour à M. … *(cessionnaire),* qui reconnaît, avait été consenti à M. … *(cédant)* pour une durée de … années, commençant le … et finissant le …, moyennant le paiement d'un loyer annuel de F …, payables par termes égaux, de … mois en … mois, outre les clauses, conditions et charges y portées.

Ledit bail est cédé et transporté par les présentes à M. … *(cessionnaire)* à charge pour lui :

1° D'exécuter toutes clauses et conditions mentionnées audit bail ;

2° De payer en l'acquit de M. … *(cédant),* à M. … *(propriétaire)* le montant des loyers fixés, le premier paiement devant être effectué le …, et les autres suivant les époques mentionnées audit bail et jusqu'à son expiration, de telle sorte que M. … *(cédant)* ne puisse être inquiété ni recherché à leur propos.

M. … *(nom, prénoms, profession et domicile),* propriétaire des lieux susdits, est intervenu aux présentes et il a déclaré tenir pour agréable la présente cession, dispensant les parties de la lui signifier.

Fait en … exemplaires, à …, le …

Lu et approuvé,
(Signature du cessionnaire).

Lu et approuvé,
(Signature du cédant).

Lu et approuvé,
(Signature du propriétaire).

Exemple de résiliation de bail

Entre les soussignés,

M. ... *(nom, prénoms, profession et domicile),* propriétaire des lieux ci-après désignés,

d'une part,

et M. ... *(nom, prénoms, profession et domicile du locataire),*

d'autre part.

Il a été convenu et arrêté ce qui suit :

1° Un bail pour ... *(désignation précise des lieux loués)* et qui doit expirer le ... a été souscrit entre MM. ... et ... *(noms du propriétaire et du locataire),* suivant acte sous seing privé signé le ..., enregistré le ..., à ...

2° MM. ... et ... *(propriétaire et locataire)* désirant tous deux y renoncer aujourd'hui, ils déclarent par les présentes et d'un commun accord que ledit bail sera résilié à dater du ...

3° En conséquence, M. ... *(locataire)* s'oblige à rendre les lieux loués à la date susdite, en bon état de réparations locatives, et à payer le montant des loyers échus.

4° La somme de F ..., versée par M. ... *(locataire)* à M. ... *(propriétaire)* à titre d'avance sur loyers lui sera remboursée ... *(indication de la date du remboursement ou de la forme sous laquelle il sera effectué : imputation de la somme aux réparations locatives, aux loyers échus, etc.).*

Fait en ... exemplaires, à ..., le ...

Lu et approuvé, *(Signature du propriétaire).*

Lu et approuvé, *(Signature du locataire).*

Modèle de congé

Entre les soussignés,

Il est convenu et arrêté ce qui suit :

M. ..., propriétaire d'une maison sise à ..., rue ..., n° ..., donne par les présentes, congé à M. ..., son locataire, qui l'accepte, pour quitter les lieux qu'il occupe dans ladite maison, à la date du ...

De son côté, M. ..., locataire, promet de quitter lesdits lieux au jour convenu, avant midi, et d'en remettre les clefs au propriétaire, après avoir satisfait à toutes les prescriptions légales.

Fait en ... exemplaires, à ..., le ...

Lu et approuvé, *(Signature du propriétaire).*

Lu et approuvé, *(Signature du locataire).*

Modèle de quittance de loyer

Je reconnais avoir reçu de M. ... la somme de ... *(en toutes lettres)* pour le terme échu le ... *(date en toutes lettres)* de l'appartement qu'il occupe ... *(ou* de la maison, de la remise, *etc.,* que je lui ai louée*)* dans ma maison sise à ..., rue ..., n° ...

Dont quittance, sous réserve de tous droits.

À ..., le ...

Signature du propriétaire, mandataire ou gérant.

Les quittances de loyer comportent d'ordinaire, dans leur partie gauche, un détail de la somme due (loyer principal, portes et fenêtres, eau, ordures ménagères, prestations, timbre, etc.). Elles sont généralement établies au moyen de formules imprimées qu'il suffit de remplir.

Sous-location

Lorsque le locataire est en droit de sous-louer une partie des lieux loués, il est tenu de notifier au bailleur, *dans un délai d'un mois*, la sous-location, par lettre recommandée avec accusé de réception, en précisant le prix demandé au sous-locataire.

Notification de sous-location

Recommandée avec A.R.

Monsieur,

Par la présente lettre recommandée, j'ai l'honneur de vous faire savoir que depuis le 1er courant je sous-loue à M. ..., moyennant le prix mensuel de F ... ma chambre du 6e étage.

Veuillez agréer, Monsieur, mes salutations distinguées.

Demande de renouvellement d'un bail commercial

Mon cher Maître,

Aux termes d'un acte sous seing privé intervenu entre nous le ... et enregistré à ..., le ..., M. ..., propriétaire d'un *(immeuble, magasin, atelier, etc.)* sis à ..., rue ..., n° ..., m'a consenti un bail de ... années, à compter du ... et venant à expiration le ... pour ... *(désignation précise des lieux loués)* sis au lieu susdit *(indication éventuelle de la cour, de l'étage, etc.).*

Je vous prie de délivrer à M. ... *(propriétaire)* l'acte nécessaire pour me permettre de bénéficier du droit de renouvellement.

Veuillez agréer, mon cher Maître, l'expression de mes sentiments les meilleurs.

La loi du 30 juin 1926, plusieurs fois modifiée par d'autres prescriptions légales, consacre l'existence de la *propriété commerciale* en assurant aux locataires commerçants le renouvellement de leurs baux, ou le versement d'une importante indemnité d'éviction.

Toutefois, pour bénéficier les dispositions légales lui assurant le renouvellement de son bail, le commerçant doit :

1° Pouvoir justifier d'une jouissance consécutive des lieux loués *pendant trois ans au moins.*

2° Adresser au bailleur la demande de renouvellement dans les six mois précédant l'expiration du bail.

La demande de renouvellement doit être signifiée au propriétaire par ministère d'huissier. Voici un exemple de ce genre de demande.

Avant l'envoi d'une telle demande par ministère d'huissier, on peut, si l'on entretient de bonnes relations avec le propriétaire, lui adresser une simple *demande amiable* de renouvellement.

Le propriétaire peut refuser de renouveler le bail commercial, sans être obligé, pour autant, de verser au commerçant l'*indemnité d'éviction* prévue, mais seulement dans les cas suivants :

— S'il peut prouver que l'immeuble en cause doit être démoli ou complètement réaménagé pour cause de vétusté, insalubrité, etc. ;

— S'il justifie d'un motif grave et légitime à l'encontre du locataire sortant.

D'autre part, le bailleur peut refuser le renouvellement du bail, exclusivement sur la partie constituant des locaux d'habitation accessoires des locaux commerciaux, s'il désire reprendre ces lieux pour les habiter lui-même, ou pour y loger son conjoint, ses ascendants ou ses descendants (à condition que le bénéficiaire de la reprise ne dispose pas d'une habitation correspondant à ses besoins).

Le locataire commerçant peut demander à son bailleur l'autorisation d'exercer une ou plusieurs activités non prévues au bail ; le bailleur doit faire connaître son acceptation ou son refus *dans un délai d'un mois.*

Le fonds ne peut pas être cédé *dans les trois années* qui suivent la transformation.

Demande de réparations d'un locataire commerçant à son propriétaire

Recommandée.

Monsieur,

La porte de mon arrière-boutique donnant sous la voûte de l'immeuble où j'exerce mon commerce de ... est à ce point vermoulue qu'il est impossible d'en assurer la fermeture.

Je vous prie donc de faire procéder d'urgence à sa réparation ou à son remplacement, ce défaut de clôture m'exposant à des vols que mon assurance refuserait de couvrir.

Veuillez agréer, Monsieur, mes salutations distinguées.

> Si le propriétaire refusait de lui donner satisfaction, le locataire serait obligé, pour obtenir gain de cause, de l'assigner devant le Tribunal civil.

Demande de logement dans une H.L.M.

Recommandée avec A.R. à votre député.

Monsieur (ou Madame) le Député,

Le ... dernier, nous avons demandé l'attribution d'un logement de type F3 à l'Office des H.L.M. de ...

Six mois se sont écoulés sans réponse.

Ma femme attend son deuxième enfant et nous voudrions pouvoir emménager avant la naissance, dont quitter le F2 que nous avions obtenu, il y a cinq ans, grâce à votre heureuse influence.

Pourriez-vous avoir la grande obligeance de vous pencher à nouveau sur notre cas ?

Avec nos remerciements et nos espoirs, nous vous prions d'agréer, Monsieur (ou Madame) le Député, l'expression de nos sentiments respectueux.

CHAPITRE XXV

L'ÉCHANGE ET LE PRÊT

L'échange est un contrat par lequel deux parties se donnent respectivement une chose pour une autre (Code civil, article 1702).

Si les deux choses échangées ne présentent pas la même valeur, ce qui est fréquemment le cas, la somme à payer par l'une des parties pour compenser cette différence de valeur peut être mentionnée dans l'acte d'échange. Cette somme complémentaire est appelée *soulte*.

Formule générale d'échange

Entre les soussignés,

M. A... *(nom, prénoms, profession et domicile),*

d'une part,

et M. B... *(nom, prénoms, profession et domicile),*

d'autre part.

Il a été dit et convenu ce qui suit :

M. A... cède à titre d'échange à M. B..., qui accepte, un ... *(désignation et description précises de l'objet échangé),*

et M. B... cède au même titre au susdit M. A..., qui accepte également ... *(désignation et description précises de l'objet échangé).*

Il est entendu que MM. A... et B... se transfèrent réciproquement, avec toutes garanties de fait et de droit, la pleine et entière propriété des objets ci-dessus désignés, et ce à dater du ...

Le présent échange est fait sans soulte ni retour *(ou bien :* ... moyennant une somme de ..., payée comptant par M. A..., dont quittance, *ou encore :* ... moyennant le versement par M. B... d'une soulte de F ... qu'il s'engage à verser à M. A... en un seul paiement, en plusieurs paiements d'égale valeur, le premier le ..., et les autres ..., etc.*).*

Pour la perception des droits d'enregistrement seulement, et sans que cela puisse tirer à conséquence entre elles, les parties déclarent :

— que le ... *(objet donné en échange par M. A...)* donné en échange par M. A... possède une valeur vénale de F ... ;

— et le ... *(objet donné en échange par M. B...)* donné en échange par M. B..., une valeur vénale de F ...

Fait en ... exemplaires, à ..., le ...

Lu et approuvé, *(Signature de M. A...)*.

Lu et approuvé, *(Signature de M. B...)*.

En cas d'*échange d'immeubles*, l'acte devra préciser outre la description exacte et détaillée des immeubles, l'obligation pour les échangistes de remplir, dans un délai fixé, les formalités de la transcription et de la purge des hypothèques.

PRÊT À USAGE. — Défini par l'article 1889 du Code civil, le *prêt à usage* s'applique uniquement à un ou des objets que l'emprunteur doit utiliser pour un usage déterminé, convenu entre les parties, et qu'il doit restituer à l'expiration du délai fixé.

Le prêt à usage est obligatoirement *gratuit* ; payant, il deviendrait une *location*.

Acte de prêt à usage

Entre les soussignés,

M. ... *(nom, prénoms, profession et domicile du prêteur)*,

d'une part,

et M. ... *(nom, prénoms, profession et domicile de l'emprunteur)*,

d'autre part.

Il est dit et convenu ce qui suit :

M. ... *(prêteur)* prête à M. ... *(emprunteur)*, qui accepte ... *(énumération et description des choses prêtées, précisant leur nature exacte et l'état dans lequel elles se trouvent)*.

M. ... *(emprunteur)* reconnaît par les présentes qu'il a reçu ce jour lesdits objets, dont il s'engage à ne se servir que pour ... *(usage prévu par l'emprunteur et permis par le prêteur)*.

Il devra veiller à leur entretien et conservation et il s'engage à les rendre à M. ... *(prêteur)* dans l'état où ils se trouvent actuellement, dans le délai de ..., ainsi qu'à indemniser ce dernier de toutes les détériorations qu'ils pourraient avoir subies de son fait, à dire d'experts.

Fait en ... exemplaires, à ..., le ...

Lu et approuvé, *(Signature du prêteur)*.

Lu et approuvé, *(Signature de l'emprunteur)*.

PRÊT DE CONSOMMATION. — Ce genre de prêt (Code civil, article 1894) s'applique aux choses susceptibles d'être consommées par l'usage (aliments, boissons, grains et fourrages, bois de chauffage, etc.). Il résulte de cette définition qu'un objet susceptible d'être consommé mais *seul de son espèce, unique en son genre,* ne saurait être prêté.

Si l'emprunteur ne peut restituer au prêteur des objets ou marchandises semblables à ceux qu'il avait reçus de lui, il peut s'acquitter de sa dette par un versement d'argent (Code civil, art. 1903) ; il peut être amené aussi, en cas de restitution tardive, à payer des intérêts au prêteur (art. 1904).

Le prêt de consommation, gratuit en principe, entraîne souvent le paiement d'intérêts, surtout lorsqu'il s'agit d'un prêt d'argent (voir plus loin : PRÊT À INTÉRÊT).

Contrat pour prêt de consommation

Entre les soussignés,

M. ... *(nom, prénoms, profession et domicile du prêteur),*

d'une part,

et M. ... *(nom, prénoms, profession et domicile de l'emprunteur),*

d'autre part.

Il est dit et convenu ce qui suit :

M. ... *(prêteur)* prête à M. ... *(emprunteur),* qui accepte ... *(énumération des denrées, marchandises ou produits prêtés ; définition de leur nature exacte ; qualité et quantité ; valeur vénale, etc.),*

Lesdits ... *(objets, marchandises, etc.)* ayant été dûment ... *(mesurés, comptés ou pesés)* ce jour même, en présence et sous contrôle de M. ... *(emprunteur)*, qui le reconnaît.

M. ... *(emprunteur)* s'oblige à rendre à M. ... *(prêteur)* une pareille quantité ... *(ou* un pareil nombre, un pareil poids, *etc.)* de ... *(choses prêtées)* de ... *(même qualité, même valeur)* le ...

Au cas où M. ... *(emprunteur)* manquerait à se libérer à la date ci-dessus fixée, il est expressément convenu qu'il devra en outre et de plein droit l'intérêt à ... % l'an du prix des ... *(marchandises, denrées, etc.),* calculé à raison de ... francs le ... *(litre, kilogramme, mètre, douzaine, etc.).*

Fait en ... exemplaires, à ..., le ...

Lu et approuvé,	Lu et approuvé,
(Signature du prêteur).	*(Signature de l'emprunteur).*

PRÊT D'ARGENT. — Le prêt d'argent est une opération commerciale par définition, mais il peut arriver que la nature des relations qui existent entre prêteur et emprunteur lui enlève ce caractère. Le prêt, dans ces conditions, n'est plus qu'un service amical et, comme tel, il n'est pas obligatoirement assujetti aux formalités d'usage dans les autres cas.

Lettre pour solliciter un prêt d'argent

Cher Monsieur,

La vieille amitié qui nous lie et la bienveillance dont vous avez fait preuve à mon égard, dans de si nombreuses circonstances, depuis que nous nous connaissons, m'autorise aujourd'hui à recourir à vous.

Par suite de ... *(exposé de la ou des causes),* je me trouve avoir besoin de ... francs sous ... *(délai)* pour ... *(exposé des motifs : paiements qui ne peuvent être différés, conclusion d'affaires importantes et urgentes, acquisitions « à saisir », etc.).*

Voudriez-vous, s'il vous est possible de disposer de cette somme, me l'envoyer aussitôt ? Je m'engage ici à vous la restituer au plus tard le ...

En cas d'impossibilité de votre part, veuillez me le faire savoir sans tarder, afin que je m'efforce de trouver la somme par ailleurs. Mais je ne vous cache pas que j'aimerais mieux ne devoir qu'à vous un service de cette nature.

Avec tous mes sentiments de gratitude anticipée, veuillez croire, cher Monsieur, à mon plus cordial souvenir.

Réponse (refus)

Cher Monsieur,

Rien ne m'aurait été plus agréable, vous le pensez bien, que de vous rendre le petit service que vous me demandez.

Il m'est malheureusement impossible de le faire, car je viens de payer moi-même une très forte somme pour ... *(prétexte invoqué)* et je manque totalement de fonds disponibles, à l'heure actuelle.

Je vous en exprime tous mes regrets et vous prie de croire, cher Monsieur, à mes sentiments les meilleurs.

Autre réponse (acceptation)

Cher Monsieur,

C'est avec plaisir que je vous adresse par ... *(mandat, mandat télégraphique, chèque joint, virement bancaire ou postal, etc.)* la somme dont vous avez besoin.

Vous avez eu parfaitement raison de faire appel à moi et la chance a voulu que j'aie actuellement quelques fonds disponibles, que je suis bien heureux de mettre ainsi à votre disposition.

Que la date du remboursement, je vous en prie, ne vous donne aucune inquiétude. Je n'aurai pas besoin de ces fonds avant le ... Vous pouvez donc, si besoin est, les conserver jusque-là sans me gêner en aucune façon.

Croyez-moi toujours, cher Monsieur,

Très cordialement vôtre.

PRÊT D'ARGENT À INTÉRÊT. — Le prêt d'argent n'étant qu'une des formes du prêt de consommation, la formule de contrat sera la même. On se bornera à indiquer le taux d'intérêt fixé.

Entre les soussignés,

M. ... *(nom, prénoms, profession et domicile du prêteur),*

d'une part,

et M. ... *(nom, prénoms, profession et domicile de l'emprunteur),*

d'autre part.

Il est convenu ce qui suit :

M. ... *(prêteur)* prête à M. ... *(emprunteur),* qui accepte, la somme de F... qui lui ont été réellement comptés ce jour, ainsi qu'il le reconnaît par les présentes.

M. ... *(emprunteur)* s'engage à rendre à M. ... *(prêteur)* une pareille somme le ..., augmentée des intérêts calculés à ... % l'an, à compter du ...

Il est expressément convenu que si M. ... *(emprunteur)* manquait à se libérer à la date susdite, il devrait en outre et de plein droit un intérêt supplémentaire de ... % l'an, calculé de la même façon, et à compter de la même date.

Fait en... exemplaires, à..., le...

Lu et approuvé,
(Signature du prêteur).

Lu et approuvé,
(Signature de l'emprunteur).

Demande de prêt d'un commerçant à un autre commerçant (service amical)

Cher Monsieur,

Trois de mes principaux clients ont actuellement des problèmes de trésorerie. Il s'agit d'affaires parfaitement saines et je n'ai par conséquent aucune crainte à avoir concernant les sommes qu'ils me doivent. Mais pour le moment, je subis le contrecoup de leurs difficultés financières, ce qui me vaut de me trouver dans un embarras passager.

M'appuyant sur nos longues et bonnes relations, j'ai cru pouvoir m'adresser à vous : consentiriez-vous à me prêter ... francs que je vous rembourserai, avec les intérêts que vous voudrez bien me fixer, dans trois mois ?

Vous me rendriez un immense service dont je saurais me souvenir si, l'occasion inverse se présentant, vous vous trouviez un jour dans la même situation que moi.

Veuillez agréer, cher Monsieur, l'expression de mes sentiments bien dévoués.

CHAPITRE XXVI

MOYENS DE CRÉDIT, EFFETS DE COMMERCE CAUTIONNEMENTS ET NANTISSEMENTS

Reconnaissance de dette

Je soussigné ... *(nom, prénoms, profession et domicile),* reconnais devoir à M. ... *(nom prénoms, profession et domicile),* la somme de F ... pour ... *(origine de la dette contractée).*

Bon pour la somme de ... *(somme en toutes lettres).*

Fait à ..., le ...

Signature du débiteur.

Billet simple

Le billet simple indique seulement le nom du créancier envers qui le débiteur souscrit une obligation. Il ne peut être endossé pour transmission à une tierce personne. Le délai de prescription d'un billet simple est de trente ans.

Je soussigné ... *(nom, prénoms, profession et domicile du débiteur),* m'engage à payer à M. ... *(nom, prénoms, profession et domicile du créancier),* le ... *(date de l'échéance)* la somme de ... *(somme en toutes lettres)* pour ... *(origine de la dette : travaux exécutés, marchandises fournies, argent prêté sans intérêts, etc.).*

À ..., le ... *(date en toutes lettres).*

Signature.

Si le billet est écrit d'une autre main que celle du débiteur, ce dernier intercalera de sa main, entre la date et sa signature, la mention suivante :

Bon pour ... *(somme en toutes lettres).*

Billets à intérêts

Je soussigné ... *(nom, prénoms, profession et domicile du débiteur)*, reconnais avoir reçu ce jour, à titre de prêt, de M. ... *(nom, prénoms, profession et domicile du créancier)*, la somme de ... *(en toutes lettres)* que je m'engage à lui rembourser le ... *(ou bien* en... paiements trimestriels, annuels de ... francs chaque, dont le premier viendra à échéance le ...) avec intérêt à ... % l'an à dater de ce jour *(ou bien* ... chacun de ces remboursements étant augmenté des intérêts échus à ... % l'an, portant sur le paiement effectué et la somme restant due*)*.

Signature.

Quittance d'un billet à intérêts payé

Je soussigné ... *(nom, prénoms, profession et domicile du créancier)*, reconnais avoir reçu ce jour de M. ... *(nom, prénoms, profession et domicile du débiteur)* ... la somme de ... *(somme en toutes lettres)*, en remboursement *(ou* en remboursement partiel*)* du prêt que je lui ai consenti le ... *(ajouter s'il y a lieu :* et la somme de ... montant des intérêts dus à ce jour*)*.

À ..., le ...

Signature.

Billet à ordre

Le billet à ordre est celui par lequel le souscripteur s'engage à payer une certaine somme à son créancier ou à son ordre, c'est-à-dire à une personne devenue cessionnaire de ses droits par un endossement.

Au ... *(date)*, je paierai à M. ... *(nom, prénoms, profession et domicile du créancier)* ou à son ordre, la somme de ... *(somme en toutes lettres)*, valeur reçue en ... *(marchandises, en compte, etc.)*.

À ..., le ...

Signature du souscripteur, accompagnée de ses nom et adresse.

ENDOSSEMENT D'UN BILLET À ORDRE. — L'endossement consiste en une mention portée au dos d'un effet négociable, par laquelle on autorise une tierce personne à en percevoir le montant.

Payez à l'ordre de M. ... *(nom du bénéficiaire de l'endossement)* valeur reçue en espèces.

Paris, le ... *(date en toutes lettres)*.

Le billet à ordre doit indiquer en quoi la valeur reçue a été fournie ; il peut être payable à vue, ou à une époque fixée.

Si le souscripteur d'un billet à ordre refuse d'en payer le montant, le porteur du billet fait constater ce refus, le lendemain de l'échéance, par un protêt. Il peut alors, dans la quinzaine, en demander le paiement aux endosseurs, car toutes les personnes qui ont signé ou endossé un billet en sont solidairement responsables et garantes envers le porteur.

Le billet à ordre souscrit par un particulier est prescrit au bout de trente ans ; souscrit par un commerçant, il l'est au bout de cinq ans.

LETTRE DE CHANGE OU TRAITE. — La lettre de change, plus couramment appelée *traite,* est un contrat par lequel le souscripteur (ou *tireur*), ayant reçu de l'argent comptant ou toute autre valeur, mande à une autre personne (ou *tiré*) de payer une somme déterminée, à celui dont la traite porte le nom *(bénéficiaire* ou *preneur),* ou à la personne à laquelle il a délégué ses droits *(porteur).*

À M. ... *(nom, prénoms, profession et domicile du tiré).*

À ..., le ... ... *(somme en chiffres).*

Au ... *(date),* veuillez payer contre cette lettre de change à M. ... *(nom, prénoms, profession et domicile du preneur),* ou à son ordre, la somme de F. ... *(somme en toutes lettres),* valeur reçue en ... *(motif de la dette contractée par le tireur : en marchandises, en compte, etc.).*

Signature du tireur, accompagnée de ses nom et adresse.

DOMICILIATION. — La domiciliation (mention que l'on porte habituellement *en bas et à gauche de la traite, à l'encre rouge et en la soulignant*) consiste, pour le *tireur,* agissant suivant les instructions du *tiré,* à indiquer à l'encaisseur l'endroit où l'effet sera payable. Exemple :

Payable à la Banque ... *(nom et adresse).*

ACCEPTATION ET AVAL. — L'acceptation est une mention portée sur l'effet par le *tiré,* qui l'engage à payer ledit effet à son échéance. Elle doit être écrite sur la lettre de change même et en travers. La formule d'acceptation se compose seulement du mot *Accepté,* suivi de la signature du *tiré.* Si l'effet est *à vue,* le mot *Accepté* doit être suivi de la date.

La personne qui donne son aval à un effet de commerce se porte garante du paiement par cette simple mention. Pour avaliser un effet, il suffit d'y porter les mots : *Bon pour aval,* suivis de la signature.

L'aval peut être limité à une somme déterminée.

Avis de cautionnement

Je soussigné ... *(nom, prénoms, profession et domicile)* déclare par les présentes me porter caution de M. ... *(nom, prénoms, profession et domicile du cautionné)* envers M. ... *(nom, prénoms, profession et domicile)* en ce qui concerne *(exposé de l'affaire ou de l'opération cautionnée)*, et ce pour et à concurrence de ... francs.

Fait à ..., le ...

Signature de la personne qui donne sa caution.

Contrat de gage ou *nantissement*

Entre les soussignés,

M. ... *(nom, prénoms, profession et domicile)*,

d'une part,

et M. ... *(nom, prénoms, profession et domicile)*,

d'autre part.

Il a été convenu et arrêté ce qui suit :

M. ... remet et donne en gage à M. ..., qui accepte, un ... *(désignation très précise de l'objet)* en garantie du paiement de la somme de ... dont il lui est redevable pour ... *(motif de la dette)*.

M. ... *(créancier-gagiste)* sera tenu de restituer ledit gage à M. ... dès qu'il aura touché la somme ci-dessus mentionnée, principal et intérêts.

À défaut de paiement, au plus tard le ... et ... jours après une simple sommation de payer demeurée sans résultat, il aura le droit de faire vendre ledit gage en justice et de se faire payer par privilège, de préférence à tous autres, sur le prix qui en sera retiré.

À cet effet, M. ... *(propriétaire de l'objet donné en gage)* accepte par les présentes que le prix de ladite vente soit remis entre les mains de M. ... *(créancier-gagiste)*, hors sa présence et sans qu'il soit besoin de l'y appeler, par l'officier ministériel qui y aura procédé, auquel il déclare donner ici toutes autorisations et décharges nécessaires.

Fait en ... exemplaires, à ..., le ...

Lu et approuvé,	Lu et approuvé,
(Signature du propriétaire du gage).	*(Signature du créancier-gagiste).*

Le cautionnement et le gage, ou nantissement, constituent des *contrats de garantie* qui protègent les créanciers contre les débiteurs insolvables en leur fournissant une *sûreté personnelle* (personne qui s'engage à payer à leur place) ou une *sûreté réelle* (objets ou valeur confiés en gage).

La *constitution d'hypothèque*, autre moyen pour le débiteur d'offrir une garantie solide à son créancier, fait obligatoirement l'objet d'un acte notarié.

CHAPITRE XXVII

GÉRANCE, GESTION TUTELLE ET DÉLÉGATION DE POUVOIRS

Lettre-contrat d'un gérant salarié

Monsieur,

Je vous confirme par la présente notre accord verbal de ce jour.

Il est entendu que vous serez, à compter du ..., le gérant salarié de mon fonds de commerce de ..., sis à ..., rue ..., n° ...

Valable pour une durée de ..., ce contrat vous est consenti aux conditions ordinaires et de droit. En outre, vos obligations seront plus particulièrement les suivantes :

1° Administrer le susdit fonds de commerce en qualité de mandataire, suivant les pouvoirs que je vous donne ici même, de traiter pour moi, en mon nom et en mes lieu et place, toutes opérations commerciales ;

2° Acheter et vendre toutes marchandises, passer tous marchés et assurer leur exécution, vous charger de toutes commissions, tirer et accepter toutes traites jusqu'à un montant de ... ;

3° Faire tous protêts, dénoncer tous comptes de retour, arrêter tous comptes courants et autres, actifs et passifs, fixer le reliquat, les recevoir ou payer, signer toute correspondance, et, généralement, entendre, débattre et clore ;

4° Retirer de toutes administrations, postes, messageries ou autres, lettres, colis et envois recommandés de toute nature expédiés à mes nom et adresse et en donner bonne et valable décharge ;

5° Toucher et recevoir toutes sommes qui peuvent ou pourraient être dues au constituant à raison de l'exploitation du susdit fond, acquitter celles dont il se trouverait débiteur et, à défaut de paiement, accepter toutes actions ou poursuites ;

6° Donner ou retirer quittances ou décharges pour toutes sommes reçues ou payées, et généralement faire le nécessaire.

Votre salaire est fixé à la somme de ... par mois, toutes indemnités comprises, vos frais particuliers de déplacement vous étant remboursés sur justification.

Il est expressément entendu que vous vous obligez à maintenir un chiffre d'affaires mensuel et moyen de ... Si, pendant une période de ... mois, le chiffre ci-dessus fixé et stipulé n'était pas atteint, votre contrat se trouverait rompu de plein droit, sur simple signification à vous faite par lettre recommandée, sans que vous puissiez prétendre à indemnité ou dédommagement quelconque.

Veuillez me confirmer votre accord en reprenant point par point, dans votre réponse, les clauses de la présente.

Je vous prie d'agréer, Monsieur, l'expression de mes sentiments distingués.

Un contrat de *gérant salarié* peut être conclu par une simple lettre. Le propriétaire du fonds reste commerçant et le contrat qu'il a souscrit avec son gérant est un *contrat de travail.*

Dans le cas d'une *gérance libre*, au contraire, c'est le gérant qui assume tous les risques et encaisse tous les profits de l'exploitation. Complètement indépendant, il a seul la qualité de commerçant. Son droit de gérance, qui n'est ni cessible, ni aliénable, lui est concédé par le propriétaire du fonds pour une durée déterminée et moyennant une somme variable, dont le montant est débattu entre les parties.

La gérance libre présente de gros risques, tant pour le propriétaire que pour son gérant. Il importe donc de bien se renseigner à cet égard, avant de conclure toute convention de ce genre, auprès d'un officier ministériel ou d'un conseil juridique.

Le pouvoir ou *procuration*

L'acte qui constate la procuration et qu'on nomme volontiers *pouvoir* est une pièce que le *mandant* remet à une tierce personne *(mandataire),* pour l'autoriser à agir en ses lieu et place.

Inutile de dire avec quel soin doit être rédigé un acte de cette nature. Toutes les fois qu'on le peut, on recourra aux bons conseils d'un officier ministériel.

Procuration non générale (ou *spéciale*)

Je soussigné ... *(nom, prénoms, profession et domicile du mandant),* donne pouvoir, par les présentes, à M. ... *(nom, prénoms, profession et domicile, du ou de la mandataire)* de ... *(énoncer très précisément l'objet particulier du mandat)* et, d'une manière générale, faire tout ce qui pourra être utile et nécessaire à cet effet.

En foi de quoi je m'engage dès à présent à avouer M. ... et à ratifier les actes qu'il aura dû passer pour moi et en mon nom.

Fait à ..., le ...

Bon pour pouvoir,	Accepté le présent pouvoir,
(Signature du mandant).	*(Signature du mandataire).*

Procuration pour représenter un tiers à une faillite ou liquidation judiciaire

Je soussigné ... *(nom, prénoms, profession et domicile du mandant)*, donne pouvoir par les présentes à M. ... *(nom, prénoms, profession et domicile du mandataire),* de me représenter aux opérations de la faillite de M. ... *(nom, prénoms, profession et domicile du failli)*, dont je suis créancier pour une somme de ... francs, en raison de ... *(motif de la créance)*.

Conséquemment, requérir toutes oppositions, reconnaissances et levées de scellés, procéder à tous inventaires et récolements et faire tous dires, réquisitions et réserves ; demander la nomination de tous syndics ou liquidateurs définitifs, présenter toutes requêtes, faire tous dires ou observations, faire vérifier leur créance, en affirmer la sincérité comme je le fais par les présentes ; vérifier, admettre ou rejeter tous titres produits par les autres créanciers, se faire rendre compte de l'état de la faillite ou liquidation susdite, prendre part à toutes délibérations, consentir toutes remises, accorder termes et délais, traiter, composer, transiger à cet effet, signer tous actes, tous concordats ou arrangements particuliers, s'y opposer, même par les voies extraordinaires, les représenter ou faire représenter à toutes audiences du Tribunal de commerce qu'il appartiendra, soit en demandant, soit en défendant sur tous incidents, remettre ou retirer tous titres et pièces, toucher tous dividendes et en donner quittance, substituer tout ou partie des présentes, et généralement faire tout ce qui sera nécessaire à mes intérêts, quoique non prévu aux présentes.

En foi de quoi, je m'engage dès à présent à avouer M. ... *(mandataire)* et à ratifier les actes qu'il aura dû passer pour moi et en mon nom.

Fait à ..., le ...

Bon pour pouvoir,	Accepté le présent pouvoir,
(Signature du mandant).	*(Signature du mandataire).*

Procuration générale

Je soussigné ... *(nom, prénoms, profession et domicile du mandant),* donne, par les présentes, pouvoir à M. ... *(nom, prénoms, profession et domicile du mandataire)* que je constitue mon procureur général et spécial,

De régir et administrer, activement et passivement, tous les biens mobiliers ou immobiliers m'appartenant ou pouvant m'appartenir par la suite à quelque titre que ce soit ;

Conséquemment, de toucher et recevoir de tous débiteurs les sommes en principal et intérêts, frais et accessoires, qui me sont ou pourraient m'être dues ; toucher toutes sommes, à quelque titre que ce puisse être ; accepter ou refuser tous remboursements ; compter avec tous créanciers ou débiteurs quelconques ; payer toutes sommes en principal et intérêts qui sont ou pourraient être dues par moi, à quelque titre et pour quelque motif que ce soit ; souscrire ou faire souscrire tous billets, contrats ou obligations ; louer ou affermer tout ou partie de mes biens immobiliers ; faire effectuer toutes réparations qui pourraient être nécessaires, accepter tous legs particuliers ou universels ; assister et être présent à toutes assemblées de créanciers ; donner ou retirer quittances et décharges valables ; faire tous placements pour emploi de fonds, recueillir toutes successions qui pourraient m'échoir ; prendre connaissance de toutes donations ou de tous testaments, en consentir ou contester l'effet, procéder à tous comptes, amiablement ou en justice ; concourir à la constitution de toutes sociétés nouvelles et à la nomination de tous administrateurs et syndics ; retirer de la poste ou de toutes messageries et chemins de fer, ou recevoir à domicile les lettres, télégrammes, paquets et colis, chargés ou non, et ceux renfermant des valeurs déclarées à mon adresse ; me représenter à toutes assemblées, délibérations et conseils de famille et y donner ou refuser toutes autorisations demandées ; en cas de difficulté quelconque, paraître, tant en demandant qu'en défendant, devant tous juges et tribunaux compétents, recourir à tout arbitrage, se concilier, transiger, acquiescer, exécuter toute décision de justice obtenue ; continuer et faire toutes les opérations de commerce du mandant, acheter et vendre toutes marchandises, passer tous marchés et les exécuter, viser et accepter toutes traites, lettres de change, billets à ordre, mandats et chèques sur tous particuliers, négociants et caisses publiques, signer tous endossements, acceptations et avals, tous transferts, registres et émargements, tous comptes et bordereaux, faire tous protêts, comptes de retour, signer toute correspondance, substituer en tout ou partie des présents pouvoirs une ou plusieurs personnes, conjointement ou séparément, et, généralement, faire au sujet de la régie et administration de mes biens tout ce qui pourrait être utile, convenable ou nécessaire à mes intérêts, même dans les cas non prévus par les présentes.

En foi de quoi, je m'engage dès à présent à avouer M. ... *(mandataire)* et à ratifier tout ce que ledit mandataire fera dans mon intérêt, car je promets avoir le tout pour agréable.

Fait à ..., le ...

Bon pour pouvoir, | Accepté le présent pouvoir,

(Signature du mandant). | *(Signature du mandataire).*

Selon les prescriptions légales (Code civil, article 6988), les pouvoirs qui ne constituent pas de simples *actes d'administration* (par exemple la vente des biens du mandant ou le droit de les hypothéquer) doivent être expressément mentionnés dans la procuration générale.

Les époux peuvent se donner entre eux procuration.

Modèle de compte de tutelle

Compte de tutelle rendu par M. ... *(nom, prénoms, profession et domicile du tuteur),* tuteur de M. ... *(nom du ou de la pupille)* en vertu d'une délibération du conseil de famille reçue par M. le Juge de paix de ..., en date du ... Calcul établi sur la période du ... au ..., date de la majorité du pupille susnommé.

RECETTES :

(Détail des recettes, avec leur origine et leurs dates.) .... ________

TOTAL .... F

DÉPENSES :

(Détail des dépenses, avec indication précise et datée de l'emploi des fonds.) . . . ________

TOTAL .... F

BALANCE :

Soit un excédent *(ou* un débit*)* de .... F
Fait à ..., le ...

Signature du tuteur.

Indiquer si besoin est les sommes qui restent à payer ou à recouvrer.

Décharge de compte de tutelle

Je soussigné ... *(nom, prénoms, profession et domicile de l'ex-pupille)*, reconnais par les présentes avoir reçu de M. ... *(nom, prénoms, profession et domicile de l'ex-tuteur)*, en date du ..., un compte de tutelle concernant la gestion de ma fortune, assurée par lui à titre de tuteur, pendant ma minorité, du ... au ...

Après examen et vérification du susdit compte, je déclare le tenir pour sincère et véritable, et en accepter le balancement qui accuse à mon profit une somme de ... francs, laquelle M. ... *(ex-tuteur)* vient de me verser, dont quittance.

Je déclare en outre décharger ledit M. ... *(ex-tuteur)* de tout ce qui concerne l'administration de mes biens et consens par les présentes à la radiation de l'hypothèque légale portant sur ses biens, promettant d'en donner mainlevée à première réquisition.

Fait à ..., le ...

Signature de l'ex-pupille.

Cette décharge, à lui délivrée par son ex-pupille, ne peut être exigée par le tuteur *moins de dix jours* après la remise par lui de son compte de tutelle, ce délai étant fixé pour permettre les vérifications et contrôles utiles.

CHAPITRE XXVIII

LA DONATION, LE TESTAMENT ET L'HÉRITAGE

DONATION. — La *donation entre vifs* est un acte par lequel une personne *(donateur)* abandonne gratuitement à une autre *(donataire)* la propriété d'un bien quelconque.

La donation doit faire l'objet d'un *acte authentique*, rédigé par un notaire.

S'il a des héritiers, le donateur est obligé de respecter la partie de sa fortune qui leur revient de droit *(réserve)* et ne peut donc disposer que de la *quotité disponible*.

L'*acceptation du donataire* doit être obligatoirement mentionnée dans le contrat de donation.

Aux termes de l'article 1099 du Code civil, la donation est irrévocable, sauf si elle est faite entre époux.

TESTAMENT. — Le *testament olographe*, le plus pratique et le plus fréquemment employé, est un acte sous seing privé qui doit être, sous peine de nullité, écrit tout entier, daté et signé de la main du testateur. Les additions, ou *codicilles,* d'un testament olographe sont assujetties aux mêmes prescriptions.

À cela près, le testament olographe peut affecter la forme que désire le testateur (éventuellement, celle d'une simple lettre). Il peut être fait sur papier libre, mais le légataire, dans ce cas, devra payer une amende pour défaut de timbre.

Le *testament mystique* diffère seulement du testament olographe sur le point suivant : au lieu d'être conservé par le testateur, il est déposé par lui chez un notaire, sous enveloppe cachetée et en présence de six témoins.

Quant au *testament authentique*, il est dicté par son auteur à un notaire assisté de quatre témoins, ou à deux notaires, en présence de deux témoins.

Si le testateur possède un ou des *héritiers réservataires* (ascendants légitimes, descendants légitimes ou naturels), il ne pourra disposer comme bon lui semble que de la quotité disponible ; sans héritiers réservataires, il pourra léguer à qui lui plaît la totalité de son patrimoine.

Les legs prévus (Code civil, articles 1002 et 1010) sont de trois sortes :

1° Le *legs universel,* qui donne au légataire la totalité de la succession, exception faite, s'il y a lieu, de la part légalement dévolue aux héritiers réservataires ;

2° Le *legs à titre universel,* qui accorde au légataire une part déterminée de la succession ;

3° Le *legs à titre particulier,* qui vaut à son bénéficiaire la remise d'un ou plusieurs objets expressément désignés par le testateur.

Le légataire universel, seul, est responsable des dettes et charges pouvant résulter de la succession. La prudence lui conseille donc, s'il ignore le montant exact de l'actif et du passif de la succession, de ne l'accepter que *sous bénéfice d'inventaire.*

Modèle de testament (un seul légataire)

Ceci est mon testament :

Je soussigné ... *(nom, prénoms et domicile),* déclare instituer pour mon *(ou* ma*)* légataire universel (*ou* universelle*)* M. ... *(nom, prénoms et domicile).*

Je révoque tous autres testaments et dispositions que j'ai pu faire antérieurement.

Écrit en entier, daté et signé de ma main, à ..., le ... *(date en toutes lettres).*

Signature.

Autre modèle (plusieurs légataires)

Je soussigné ... *(nom, prénoms et domicile),* déclare instituer Mme ... *(nom, prénoms et domicile),* Mlle ... *(nom, prénoms et domicile)* et M. ... *(nom, prénoms et domicile)* pour mes légataires universels.

Au cas où l'une de ces personnes, ou deux d'entre elles, viendraient à décéder avant moi, j'entends que les survivants, ou le survivant, recueillent la totalité de ma succession.

Fait à ..., le ... *(date en toutes lettres).*

Signature.

Autre modèle (avec legs particuliers)

Je soussigné ... *(nom, prénoms et domicile),* donne et lègue par les présentes à :

1° M. ... *(nom, prénoms et domicile)* la somme de ... *(énonciation du legs) ;*

2° M. ... *(nom, prénoms et domicile)* la maison que je possède à ... *(énonciation du legs) ;*

3° M. ... *(nom, prénoms et domicile)* tous les livres composant ma bibliothèque, sans aucune exception ni réserve, ainsi que ... *(énonciation des différents objets du legs).*

Je désire que tous les droits et frais des legs ci-dessus indiqués soient supportés par ma succession, de manière que mes légataires perçoivent leurs legs francs et quittes de toutes charges.

Fait et écrit entièrement de ma main, à ..., le ...

Signature.

INSTITUTION D'UN EXÉCUTEUR TESTAMENTAIRE. — Pour instituer un exécuteur testamentaire, il suffira au testateur d'insérer dans l'expression de ses dernières volontés une mention comme celle-ci :

« Je nomme pour mon exécuteur testamentaire M. ... *(nom, prénoms et domicile)* et, à son défaut, M. ... *(nom, prénoms et domicile),* en le priant d'accepter, pour l'indemniser de ses peines, une somme de ... *(ou tel objet désigné : meuble, tableau, bijou, etc.).* »

Lettre d'un héritier à un notaire pour formalités de succession

(Voir page 140.)

Requête pour être envoyé en possession d'un legs

On s'adresse au Procureur de la République, mais il faut auparavant passer obligatoirement par un avocat. (Voir page 143.)

Acceptation de legs

Je soussigné ... *(nom, prénoms et domicile),* après avoir pris connaissance du testament fait le ... par M. ... *(testateur)* et aux termes duquel il me désigne comme son légataire *(universel, à titre universel, etc.)*, déclare accepter formellement ce legs et m'obliger à l'exécution des charges et conditions qui y sont attachées. Je donne par les présentes tout pouvoir au porteur pour le signifier à qui de droit.

Fait à ..., le ...

Signature.

La *renonciation* fait l'objet d'un acte au Tribunal civil dans le ressort duquel s'est produit le décès du testateur.

Décharge de legs

Le soussigné ... *(nom, prénoms et domicile),* légataire ... *(particulier, à titre universel, etc.)* de M. ... *(testateur),* décédé à ..., le ..., aux termes de son testament en date du ... enregistré le ..., dont le dépôt a été ordonné en l'étude de M^e^ ..., notaire à ..., par M. le Président du Tribunal civil de ..., aux termes d'une ordonnance du ..., enregistrée,

Reconnaît que M. ..., *(légataire universel, exécuteur testamentaire, etc.)* de M. ... *(testateur),* lui a remis le legs à lui fait par ledit testament.

En conséquence, il déclare ici décharger la succession de l'importance dudit legs.

Fait à ..., le ...

Signature.

HUITIÈME PARTIE

INFORMATIONS POSTALES

CHAPITRE XXIX

ENVELOPPES, LETTRES RECOMMANDÉES PIÈCES JOINTES, ENVOIS CONTRE REMBOURSEMENT LETTRES PAR AVION, TÉLÉGRAMMES CODES TÉLÉGRAPHIQUES, TÉLEX TÉLÉCOPIEUR, MINITEL, INTERNET, POSTE RESTANTE BOÎTE POSTALE, RÉPERTOIRES LETTRES À CONSERVER

Depuis notre dernière édition, les postes françaises ont fait peau neuve. Grâce à l'informatique sont apparues des modifications profondes dans les modes d'acheminement du courrier, sa présentation, ses délais... Aujourd'hui, la quasi-totalité des bureaux de postes est informatisée.

ENVELOPPES. — Dans toute correspondance, qu'elle soit commerciale ou a fortiori privée, il est incorrect d'utiliser une enveloppe dont la couleur diffère de celle du papier. Il en va de même pour les dimensions : pas de feuille immense dans une petite enveloppe ou inversement.

Les enveloppes peuvent être simples ou doublées. L'enveloppe doublée est plus résistante et ne permet pas de lire son contenu par transparence.

Si l'on emploie du papier de format commercial (21 × 29,7), l'enveloppe longue est recommandée : elle permet d'y glisser la feuille repliée en trois parties. La lettre ainsi pliée est glissée dans son enveloppe de telle sorte que le côté plié repose au fond et que le côté du feuillet qui porte la date et l'en-tête soit tourné vers la patte de l'enveloppe. En procédant de cette manière, la lettre ne risquera pas d'être coupée à l'ouverture si votre correspondant utilise des ciseaux.

Dimensions

• Lettre de moins de 20 g.

Dimensions minimales : 14 cm × 9 cm.

Dimensions maximales : 23,5 cm × 12 cm.

Épaisseur maximale : 5 mm.

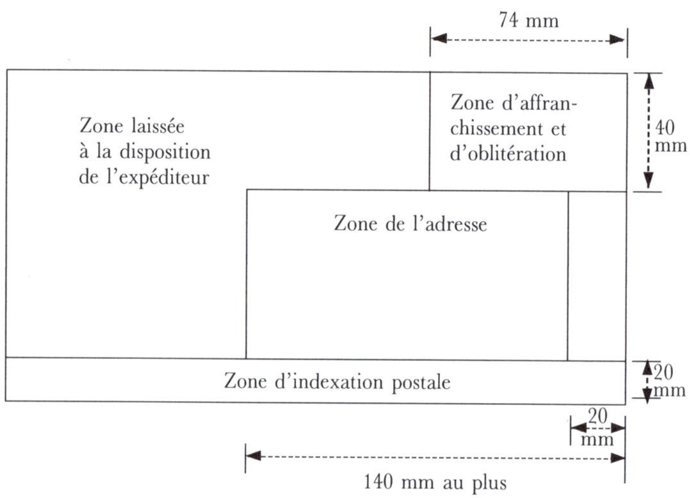

• Lettres de plus de 20 g.

La plus grande dimension ne peut dépasser 60 cm.

Le total des trois dimensions (longueur + largeur + épaisseur) ne doit pas dépasser 100 cm (régime international : 90 cm).

Dimensions minimales : 14 cm × 9 cm.

Poids maximal : 5 kg (régime international : 2 kg).

Sur les enveloppes de grand format, ne pas oublier le papillon « LETTRE ».

• Cartes de visite.

Dimensions minimales : 14 cm × 9 cm.

• Cartes postales.

Dimensions maximales : 15 cm × 10,7 cm.

Dimensions minimales : 14 cm × 9 cm.

La longueur doit être au moins égale à la largeur × 1,4.

Zone d'affranchissement et d'oblitération identique à celle de l'enveloppe ci-dessus.

• Plis non urgents (imprimés ou non).

Mêmes dimensions que les lettres. Les imprimés à découvert ne peuvent dépasser 15 cm × 10,7 cm.

Poids maximal : 5 kg.

• Paquets-poste.

Dimensions maximales : comme pour les lettres de plus de 20 g.

Dimensions minimales : 10 cm × 7 cm.

Les envois ayant des dimensions inférieures ne sont admis que s'ils sont pourvus d'une étiquette volante du format minimal de 10 cm × 7 cm, portant adresse et affranchissement.

Poids maximal : 5 kg (régime international : 3 kg).

• Rouleaux.

Longueur : de 10 cm à 90 cm.

Total de la longueur + 2 diamètres : de 17 cm à 104 cm.

Poids maximal : 3 kg.

• Envois en nombre.

Ces envois ne peuvent concerner que des plis non urgents et des paquets-poste, et pour une quantité minimale de 1 000 unités.

Adresse et codage

Exemples d'adresses codées	
Il y a un bureau distributeur dans la localité du destinataire	Monsieur J... M... 13, rue Mousseau 26620 LUS LA CROIX HAUTE
Il n'y a pas de bureau distributeur dans la localité du destinataire (ici : Miracle)	Madame V... B... Miracle 82160 CAYLUS
Le destinataire est titulaire d'un Cedex, abréviation de Courrier d'entreprise à distribution exceptionnelle	Société Fondus 9, rue Mazarine 75421 PARIS CEDEX 06
Le destinataire habite un pays étranger	Mr. Norman Blake 56 Old Compton Street LONDRES W 15 G.-B.
Le code spécifique suivi du nom du bureau distributeur et de la mention CEDEX permet aux entreprises de recevoir leur courrier plus tôt le matin.	

Lorsque vous rédigez la *suscription* d'une enveloppe, vous devez écrire très lisiblement les nom et adresse du destinataire dans l'emplacement indiqué par notre schéma.

Le prénom ne doit jamais suivre le nom.

Entre jeunes, il est permis aujourd'hui d'omettre Monsieur, Madame ou Mademoiselle :

Maryse G..., Richard D...

Pour Paris, Lyon et Marseille, n'oubliez pas le numéro de l'arrondissement :

Madame Catherine L...
5, rue du Vieux-Port
13006 Marseille

Pour les besoins de l'informatisation du tri postal, la dernière ligne de l'adresse ne doit être utilisée que pour le code postal et le nom du bureau distributeur, en régime intérieur.

Le fait que les machines à trier les lettres de moins de 20 g ne savent lire que chiffres et lettres capitales interdit l'emploi sur les enveloppes des traits d'union, parenthèses, barres de fraction, etc., que l'adresse soit manuscrite ou dactylographiée. Ainsi, au lieu d'écrire : « Notre-Dame-de-Voulx (Isère) », il faut écrire : *38114 NOTRE DAME DE VOULX.*

• « Aux bons soins de » ...

On emploie cette formule lorsqu'on écrit à une personne qui réside chez quelqu'un.

Monsieur Pierre G...
aux bons soins de Madame Juliette D...

Il est une formule plus brève et plus moderne, mais moins courtoise :

Monsieur Pierre G...
chez Madame Juliette D...

Enfin, il en existe une troisième, plus brève encore :

Monsieur Pierre G...
c/o Madame Juliette D...

Les initiales *c/o* ne sont qu'une abréviation des mots anglais *care of* : « aux bons soins de ». Il paraît préférable, dans notre pays au moins, de s'en tenir à l'une des deux formules françaises. Pour les lettres destinées à l'étranger, la mention *c/o* est plus indiquée.

• Le nom de l'expéditeur.

S'il s'agit d'une correspondance privée, l'enveloppe ne porte naturellement pas la raison sociale de l'expéditeur. Il est prudent d'écrire vos nom et adresse au dos de l'enveloppe, près de la patte, afin qu'en l'ouvrant, votre correspondant ne la rende pas illisible. Vous pouvez aussi les faire imprimer sur étiquette (illustrée ou non) autocollante. Si elle n'est pas parvenue au destinataire, votre lettre vous sera ainsi retournée dans des délais convenables. Sinon, elle restera en souffrance à la poste et finira par être ouverte, non par indiscrétion, mais pour y chercher votre éventuelle adresse : il est toujours désagréale de savoir son courrier ouvert par des tiers, même s'il ne s'agit pas d'une lettre confidentielle.

Affranchissement

Le ou les timbres doivent être apposés en haut et à droite de l'enveloppe.

Un timbre de travers ou « la tête en bas » dénote un manque évident d'éducation.

Rappelons ici que vous pouvez vous procurer dans tous les bureaux de poste des enveloppes prétimbrées.

• Attention à la surtaxe !

Prenez garde de ne pas exposer le destinataire de votre lettre au paiement d'une surtaxe. La surtaxe, rappelons-le, est égale au double de l'affranchissement non acquitté par l'expéditeur.

Si vous hésitez sur l'affranchissement nécessaire à certaines lettres, procurez-vous au bureau de poste les tarifs en vigueur, faites l'achat d'un pèse-lettres et... tenez-vous au courant des augmentations.

Dans certains pays, comme les États-Unis, on ne fait pas payer de surtaxe au destinataire, mais on renvoie la lettre à l'expéditeur, ce qui est tout aussi fâcheux.

• Le timbre pour la réponse.

Quand faut-il joindre à une lettre un timbre pour la réponse ? Le procédé ne doit être appliqué qu'à titre exceptionnel, et encore avec une extrême prudence.

Il est bien évident, en effet, qu'en joignant un timbre à une lettre, on oblige le correspondant à répondre : c'est la lettre forcée. Un pareil « chantage au timbre » n'est pas du goût de tout le monde.

En règle générale, on accompagnera d'un timbre pour réponse les lettres adressées à des inconnus pour leur demander des renseignements qu'ils ne sont nullement obligés de fournir, ou des services que rien ne les force à rendre.

On n'envoie pas de timbres aux fonctionnaires des administrations ou des grands services publics.

Si l'on écrit à une personne résidant à l'étranger et que l'on tienne à lui fournir le moyen d'affranchir sa réponse, on joindra un *coupon-réponse international* (en vente dans tous les bureaux de poste).

« Prière de faire suivre »

Cette mention soulignée de deux traits, en haut et à gauche de l'enveloppe doit être portée lorsque votre correspondant est susceptible de se déplacer à l'improviste au moment où vous lui écrivez. La profession de votre correspondant (marin, militaire, voyageur de commerce, artiste, commerçant, etc.) peut rendre cette précaution indispensable, ainsi d'ailleurs que l'époque de l'année (vacances).

De même, vous écrivez *Prière de faire suivre* sur la correspondance adressée à des personnes dont vous ne connaissez que l'ancien domicile. Les services postaux se chargeront alors de l'acheminement du courrier vers la nouvelle adresse.

Si vous partez vous-même en voyage, vos lettres vous seront réexpédiées sur toute l'étendue du territoire français, à condition que vous ayez déposé votre nouvelle adresse au bureau de poste de votre domicile. Ce service est payant.

Vous pouvez également vous procurer dans les bureaux de poste des *enveloppes de réexpédition* (gratuites) dans lesquelles la gardienne de votre immeuble glissera le courrier qui vous est destiné. Remises au facteur sans affranchissement, ces enveloppes vous seront réexpédiées. Si vous faites suivre un courrier à l'étranger, vous devrez vous procurer des enveloppes de réexpédition spéciales. La taxe est payée par le destinataire ou, après accord, par l'expéditeur.

LETTRES RECOMMANDÉES. — En dehors de la correspondance commerciale ou d'affaires, les lettres recommandées (qui peuvent être *avec accusé de réception*) comportent, dans la correspondance courante, un caractère de méfiance. On les adresse, en général, aux personnes dont on a des raisons de suspecter la bonne foi, à celles qui se montrent négligentes dans l'exécution des engagements pris, ou encore aux gens qui prétendent toujours qu'ils n'ont « pas reçu » les lettres ordinaires qui leur ont déjà été envoyées.

Surcroît de précaution : il arrive même qu'on expédie une lettre recommandée *sans enveloppe*, la lettre repliée sur elle-même et collée aux extrémités en tenant lieu. Dans ces conditions, le correspondant, qui ne peut nier la réception d'une lettre recommandée, ne pourra pas davantage prétendre qu'il a reçu une enveloppe vide.

Précisons toutefois que la lettre recommandée ne revêt pas toujours ce caractère. Il arrive fréquemment, à l'heure actuelle, de recommander un envoi par simple souci de sécurité : nul ne songe alors à se formaliser du procédé !

La plupart des actes de procédure courante sont inaugurés par l'envoi d'une lettre recommandée.

L'expéditeur d'un envoi recommandé perçoit une indemnité en cas de perte de la correspondance.

P.J. (PIÈCES JOINTES). — Dans la correspondance commerciale et administrative, on signale les différentes pièces qui sont jointes à une lettre par les initiales *P.J.* portées sur la lettre même (en haut et à gauche, dans la marge), ou encore par un papillon de couleur collé au même endroit.

Pour la correspondance familière et courante, on se borne à mentionner, dans le corps même de la lettre ou en post-scriptum, les diverses pièces qu'on a jugé bon d'y annexer (chèques, mandats, photographies, coupures de presse, documents variés).

Si l'on veut fixer ces pièces annexes sur la lettre même, il faut le faire de telle manière qu'elles ne risquent pas d'être coupées ou détériorées lors de l'ouverture de l'enveloppe. N'employez jamais d'épingles : collez légèrement, par un coin, les documents joints, ou agrafez-les. L'agrafage doit se faire en bas et au milieu du document ; les trombones sont interdits.

Souvenez-vous aussi qu'on ne peut pas joindre n'importe quoi à une lettre. En cas de doute, renseignez-vous à la poste. Les billets de banque sont interdits.

Pour expédier les documents fragiles ou précieux, placez-les entre deux feuilles protectrices, taillées à la dimension requise dans du carton ou du papier fort. L'enveloppe sera solide : matelassée ou armée à l'intérieur de fils plastiques indéchirables.

ENVOIS CONTRE REMBOURSEMENT. — Toute correspondance peut faire l'objet, lors de la remise au destinataire, d'un *droit de remboursement* dont le montant, perçu par le facteur, sera ultérieurement versé à l'expéditeur.

Assurez-vous toujours, avant d'accepter un tel envoi, que l'expéditeur est connu de vous et que la correspondance vous est bien destinée.

LETTRES PAR AVION. — Pour la plupart des pays (sauf l'Union française), la correspondance acheminée par la voie aérienne est frappée d'une surtaxe variable (se renseigner à la poste) suivant sa destination et son poids.

Il est recommandé d'utiliser un papier spécial, à la fois résistant et léger. Les enveloppes assorties comportent une bordure tricolore et la mention PAR AVION. Faute d'enveloppe spéciale, on collera le papillon « PAR AVION » dans l'angle supérieur gauche. Il est devenu facultatif s'il s'agit de longues distances.

L'*aérogramme*, prétimbré, est idéal pour une courte missive. Il a la forme d'une carte-lettre et se ferme en collant ses côtés.

Le courrier à plusieurs vitesses

Ecopli	Service lent.
Pli courant	Service normal.
Distingo	Service rapide (France). Enveloppe prétimbrée, indéchirable et imperméable. 2 formats. Remise en main propre par le facteur.
Chronopost	Service express pour courrier très important : • en France : distribution le lendemain avant midi. Enveloppe TED (Transport Express de Document). • étranger : de 1 à 6 jours suivant distances. Enveloppe Sky Pak.
Allo Postexpress	Service de coursier accéléré à l'intérieur des agglomérations parisiennes (Paris et Grande Couronne). Distribution en quelques heures des lettres et colis (maximum : 5 kg). En province : dans les villes importantes.
Postéclair	Service postal de télécopie publique. Dessert une cinquantaine de pays. Voir à « TÉLÉCOPIEUR ».

TÉLÉGRAMMES. — Ils ne concernent plus guère aujourd'hui que la correspondance familiale ou amicale.

Concis par définition, ils n'en doivent pas moins être d'une précision extrême. Le souci d'économiser des mots — donc, de l'argent — ne doit pas vous inciter à confectionner des télégrammes impénétrables ou susceptibles d'interprétations variées.

L'absence de ponctuation n'est nullement une excuse aux textes hermétiques. On peut toujours, en cas d'absolue nécessité, ponctuer en toutes lettres (point, virgule, etc.).

N'accusez pas les P.T.T. de négligence s'ils vous font dire des âneries dans vos télégrammes. L'employé transmet ce qu'il a lu, et ne peut lire que ce qui est lisible. Le meilleur système consiste à écrire vos messages en caractères d'imprimerie (majuscules).

Le temps n'est plus où l'on hésitait à envoyer des télégrammes à certaines personnes « impressionnables ». Le rythme de la vie moderne a familiarisé chacun, depuis belle lurette, avec la télégraphie, la radio et la télévision. Au cas, cependant, où l'on devrait annoncer quelque catastrophe à son correspondant, il est bon de recourir au vieux procédé qui consiste à envoyer deux ou trois télégrammes successifs de gravité croissante, chacun « préparant » insensiblement son destinataire à ce qui suivra finalement.

On peut, moyennant une surtaxe, envoyer un télégramme illustré ; il en existe des modèles adaptés à différentes circonstances de la vie.

Si le timbre pour réponse, comme nous l'avons dit, doit être employé avec une certaine prudence, il n'en est pas de même pour la réponse payée télégraphique. Vous pouvez adresser tous vos télégrammes « réponse payée » sans mécontenter personne.

Aujourd'hui, les télégrammes sont toujours téléphonés en premier lieu au destinataire avant d'être portés. Si celui-ci n'a pas le téléphone, le télégramme lui sera naturellement remis le plus rapidement possible.

On peut envoyer de chez soi un télégramme en téléphonant à la poste.

CODES TÉLÉGRAPHIQUES. — Les *télégrammes chiffrés* sont de bons gardiens du secret professionnel. Ils sont rédigés à l'aide de *codes télégraphiques* conventionnels dont le principe est le suivant : les mots, phrases ou expressions y sont représentés par un groupe de lettres ou de chiffres. On utilise la plupart du temps des groupes de cinq lettres ou chiffres : pour les codes à lettres, on peut aller jusqu'à *dix lettres, admises par le télégraphe pour le prix d'un mot.* On voit l'avantage du système.

L'utilisation d'un code télégraphique suppose évidemment la possession, tant par l'expéditeur du message que par son destinataire, d'un exemplaire du code employé.

Il existe plus de trois cents codes, ou dictionnaires télégraphiques, édités et vendus au public. Voici les codes qui sont le plus fréquemment employés :

En langue française : codes Mamert-Gallian, Nilac, Sittler, Louis, Veslot, Telescand, de Mailhol, Bazeries, Lugagnes, A-Z, Hermann.

En langue anglaise : codes Slater, Western-Union, Lieber, Bentley, Marconi, A.B.C.

En langue allemande : codes Mosse, Krohn, Walter, Niethe, Friedmann, Katscher, Galland, Stern et Steiner.

En langue italienne : codes Cicero, Mengarini, Baranelli.

Les firmes qui utilisent l'un de ces codes classiques le signalent sur l'en-tête de leurs lettres commerciales : *code télégraphique BENTLEY* ou, en anglais, *BENTLEY Code used.*

Toutefois, rien n'empêche évidemment les correspondants d'utiliser un code personnel, compris d'eux seuls.

Les télégrammes commerciaux doivent faire l'objet de soins particuliers. En effet, si les erreurs ou les obscurités qui défigurent une dépêche familiale ou amicale peuvent avoir d'ennuyeuses conséquences, ces mêmes défauts, dans un télégramme d'affaires, risqueraient d'entraîner des suites graves.

À titre d'exemple des avantages présentés par le code télégraphique, supposons que la Société nouvelle de Thermodynamique appliquée, 223 *bis,* rue Jehan-de-Beauvais-prolongée, à Strasbourg-Molsheim (Bas-Rhin), veuille écrire à la Compagnie industrielle des Frigorifiques d'Australie, 136, Bishop Boulevard, à Sydney (Australie).

Le message télégraphique à transmettre est le suivant :

Accusons réception votre message du 15 juillet. Acceptons votre offre mais impossible fournir avant trois mois minimum. Sommes acheteurs appareils proposés au prix indiqué si pouvez expédier par bateau arrivant Marseille 20 août dernier délai. Envoyez immédiatement avion échantillon condensateur.

Signature.

Rédigé avec l'un des codes en usage, ce message sera condensé ainsi :

FRIGINCY SYDNEY — NHCYUIOPVI BECOPLIWIS
VITYGUSTRO ABIGUROSIX — SOTHERBOURG

Qu'entend-on par « régime intérieur et assimilés » ? La métropole et les départements d'outre-mer (D.O.M.), la Guadeloupe et la Martinique, la Réunion, Saint-Pierre-et-Miquelon, Mayotte, Andorre et Monaco font partie du régime intérieur. Y sont assimilés : la Nouvelle-Calédonie, la Polynésie française, les Terres Australes et Antarctiques, Wallis-et-Futuna, qui forment les territoires d'outre-mer (T.O.M.).

TÉLEX. — L'usage du téléimprimeur est de plus en plus supplanté par le télex électronique.

Ce matériel nécessite l'installation d'une ligne spéciale réseau télex. Il permet la transmission et la réception de messages écrits.

Un annuaire télex est publié chaque année après mise à jour.

L'adresse télégraphique est une formule condensée, économique et facile à retenir. Supposons l'adresse suivante : Société nouvelle de thermodynamique appliquée, 223 *bis,* rue Jehan-de-Beauvais-prolongée, à Strasbourg-Molsheim (Bas-Rhin).

La Société en question, sur sa demande, obtient l'adresse télégraphique suivante : SOTHERBOURG.

Message original, le télex est reconnu comme début de preuve devant les tribunaux, contrairement au « fax » qui ne présente qu'une télécopie.

TÉLÉCOPIEUR. — Encore appelé Téléfax (nom déposé) ou plus généralement « fax », c'est un appareil qui, associant la téléphonie et la numérisation d'image, permet de transmettre messages et tous documents graphiques.

Ce procédé a révolutionné la correspondance commerciale et, dans de nombreuses entreprises, a pris la place des « télex ».

À destination essentiellement commerciale à ses débuts, le « fax » s'est rapidement étendu à la correspondance privée.

Incorporé ou non au téléphone (gammes des « Galeo »), il peut se brancher sur un ordinateur à condition de posséder la *carte-fax.*

Dans certains bureaux de poste, un service nommé *Postéclair* se charge de transmettre les documents par fax.

Attention ! Composez avec soin le numéro de fax de votre correspondant. Une erreur de chiffre peut engendrer bien des déboires. On a vu ainsi des informations confidentielles arriver chez un concurrent...

MINITEL (nom déposé). — Inventé en France ce terminal d'interrogation vidéotex est de plus en plus présent chez les particuliers.

Relié au téléphone, c'est un véritable compagnon de la vie quotidienne (recherche d'une adresse, réservations SNCF, locations de places de théâtre, commandes de fournitures, etc.), cet appareil permet d'envoyer messages et télégrammes. À ce titre, il a sa place dans cet ouvrage.

En 1996, les dix chiffres de la numérotation téléphonique sont apparus. Les deux chiffres supplémentaires sont le 01 pour l'Île-de-France, le 02 pour le Nord-Ouest, le 03 pour le Nord-Est, le 04 pour le Sud-Est et le 05 pour le Sud-Ouest. Pour les appels de la France vers l'étranger, le 19 est remplacé par le 00, qui est le code international déjà utilisé par de nombreux pays. Numéros inchangés : 12, 13, 14, 15, 17, 18 et les numéros à 4 chiffres commençant par 36.

Depuis 1991, France-Télécom commercialise un Téléfax *(Agoris)* qui, connecté au Minitel, permet d'imprimer ses écrans.

• *Télécourrier* : Tout possesseur d'un Minitel peut s'abonner au télécourrier. Il lui sera attribué une boîte aux lettres électronique grâce à laquelle, à l'aide d'une clé et d'un mot de passe personnalisé, il pourra consulter les messages écrits qu'il aura reçus.

Une lettre tapée sur Minitel avant 19 heures sera imprimée, mise sous enveloppe et distribuée le lendemain matin en province.

Pour Paris, le délai sera réduit d'une demi-journée si la lettre est partie avant 11 heures.

• *Minitélex* : C'est un télex par Minitel qui permet, sans équipement supplémentaire, de recevoir et d'expédier — en s'y abonnant — des télex dans le monde entier.

INTERNET. — À l'avant-garde de la communication, c'est un vaste réseau informatique qui connecte actuellement plus de 30 millions d'utilisateurs dans le monde.

Les messages sont reçus sur ordinateur branché sur le téléphone, grâce à un *modem* (appareil qui traite les informations à distance).

L'utilisateur, après abonnement, reçoit une adresse électronique. Il peut, dès lors, envoyer et recevoir des messages à travers le monde et avoir accès à quantités de services : documentation, musées, archives, données, etc.

POSTE RESTANTE. — Toute personne âgée de dix-huit ans au moins peut se faire adresser son courrier poste restante, dans un bureau de poste de son choix. Les lettres doivent uniquement porter le nom du destinataire. Le courrier est délivré à ce dernier sur présentation d'une pièce d'identité.

En sus du montant ordinaire de l'affranchissement, ces lettres sont frappées d'une *surtaxe fixe*. Quand cette surtaxe n'a pas été acquittée par l'expéditeur, le destinataire doit la payer lors de la remise du courrier.

BOÎTE POSTALE. — Sur abonnement. À condition d'être domicilié ou de travailler dans la circonscription d'un bureau distributeur, on peut se faire attribuer une B.P. pour y retirer sa correspondance. Celle-ci doit comporter le nom ou la raison sociale de l'abonné, le numéro de la B.P. et le code postal suivi du nom du bureau distributeur.

RÉPERTOIRES. — Grâce au micro-ordinateur, les lettres d'affaires sont répertoriées sur disquettes. Sans aller jusque-là, pourquoi ne tiendriez-vous pas un répertoire de votre correspondance privée, si vous êtes de ceux et de celles qui écrivent beaucoup ?

Bien des fois, sans doute, il vous est arrivé de vous demander : « Où donc ai-je mis l'adresse de Paul ?... Est-ce que j'ai répondu, l'autre jour, à cette lettre du Maroc ?... Comment diable s'appelait cet homme qui devait tailler mes arbres ? »

Pour éviter ce genre d'oubli, notez dans un répertoire les noms et adresses de vos correspondants. Chacun, suivant son métier, ses habitudes et son genre de vie, donnera à ce répertoire l'importance qu'il désire. Il peut être alphabétique ou analytique (avec des subdivisions : parents, amis, fournisseurs, etc.), ce dernier système permettant de retrouver aisément un correspondant dont on ne se rappelle même plus le nom.

En outre, pour ceux dont la mémoire est particulièrement mauvaise, le même répertoire peut fournir un précieux aide-mémoire de la correspondance échangée. Il suffira de tracer deux colonnes en face des noms des correspondants. Dans l'une, on inscrit : *Lettre reçue le ... (au sujet de ...),* dans l'autre : *Répondu le ... (dans tel sens ...).*

Ce répertoire à colonnes ne vous dispense pas de conserver les lettres reçues ou les doubles (ou photocopies) de vos réponses. Il vous permet seulement de retrouver les unes et les autres avec facilité. Il vous permet aussi de vous remémorer le contenu des lettres et doubles que vous n'auriez pas jugé utile de conserver.

LETTRES À CONSERVER. — Classez-les soigneusement et adoptez le système alphabétique ou analytique dont nous parlions plus haut. Le premier est bon, sans doute, mais le second est incontestablement plus judicieux, les lettres familiales, sentimentales ou d'amitié n'ayant rien à faire avec celles qui concernent vos biens, votre métier ou vos travaux. Dans des chemises ou des dossiers, répartissez méthodiquement votre correspondance.

Pour les doubles, la machine à écrire répond d'elle-même à cette préoccupation. Mais toutes les lettres ne peuvent pas être dactylographiées, nous l'avons vu. Cependant *il est indispensable, dans presque tous les cas, de conserver un double de ce que nous écrivons*. En négligeant cette élémentaire précaution, on risque d'innombrables déboires, mécomptes, disputes et contestations.

Le meilleur moyen d'éviter cela, c'est de conserver nos brouillons quand nous en avons fait, ou de simples notes résumant l'essentiel de nos lettres. Dans tous les cas véritablement importants, photocopiez vos lettres.

Taille idéale de votre boîte aux lettres si vous habitez la campagne ou si, en ville, votre immeuble n'a pas de gardien :

26 cm × 26 cm × 34 cm

QUELS PAPIERS CONSERVER ET COMBIEN DE TEMPS ?

FACTURES	
— gros travaux	10 ans
— menus travaux	2 ans
— achat avec garantie	durée de la garantie
— téléphone	6 mois
— E.D.F./G.D.F./Eau	10 ans
ALLOCATIONS FAMILIALES	
— Relevés et correspondance	2 ans
SÉCURITÉ SOCIALE	
— Décomptes de remboursement et correspondance	2 ans
HABITATION	
— quittances de loyer (locataires)	5 ans
— carnets de quittance (propriétaires) . . .	5 ans
— taxe d'habitation (avis et versements) . .	4 ans
— taxe foncière	4 ans
COMPTE-CHÈQUES POSTAUX	
— Relevés	2 ans
— Mandat	2 ans
— Mandat international	1 an
BANQUE	
— Relevés et talons de chèques	3 ans et 8 jours
IMPÔTS	
— Déclaration de revenus, avis d'imposition, versements de tiers provisionnels	6 ans
PAPIERS PROFESSIONNELS	
— Bulletins de salaire, contrats de travail, lettres d'engagement, lettres de licenciement, etc.	jusqu'à la retraite

TABLE

PREMIÈRE PARTIE

POUR BIEN ÉCRIRE

CHAPITRE I

LES RECETTES DE BASE
LA PONCTUATION, LES PARTICIPES PASSÉS
LA CONCORDANCE DES TEMPS, LA CONSTRUCTION DES PHRASES
LES PETITES MANIES, LE JEU DES CENT ERREURS

DEUXIÈME PARTIE

LA CORRESPONDANCE FAMILIALE

CHAPITRE IV

LA NAISSANCE, LE BAPTÊME LA PROFESSION DE FOI, LETTRES D'ENFANTS L'ÉDUCATION

L'ÉDUCATION

CHAPITRE V

EN VUE MARIAGE...
LES FIANÇAILLES ET LE MARIAGE

EN VUE MARIAGE...

LES FIANÇAILLES

RUPTURE DE FIANÇAILLES

LE MARIAGE

CHAPITRE VI

LES CIRCONSTANCES GRAVES DE LA VIE

LETTRES ET CARTES DE CONDOLÉANCES

LETTRES FAMILIALES DE REMONTRANCES ET DE RÉCONCILIATION

TROISIÈME PARTIE

LA CORRESPONDANCE AMICALE ET MONDAINE

CHAPITRE VII

INVITATIONS, FÉLICITATIONS REMERCIEMENTS, REPROCHES, EXCUSES

CHAPITRE VIII

VŒUX DE NOUVEL AN
FÊTES ET ANNIVERSAIRES

VŒUX DE NOUVEL AN

FÊTES ET ANNIVERSAIRES

QUATRIÈME PARTIE

CORRESPONDANCE CONCERNANT DES INTÉRÊTS PRIVÉS

CHAPITRE IX

LA MAISON, LES FOURNISSEURS

CHAPITRE X

VACANCES, VOYAGES ET VILLÉGIATURES

CINQUIÈME PARTIE

LA CORRESPONDANCE OFFICIELLE ADMINISTRATIVE ET JURIDIQUE

CHAPITRE XI

REQUÊTES AU PRÉSIDENT DE LA RÉPUBLIQUE

CHAPITRE XII

DEMANDES ADRESSÉES AUX MINISTRES

CHAPITRE XIII

LETTRES AUX PRÉFETS, AUX MAIRES ET À DIVERS REPRÉSENTANTS OFFICIELS

CHAPITRE XIV

LETTRES AUX MAGISTRATS

CHAPITRE XV

LETTRES AUX AVOCATS ET OFFICIERS MINISTÉRIELS

SIXIÈME PARTIE

LA CORRESPONDANCE COMMERCIALE

CHAPITRE XVI

CONSEILS ET PRINCIPES GÉNÉRAUX

LA PRÉSENTATION

CHAPITRE XVII

EMPLOYEURS ET EMPLOYÉS, CONTRATS DE TRAVAIL JURIDICTION PRUD'HOMALE

CHAPITRE XVIII

LE COMMERCE
CRÉATION ET CESSION DE FIRMES
L'OFFRE ET LA DEMANDE
PUBLICITÉ, CIRCULAIRES ET CATALOGUES
CONDITIONS DE VENTE, « RELANCES »

CHAPITRE XIX

ACHAT ET VENTE, CONDITIONS DE VENTE, APPELS D'OFFRES
MISE EN DÉPÔT, LES COMMANDES ET LEUR EXÉCUTION

CHAPITRE XX

LIVRAISONS, TRANSPORTS ET EXPÉDITIONS RÉCLAMATIONS, REFUS ET RETOURS AVIS D'EXPÉDITION

CHAPITRE XXI

FACTURATION, RÈGLEMENT ET COMPTABILITÉ

SEPTIÈME PARTIE

LES ACTES SOUS SEING PRIVÉ

CHAPITRE XXII

CHAPITRE XXIII

ACHAT ET VENTE DE TOUS BIENS

CHAPITRE XXIV

LA LOCATION : BAUX, RENOUVELLEMENT ENTRETIEN DES LOCAUX

CHAPITRE XXV

L'ÉCHANGE ET LE PRÊT

CHAPITRE XXVI

MOYENS DE CRÉDIT, EFFETS DE COMMERCE CAUTIONNEMENTS ET NANTISSEMENTS

CHAPITRE XXVII

GÉRANCE, GESTION, TUTELLE, DÉLÉGATION DE POUVOIRS

CHAPITRE XXVIII

LA DONATION, LE TESTAMENT ET L'HÉRITAGE

HUITIÈME PARTIE

INFORMATIONS POSTALES

CHAPITRE XXIX

Cet ouvrage a été réalisé
avec la collaboration de
Dominique Lambilliotte
et celles de
Stéphanie Houlvigue et Michel Pialat.

ISBN : 2-09-261345-6

Achevé d'imprimer sur les presses de l'Imprimerie Chirat - 42540 St-Just-la-Pendue
N° d'Éditeur : 10112275 - Compo 2000 - N° d''Imprimeur 1192 - Dépôt légal : janvier 2004 - *Imprimé en France*